会計の世界史

父より息子へ

旅のはじめに

「会計の歴史ツアー」へようこそ

このたびは会計の歴史ツアーへのご参加、誠にありがとうございます。

はじめに、このツアーの特徴をお伝えしておきましょう。

本書でご一緒する「会計の歴史ツアー」の特徴は次の2点です。

・簿記、会計、ファイナンスの全体を紹介したこと
・会計の歴史を物語として表現したこと

会計の勉強は「細かい計算や用語、手続き」中心であることが多く、歴史観をもって語られることがほとんどありません。

簿記を勉強している人のほとんどは、簿記がイタリア発祥であることを教わらず、経理担当者は減価償却が鉄道会社からはじまったことを知りません。公認会計士や税理士でもディスクロージャーのはじまりに「ＪＦＫのお父さん」がかかわっていることを知る人は少ないです。

本書は「会計の全体像を、歴史とともに楽しく学べる」内容を目指しました。歴史のなかには意外な学びが隠されています。決算書、国際会計基準、予算や企業価値の誕生した時代を訪ねることで、「会計に対する視野」を広げてもらえると思います。

経理担当者以外のビジネスパーソン、とくに経営者に必要なのは細かい処理を学ぶことではありません。「そのルールや仕組みが存在すること

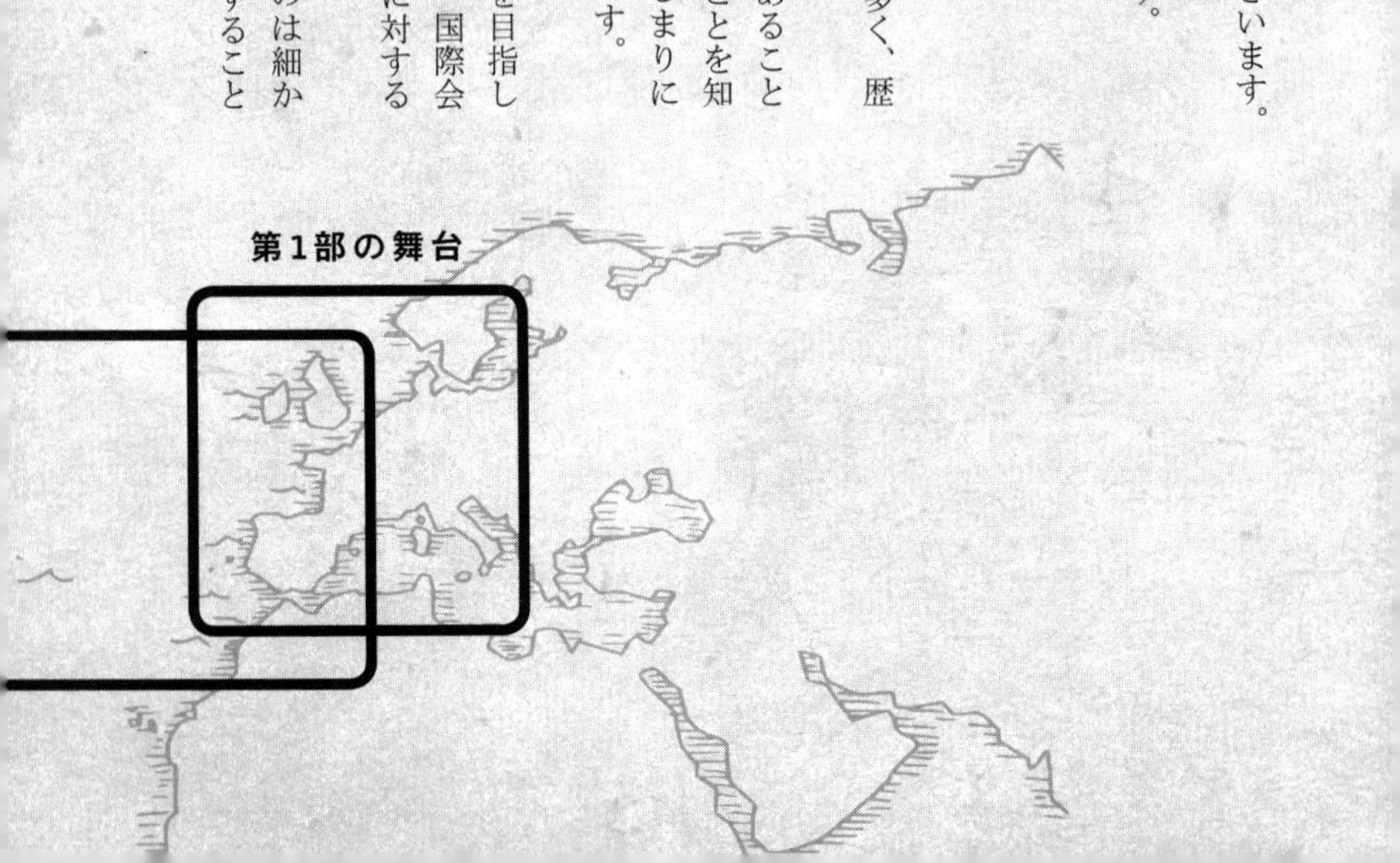

の意味」を知ることのほうが重要です。歴史的な学びは、きっとその理解に役に立つことでしょう。

私はこれまで数々のビジネススクールや企業研修で会計分野の講師を務めてきました。会計を「大局的に・楽しく」学んでもらうのはとても難しい作業ですが、講義で「歴史」をもちいる手法はかなり効果的でした。会計ルールの誕生エピソードや人物秘話を少々大げさな講談調で語ると、受講者たちが身を乗り出してきます。本書はそんな経験をもとにしています。皆さんにも「好奇心とともに会計を理解する」経験をしてもらえれば嬉しいです。

本書に細かい数字や計算はいっさい登場しません。会計を学ぶというよりは、エンタテインメントとして、この旅をお楽しみください。

本書の物語は下図のようにヨーロッパからアメリカへ向けて進みます。それでは皆さま、よき航海を！

田中靖浩

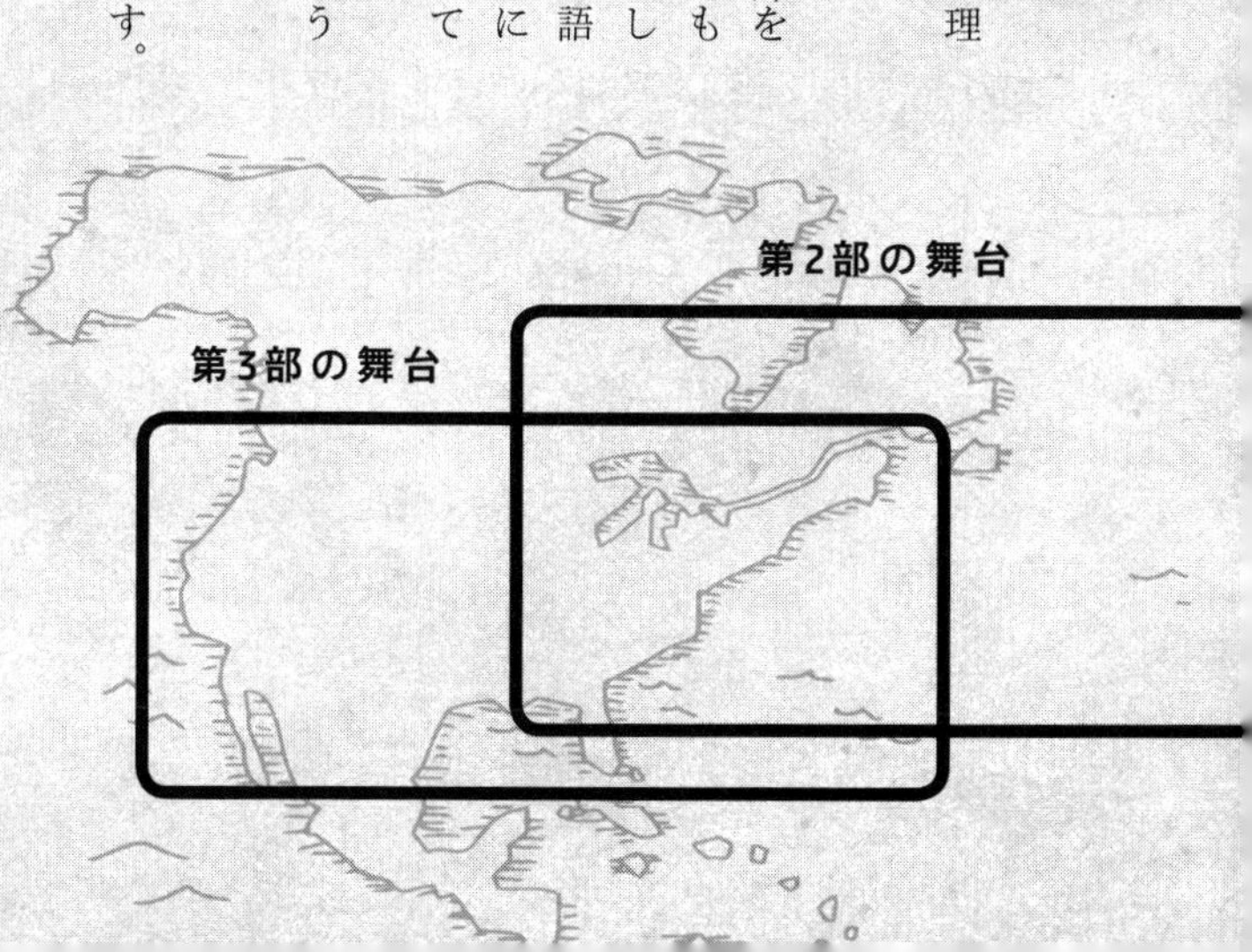

本書の構成

本書の舞台は「第1部：イタリアからオランダ」「第2部：イギリスからアメリカ」「第3部：アメリカ」という順番で進みます。

第1部には中世イタリアで描かれた「トビアスと天使」と「最後の晩餐」、そして近世オランダで描かれた「夜警」の「3つの絵画」が登場します。これらが描かれた時代に帳簿と会社が登場し、会計の基礎が誕生しました。

第2部にはイギリスの「蒸気機関車」と「蒸気船」、そしてドイツで生まれた「自動車」の「3つの発明」が登場しま

第1部

イタリアからオランダ

3枚の絵画

簿記と会社

『トビアスと天使』

| 銀行革命 |

『最後の晩餐』

| 簿記革命 |

『夜警』

| 会社革命 |

第2部

イギリスからアメリカ

3つの発明

財務会計

『蒸気機関車』

| 利益革命 |

『蒸気船』

| 投資家革命 |

『自動車』

| 国際革命 |

す。これらの乗り物が登場した時代に資金調達が大規模化し、計算や報告の仕組みが変わりました。

第3部では「ディキシー」「セインツ（聖者の行進）」「イエスタデイ」の「3つの名曲」が登場します。モノではなくサービスや楽曲がカネを生む時代になって、管理会計やファイナンスの新分野が生まれてきました。

見覚えのある名画、お馴染みの乗り物、あの名曲がどんなふうに「会計の歴史」とからむのか、ごゆっくりお楽しみいただければ幸いです。

第3部

アメリカ

3つの名曲

管理会計とファイナンス

『ディキシー』

|標準革命|

『聖者の行進』

|管理革命|

『イエスタデイ』

|価値革命|

目次

contenuto

第1部 Parte 1.

簿記と会社の誕生

3枚の絵画——「トビアスと天使」「最後の晩餐」「夜警」

第3章 17世紀オランダ ―会社革命― 088

第2部 *Parte 2.*

財務会計の歴史

3つの発明――「蒸気機関車」「蒸気船」「自動車」

第6章 21世紀グローバル──国際革命── 222

第3部 Parte 3.

管理会計とファイナンス

3つの名曲——「ディキシー」「聖者の行進」「イエスタデイ」

第1部

簿記と会社の誕生

3枚の絵画

トビアスと天使 **Tobias e l'angelo**

最後の晩餐 **Ultima cena**

夜警 **De Nachtwacht**

第1章

15世紀イタリア
｜銀行革命｜

「トビアスと天使」
アンドレア・デル・ヴェロッキオ
***Tobias e l'angelo*, Andrea del Verrocchio**
(1470-1480)

「本当に、本当に、できたのか？」

伏し目がちの表情がコクリとうなずいたのを見て、深いため息をもらした男。

「なんてこった……」

頭を抱えてはみたものの、残酷な結論はすでに決まっていました。

男として、父として責任をとるか、それとも出世の道をとるか。

結局、男はお腹に小さな命を宿した女性を捨て、出世の道を選びました。

物語は、この〝ひとでなし〟男からはじまります。

1 絵描きに「トビアスと天使」の注文が殺到した理由

妊娠した女性を捨てた「ひとでなし」男

男の名はセル・ピエロ・ダ・ヴィンチ。

英語のサーに相当する〝セル〟は公証人や法律家に付されるならわしがあり、その名は「ヴィンチ村に住む公証人のピエロ」の意味です。

村の女性とひとときの恋に落ちたピエロは、そのとき別の女性と婚約していました。婚約者はフィレンツェでも有力な公証人一家の若い娘でした。結婚が実現すれば、公証人としての出世はまちがいありません。野心家のピエロは出世の誘惑に勝つことができませんでした。

村に春の息吹が感じられるころ、女性はひっそりと男の子を出産します。

赤ん坊には「レオナルド」の名が付けられました。

お祝いに駆けつけた村人たちへ自分の畑でつくった葡萄酒をふるまうのはレオナルドの祖父アントニオ。公証人を代々の生業とするダ・ヴィンチ一族には出世欲が強い男が目立ちましたが、この祖父はあえて公証人にならず、田舎暮らしを選んでいました。

そんな彼にとって息子ピエロの「ひとでなし」ぶりは耐えられなかったようで、この祖父は不憫な初孫と母親をその後もずっと見守りつづけました。

さて、非情な父ピエロですが、政略結婚の道を選んではみたものの、初めて生まれた息子のことはかなり気になっていた様子。心配な父はレオナルドをフィレンツェに呼び寄せます。

レオナルド少年は住み慣れたヴィンチ村と母親に別れを告げ、都会フィレンツェへ向かいました。ここから彼の人生は大きく動きはじめます。

それはいまから５００年ちょっと前、15世紀後半のことでした。

公証人になれず、ヴェロッキオに弟子入りしたレオナルド

ピエロの職業だった公証人（notarius）は「セル」の称号が付されていたことからわかるように、とても身分の高い職業でした。公証人は相続など家族の取り決めや商売上の約束などを「記録」として残し、それにお墨付きを与える職業です。どんな約束でも口約束はトラブルのもと。あらゆる約束や契約は、文書に記録し、カタチにすることでトラブルを防ぐのが当時のならわしでした。

しかし、人々が「記録」を残すことはそれほど簡単でなかったのです。

——なぜなら「紙」が簡単に手に入らなかったからです。

中世のころ、記録を残すことは難しいことでした。証文、契約書、帳簿……あらゆる記録を残すために必要な「紙」はかなり高価であり、庶民が簡単には手に入れられなかったのです。

紙が高価なことに加え、人々の「能力不足」の事情もありました。当時は細かい計算どころか、四則演算すらできない人がほとんどでした。そこで人々は公証人を頼ったのです。公証人は彼らにアドバイスしつつ記録を残す役割——いまでいえば会計士と弁護士を足して2で割ったような存在だったのです。彼らの社会的地位は非常に高く、子どもたちがあこがれる職業だったようです。

そんな公証人ピエロの仕事場は、紙を扱う商店が集まる街角にありました。おそらく紙を用意しやすいことからこの地を選んだのでしょう。

のちに「メモ魔」として有名になる**レオナルド・ダ・ヴィンチ**ですが、メモをとるには大量の「紙」が必要です。この点、父ピエロが公証人だったことは幸いでした。レオナルド少年は父の仕事場にあった紙を自由に使うことができたからです。またメモ魔だったレオナルドにはダ・ヴィンチ家に代々伝わる「あらゆるものを記録に残す」公証人気質が受け継がれていたのかもしれません。

フィレンツェでもやり手の公証人だったピエロ、そんな父にレオナルドも憧れたのか、若き日の彼の素描には、「公証人風」の曲線的な飾り文字が残されています。

しかし残念ながらレオナルドは公証人になれませんでした。婚外子には公証人を継ぐ権利が認められていなかったからです。どうやら父ピエロはそのことについて複雑な思いを抱いていたようです。

ある日、ピエロは息子が書いたスケッチ数枚を手に取って、彫刻家のヴェロッキオを訪ねます。

ヴェロッキオは当時フィレンツェで「飛ぶ鳥を落とす」勢いの彫刻家。仕事を通じてヴェロッキオと知り合いだったピエロは、息子が書いたスケッチを彼に見せました。

【レオナルド・ダ・ヴィンチ】
Leonardo da Vinci
（1452－1519　イタリア）
ルネッサンス期を代表する芸術家。さまざまな学問分野に精通し、多数の作品を残した。

ヴェロッキオは一目で才能を見抜いたようです。

「君の息子を預かろう」

話はすぐにまとまりました。おそらくは父が思ったとおりに。

道中の安全を祈りに込めた「トビアスと天使」が人気

レオナルドにとって修業先がヴェロッキオ工房だったことは幸いでした。たくさんの仕事が舞い込む工房では、ヴェロッキオ師匠だけでなく、先輩たちからも大いに刺激を受けることができます。

またヴェロッキオは「弟子を育てるのがうまい」師匠でもありました。自分の絵を描くとき、その一部分を弟子に手伝わせて学ばせていたようです。

ある日、レオナルドは師匠が描く「トビアスと天使」を手伝うことになりました。

「トビアスと天使」は旧約聖書外典「トビト書」のストーリーをもとにした、「商売人の孝行息子、無事帰る」のストーリーを描いたものです。

絵には美少年トビアス（右側）と大天使ラファエルが並んでいます。盲目の父に代わって金を回収する道のりを歩むトビアス、それを横で見守る大天使ラファエル。

ちなみにこの絵でトビアスが手にしている「魚」は、レオナルドが書いたといわれ

「トビアスと天使」1470-1480年
ヴェロッキオ作

ています。

そのストーリーは、無事帰った息子がラファエルの導きで魚の肝を煎じて父の目に塗ったところ、父の目が見えるようになったというハッピーエンド。

この幸せな物語をもとにした「トビアスと天使」は当時、大流行しました。

その大人気の裏には、当時のビジネス環境を読み解く重要なヒントが隠されています。

旅から旅を歩く商人にとって「道中の安全」は、どれだけ祈っても足りない心配事でした。途中に荒くれ者や盗賊が出没する物騒な道のり。ときには身内の裏切りによって金や荷物が持ち逃げされてしまうこともありました。金品を盗まれるだけでなく、命まで落としかねない危険な道のり。

だからこそ商売人たちは「トビアスと天使」に無事への祈りを込めたのです。トビアスと天使にはバリエーションがあり、ときに天使が3人もいる絵があったりします。

それを決して笑うことはできません。道中の安全は彼らの切なる願いだったのです。

Column

イタリアであこがれの公証人

イタリアでは現在も「公証人」の社会的地位は非常に高く、仕事を依頼した人はその報酬の高さに驚くそうです。また公証人はわがままにバケーションをとることもしばしばであり、いまもイタリアでは「公証人が夏休みで、会社設立の手続きが進まない」といったことが頻繁に起こっています。また公証人になるための実務研修に「自分の息子しか受け入れない」など、実質的な世襲制が残っています。

あえて危険に挑むリズカーレ

レオナルド・ダ・ヴィンチが修行したころ、イタリア商人の得意技といえば東方貿易でした。

香辛料・ワイン・茶・陶器・織物といった「あこがれの品々」は、中国やインドから陸路と海路を通じてイタリアへ運ばれ、そこからさらにヨーロッパ各地へと運ばれました。イタリアは東方への玄関口という絶好の立地にあったわけです。

東方の品々をせっせとヨーロッパへ運ぶイタリア商人たち。貿易品のなかで、もっとも人気があり、儲けの大きかった品が香辛料でした。

当時、胡椒やシナモン、ナツメグなどはたいへんな人気がありました。高価で売れるうえに、かさばらない香辛料は商人たちにとってありがたい商品です。「冷蔵庫がなかった」当時、肉など傷みが早い食品を保存させ、あるいはニオイを消して香り付けするため、香辛料はなくてはならない存在でした。

さらに香辛料には「薬」の役割も期待されており、ペストなど伝染病に対する治療薬・予防薬、強壮剤、健康薬として人気があったようです。食卓に欠かせない存在にして、高級サプリメントでもあった香辛料の取引を長い間にわたって独占したことがイタリア商人の強みだったのです。

東方からさまざまな食材が入ってきたことで、イタリア料理はヨーロッパでいちはやく「多彩」になっていきます。パスタの起源とされる**乾燥パスタ**は東方よりシルクロードを通じて伝わり、このほかにも米、砂糖、ナス、スイカ、杏などが東方から入ってきて定着しました。

さて、このような品を運ぶ東方貿易はいくつもの陸路と海路を通して行われましたが、なかでも船に乗り込む男たちの道のりは危険でした。海や川には海賊が多数出没し、悪天候で船が沈むこともあります。

その危険を承知でこぎ出す男たち――勇敢な船乗りリズカーレ（risicare）がやがて「勇気ある者」の意味で用いられ、さらに転じて「リスク」というお馴染みの言葉になったそうです。

「危険を冒さないものは、
大きな儲けを手にすることができない」

リズカーレをはじめ当時の商人たちにとってリスクは「避けるもの」ではなく、「挑むもの」だったのです。当時の商人たちは勇気をもってリスクに挑みました。

【乾燥パスタ】

パスタといえばイタリアが起源だと思われがちですが、どうやらアラビア地方から東方貿易によってこの地にもたらされたようです。保存に便利な乾燥パスタは商業製品として普及し、ジェノヴァやシチリアあたりが代表産地でした。

ここでその商人たちを助けるべく、新たなソリューションを開発した者たちがいます。それがイタリアのバンコ（Banco＝銀行）です。バンコは商人たちへ向け、「キャッシュレス」サービスを提供しはじめました。このサービスを利用すればキャッシュを持ち歩く必要がなくなります。

商人たちを道中の危険から救ったイタリアのバンコ、それはまるで「トビアスと天使」に描かれた大天使ラファエルのような存在だったのです。

2 地中海で大活躍したリズカーレとそれを助けるバンコ

シェイクスピア「ヴェニスの商人」より

「事情はわかった、金を貸そう。ただし、もし返済できぬ場合は、あなたの肉を1ポンドいただく」

無茶な条件を突きつけたのはユダヤの金貸しシャイロック。

「よし」と応じたのはヴェニス（ヴェネツィア）の商人アントーニオ。

予定どおりに船の荷が売れれば金は返せる。まったく心配していないアントーニオ。

そんな彼のもとに届いた「船がすべて沈んだ」との知らせ。

これで事態は一変します。

借りた金が返せないピンチを迎えたアントーニオ。

裁きの場は、裁判所へ移されました。

「どうか穏便に」と裁判官はシャイロックにうながしますが、彼は頑として応じません。

とうとうやってきた判決の時。

意外にも、「約束通り、1ポンドの肉を切り取ることを許す」との厳しい判決。

がっくりうなだれるアントーニオ、もはやこれまでと彼は死を覚悟します。

「さあ、心臓に近い肉をいただこう」と手にした剣に力を込め、にじりよるシャイロック。

ここで裁判官、シャイロックに向かって一言。

「肉は切り取ってもよい。しかし契約に書かれておらぬゆえ、一滴の血も流してはならぬ」

＊

拍手喝采の名場面は、シェイクスピアの名作「ヴェニスの商人（The Merchant of Venice）」

の一節です。

友人のために金を借りた「義理人情に厚い」商売人のアントーニオと、街中の人々から蔑まれる「ユダヤの汚い金貸し」シャイロック。

「荷物が売れれば借金はすぐ返せる」と心配しない船主アントーニオのもとへ届いた「船がすべて沈んだ」との知らせ。先の読めないスリリングな展開は見る者の心をつかんで離しません。

「すべて沈んだ」はずのアントーニオの船は、物語が大団円を迎えるエンディングのさなか、「ひょっこり港に帰ってきた」ことになっています。おそらくヴェネツィア船乗りたちの航海術が高いレベルにあることをシェイクスピアも理解していたのでしょう。

ヴェネツィアの造船技術、航海技術はかなり高いレベルにありました。東方貿易を行ううえでの地の利を活かすべく、ヴェネツィア船乗りたちは造船・航海術を磨き続けました。

船は帆船ではなく、大勢のこぎ手が動かすガレー船を多用しました。ガレー船は戦闘になれば鋭い船首で敵船を突き破り、多数のこぎ手は兵士に変身して弓や剣を手に敵と戦えます。やられる一方の帆船とちがって、ガレー船は戦闘向きでした。

新たな**ポルトラーノ海図と羅針盤**など航海術にも改良が加わり、ヴェネツィアは地

【ポルトラーノ海図と羅針盤】

羅針盤（コンパス）の登場によって、目に頼った沿岸航法から方位を頼る沖合航法へと変化が起こりました。この羅針盤から延びる方位線を複数書き込んだものがポルトラーノ海図です。

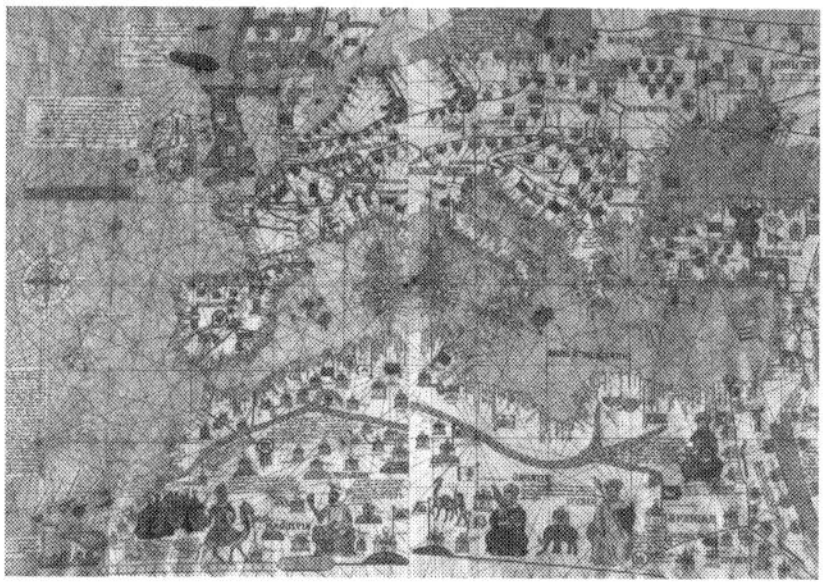

中海からヨーロッパに延びる定期航路を開設し、スケジュールを組んで航海をはじめました。これで一気に商圏が拡大、ヴェネツィア商人たちは地中海貿易の主人公に躍り出たのです。

イタリアのバンコ、手数料商売で大儲け

東方貿易でド派手に儲けるヴェネツィア商人たち。周りから見ると、それは羨望を通り越して怒りを買うレベルだったようです。

羽振りのよい彼らはつねに「狙われる」宿命にありました。取引の道すがら、海や陸のあらゆる場所で、いつなんどき盗賊に襲われるかもしれない心配。それは商売範囲が広く、扱う金額が大きくなればなるほど増大します。

ここで商人たちの心配を減らすべく、バンコは**「為替手形」取引**を提供しました。この為替手形を用いることで商人たちは「キャッシュレス」で取引できます。

もともとヴェネツィアの元祖バンコは、リアルト通りの机ひとつからはじまりました。

Bancoは机の意味。銀行員（Banker）はもともと「机の上で客とカネのやり取りをする者」だったのです。机を挟んで客と向かい合い細々と取引していた彼らは、やがて

【「為替手形」取引】

為替手形を用いた取引では、入金・出金を行う人物・場所・時間が異なることになります。場所のちがいによって「異なる通貨の両替」が必要となり、また時間が異なることで「両替レートの変動」が起こります。バンコはこれらをうまく利用しながら手数料を稼いでいたのです。

商人たちを助けるべくサービスの範囲を広げていきます。

各都市国家によって異なる通貨を使用していた当時、バンコは通貨両替のサービスを行っていました。それに加えて為替手形による遠隔地キャッシュレス・サービスの提供をはじめます。これらの取引はやがて国際的な両替・決済ネットワークへと拡大し、各国の支店、やがて他の銀行とのネットワークにまで発展していきました。

バンコはこのネットワークを利用する顧客から手数料をとりました。顧客としては少々高くてもこのサービスを利用するほかない状況にありました。バンコはかなり儲かったようで、中世イタリアの各都市、パリやロンドンなどに支店をもつ大組織へと成長していったのです。どうやら彼らの「上手な手数料商売」はしっかり儲かるようにできていたようです。

14世紀の初頭、ヨーロッパでは人口10万人を超える都市はパリを除いてすべてイタリアにありました。ヴェネツィア、フィレンツェ、ミラノ、ジェノヴァ、ナポリ……これら都市の発展にはバンコが深くかかわっています。バンコの登場によってイタリア商人はヨーロッパ中を相手に商売できるようになり、その規模を拡大させることができました。

バンコを悩ますウズーラの禁止

巨大ネットワークを構築して荒稼ぎしたバンコですが、意外にも「融資」については、かなり控えめな態度をとっていました。彼らが融資について及び腰だったのはどういうわけでしょう?

そこには「まさか」と思うような理由がありました。

——中世のころ、キリスト教は商人が「利息」をとることを禁じていたのです。

中世キリスト教が利息を禁止していたのは、「時間は神のもの」だったからです。時間は神の所有物だから、そこから生じる「利息」もまた神のもの。よってこれを商人がとることまかりならぬ、これが当時の常識でした。

しかし現実の問題として、商人側の「借りたい」ニーズは確実に存在します。「ヴェニスの商人」のアントーニオはユダヤのシャイロックから金を借りました。

キリスト教の「利息の禁止」は異教徒には適用されないため、ユダヤ教徒は金貸しをすることができました。というより、金を貸す融資は卑しい仕事としてユダヤ人に押しつけられていたのです。利息には「ウズーラ」の名が付されていました。ユダヤの金貸しも軽蔑を込めてウズーラと呼ばれていたようです。

いつの時代であっても「金が足りない」ことは商人たちにとって最大の心配事です。それは盗賊や沈没以前の、もっともっと当たり前の心配です。

商人とバンコにとって利息＝ウズーラの禁止は、大きな足かせになりました。

借りたい商人、そして貸したいバンコ。そのあいだに立ちはだかるキリスト教の規律。

彼らは「本音と建て前」の狭間で大いに苦しみます。

彼らは融資にあたって「これは利息ではない」という苦し紛れの理屈をこしらえました。融資の見返りに受け取る金は、「それを他に使えば得られたであろう儲け」の補償だという言い訳が使われます（これは私たちがチャンスロスと呼ぶ考え方です）。

この「失われたチャンスの補償」はウズーラと区別して「インテレッセ」と呼ばれました。このインテレッセがinterest（利息）の語源。なんと「interest」は利息を偽装する屁理屈からはじまっているのです。

バンコは両替や為替手形サービスに融資を組み合わせることで「これは利息ではない」と繕うこともありました。堂々と利息がとれないからこそ、屁理屈やごまかしが横行していたのです。

利息「ウズーラ」の禁止は貸す側だけなく、借りる側にとっても商売のさまたげでした。しかしその不利、プレッシャーがあったからこそバンコは知恵を絞って為替手形をはじめとするネットワーク決済ビジネスを拡大できたのでしょう。

商売においても、人生においても、不利やプレッシャーはそこにいる人間を成長させ、革新を生み出す刺激となることがあります。

机の下でこっそり融資をしながら、それに両替・決済・情報提供を組み合わせ、あらゆる角度から商売人をサポートしていたバンコ。それはイタリアの商売人にとって頼りになる存在だったのです。

意外にもイタリアで生まれた簿記

旅から旅へとあちこち場所を移しながら商売する者にとって「資金繰り」はかなり重要な問題です。

それほど裕福でない商人であれば「商品を売った金で仕入代金を返済する」ようなこともあったはずです。なお、このような商人にちなんで仕入・販売の必要資金を「ワーキング・キャピタル（Working Capital）」と呼ぶようになったという説があります。

それに従えば、ヴェニスの商人に登場する「船が帰ってくれば金は返せる」アントーニオなどは典型的「ワーキング・キャピタル」に苦労する商人」です。彼らのような商人はバンコから融資を受けることによって資金繰りをつけていました。

一方、裕福な商人も安心はできません。各地に金を持ち歩くようなことをすれば、いつ盗賊・海賊にあうかわからないからです。それを避けるために彼らはバンコのネットワーク・サービスを利用しました。

こうしてみるとバンコのおかげで商人たちはかなり商売しやすくなっていたことがわかります。

しかしそれはお互い様であり、バンコの側も商人たちの利用のおかげで自らのネットワークを広げることができました。

ここで羽振りよく取引を拡大させた商人は、商品の仕入・販売に併せて為替手形の受け渡しについても記録を付けなければなりません。取引の数が多くなると記憶に頼ってはいられないからです。

同様に、各地にネットワークを広げたバンコもまた、融資や回収、為替手形の発行や決済といった取引記録を付ける必要に迫られました。バンコの場合、それぞれの支店が記録を付けるだけでなく、その記録を他の支店にも伝える必要があります。個々の支店を超えたネットワーク全体として記録を付ける必要が出てきたわけです。

商人がひとつの店で、自分の手金だけで商売するのであればくわしい帳簿などいらないかもしれません。

しかしイタリア商人とバンコは商売を成功させ、規模が大きくなったからこそ、「記録を付ける」必要性が生まれたのです。

こうして商売の盛んな中世イタリアで「帳簿」を付けるための簿記の技術が誕生することになります。

銀行と簿記がイタリアで生まれた――この意外な事実に驚かれる読者も多いことでしょう。

おそらくイタリアといえば、「銀行と簿記」とは縁遠いイメージをもたれている方が多いと思います。

しかし、レオナルド・ダ・ヴィンチが生まれたころ、たしかにヨーロッパ経済の中心はイタリアであり、イタリア商人の活躍が金融と会計の基礎をつくっていたのです。

3 イタリアの黄金期を支えたバンコと簿記

バンコの登場とバランスシート

「こっそり」とはいえ、融資してくれるバンコがいたことで、商売を行う者たちは資金を用意しやすくなりました。

まず彼らは商売をはじめるにあたり「自己資金」を用意します。

それで足りない場合にはバンコから「借入れ」をすることになります。

ここで自己資金のことを元手を意味する「資本（Equity）」といい、借入金のことを「負債（Liability）」といいます――この2つが商売資金の「調達」です。

続けて商人は、調達した資金で香辛料や船などの「資産（Assets）」を買います。

自己資金とバンコからの借入で資金を調達し、それを資産へ投資して運用する。これは商売でもっとも基本の「型」といえるでしょう。

その「調達と運用」を表すものが**バランスシート**（貸借対照表）です。バランスシートを右から左へ大きく見てください。そこには「負債L　＋　資本E　＝資産A」の基本式が表現されています。

商売において左側の「運用」がうまくいけば資産が増えます。反対に、運用に失敗すれば資産が減ります。つまり商売成功すれば左右バランスが「A＞L＋E」、失敗すれば「A＜L＋E」となります。

めでたく商売成功して資産が増えた「A＞L＋E」の場合、右下の段差部分に「利益剰余金」を置いて左右を一致させます。ここで商人がもともと出資した元手は利益剰余金の分だけ増えるわけです（元手と利益剰余金を合わせたものを自己資本とか純資産といいます）。

細かい話はさておき、「バランスシートは右の調達から左の運用へ、左右バランスで読む」ことを覚えておいてください。

「調達と運用」は、事業の規模が大きければそれだけ大きくなります。大きな船舶を買うリズカーレは、巨額の資金を調達しなくてはなりません。

【バランスシート】

当時のイタリアにおいては「ビランチオ」と呼ばれていました。ビランチオは実地棚卸を行って作成されるバランスシートの元祖ともいえる存在です。

調達と運用を表すバランスシート

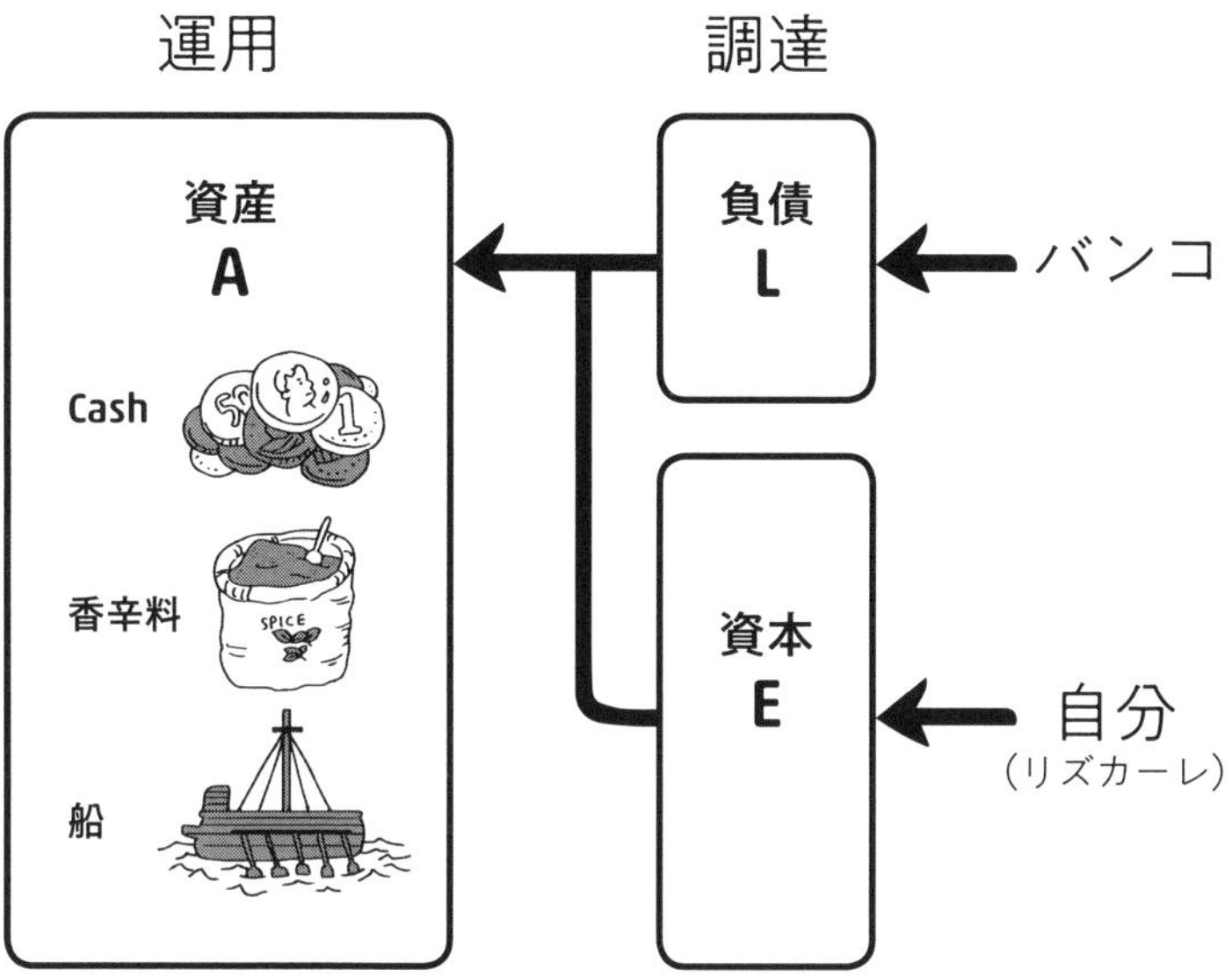

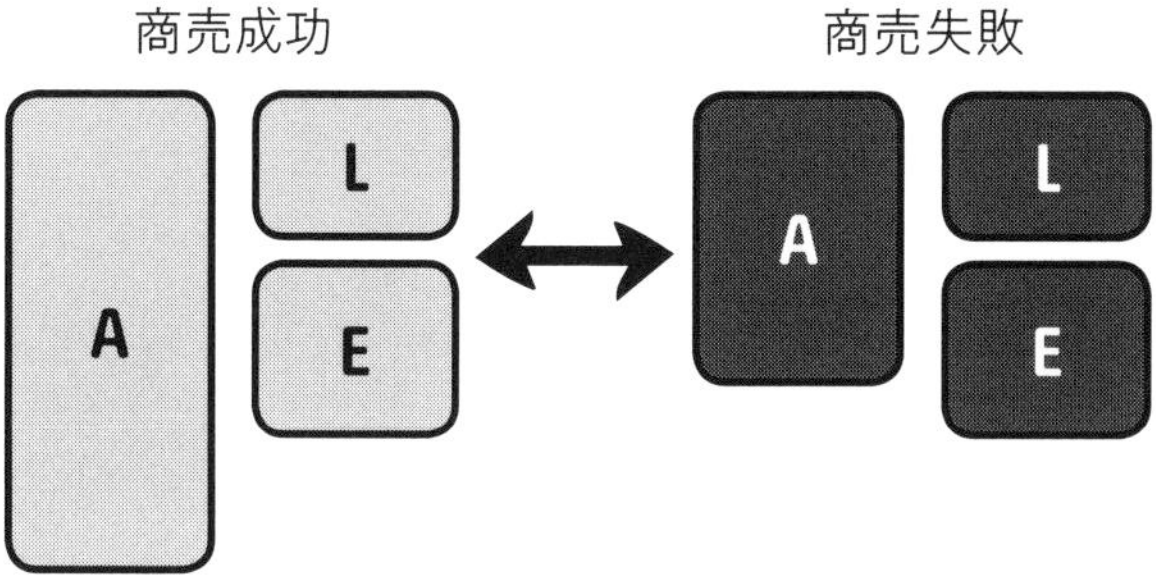

実際のところ大型化した**ガレー船**を用意するのは大商人でも難しかったようで、ヴェネツィアは船舶を国有とし、商人たちに貸し出しました。商人たちは、自ら船舶をもつことなく、荷物を仕入れるだけで商売できたのです。

船舶を国の所有として民間に貸し付けたヴェネツィアは、相当にくわしくかつ正確な帳簿を付けていました。だからこそ船の「適切な使用料」を算出できていたのです。

正確な帳簿があれば、自らの儲けを明らかにすることができます。帳簿を付ける習慣は民間の商人たちにも広がっており、ヴェネツィア商人はかなりくわしく帳簿を付けていたようです。ヴェネツィア商人たちが日々の取引を帳簿に「記録」する方法が、のちに簿記の元祖と呼ばれる「ヴェネツィア式簿記」です。

ヴェネツィアで産声を上げた簿記、それは同じくヴェネツィア発祥のバンコとともに、商人たちの活動をしっかりと支えていました。

ファッションの変化が紙を普及させた

ヴェネツィア商人たちが地中海の海で活躍したころ、男たちが好んで買い求めた品がありました。荒くれ者たちはニヤつきながらこの品を彼女にプレゼントしたようです。

彼らがこぞって買い求めた品――それは「ボタン」です。

【ガレー船】
15世紀、最盛期のヴェネツィアには国営造船所がありました。45隻の大型ガレー船、300隻の大型帆船、3000隻の小型帆船をもち、3万5000人の船員を雇用していたそうです。

宝石職人によって珊瑚を加工してつくられたボタンは、女性たちに大人気でした。ボタンは13世紀から14世紀にかけて綿織物が衣類に用いられるようになってから使われることが増えたようです。

もともとイタリアでは繊維産業のなかで毛織物が早い段階でつくられていました。フランドルあたりの名産だった毛織物産業を取り入れたイタリア職人はメキメキ実力をつけ、高級品の産地として有名になっていたのです。

レオナルド・ダ・ヴィンチが生まれた15世紀にはその毛織物産業にも陰りが見えていました。その衰退はイギリスやスペインなどのライバル国が低価格で製品をぶつけてきたことによります。これによって高級品産地だったイタリアの毛織物は苦しい立場に追い込まれました。

衰退する毛織物産業に代わって台頭してきたのが綿衣料です。

とくにイタリア北部の木綿産業は毛織物産業をしのぐほどに成長し、大衆用の低価格製品を産み出したことで、数少ない輸出産業になりました。

この木綿産業の発展はボタン人気のほかに、「思わぬ」産業を誕生させました。それは本書のテーマである会計の歴史にも大きな影響を与えた「紙」の生産増加です。

もともと製紙技術は、はるか昔の中国で生まれ、それがアラビアを経てヨーロッパに伝わりました。紙はぼろ布を細かく刃物で裂き、それを腐敗桶に入れてつくったパルプを薄く延ばしてつくられます。この工程を考えると、英語で紙をpaperというのは正確性を欠く表現かもしれません。なぜならpaperの語源となるパピルスは植物由来の紙であり、ここでいう「紙」は衣類を原料にするものだからです。

毛織物に代わって麻や綿の衣料が一般に用いられるようになるにつれ、それらを原材料にした「紙」の生産量も増えていきます。

14世紀から15世紀にかけては製紙技術も向上したことから、レオナルドの時代にはそこそこ品質の良い紙が手に入れやすい環境になっていました。

こうしたイタリアにおける紙の普及、そして父親が紙を大量に使う公証人であったこと――この2つによってレオナルド・ダ・ヴィンチは大量のスケッチを残すことができました。

そんな紙の誕生はまた商売人やバンコが「帳簿」を付ける際、助けになったことは言うまでもありません。

イタリアの織維産業が長期的な組織を誕生させた

東方貿易において絶大な人気を誇った商品といえば胡椒やナツメグ、クローブなどの香辛料ですが、それに次ぐ人気の品が綿織物だったようです。

綿織物は主にインドから輸入されました。綿製品の原料となる綿花は寒いヨーロッパでは栽培が難しかったのです。インドは綿花の主たる生産地でもありました。さらには高い染色技術を有しており、インド製の綿織物はヨーロッパ人から見れば魅力的でハイセンスな品だったのです。

丈夫さでいえば毛織物ですが、着やすくかつオシャレさでいえば綿のほうが上です。イタリアはインドや中国から仕入れた綿織物や麻織物を扱いながら「いつか自分たちでもつくりたい」と憧れていたのでしょう。

イタリアの繊維産業は毛織物から麻・綿へと、時代とともに変化しています。

こうした「内陸型・製造業」の繁栄は、新たな商売上の「組織」を誕生させました。貿易は「1回限り」で行われることが多いですが、繊維産業では同じ屋根の下に住む家族や仲間たちが長期的に製造を行うケースが増えてきます。

こうした背景から、内陸都市では13世紀あたりから「コンパーニャ（compania）」と呼ばれる継続的に活動を行う組織が登場してくるのです。このほかいくつかの組織や組合が誕生していますが、それらは出資者が集まってはじめるパートナーシップであり、自分たちの金で足りないときはバンコから借入を行っていました。

こうして毛織物から麻・綿織物への変化によってボタンが普及し、紙が増え、新たな組織が誕生したというわけです。ファッションの変化がなんとも意外なところに影響を及ぼしたものです。

悲劇を背負ったユダヤの金貸しシャイロック

紙が普及する街、フィレンツェに生まれたレオナルド・ダ・ヴィンチ。

父ピエロがレオナルドの母を「捨てた」ことは、後世の私たちにとって幸運だったかもしれません。もし仮にピエロが責任をとって彼女と結婚していたら、レオナルドは嫡男として公証人になっていた可能性が高いからです。そうするとレオナルドが芸術家の道を歩むことはなかったでしょう。皮肉なことに父ピエロが「ひとでなし」だったおかげで私たちは彼の名画を見られるわけです。

父ピエロが公証人だったことは、レオナルドが芸術家として大成するうえで大きなポイントでした。すでに触れたとおり、これによって彼は「紙」を自由に手に入れることができたからです。

彼は頭に浮かんだアイデアをスケッチしながら構想を練りました。もし紙が手に入らない環境に生まれていたとしたら、天才のアイデアはカタチにならなかったかもしれません。

天才を生んだ「紙」は、商人たちの環境も大きく変えることになりました。紙が手に入れば帳簿を付けることができます。中世の後半、ヴェネツィアやフィレンツェで紙が普及した時代に帳簿を付ける習慣が広がったことは決して偶然ではありません。

紙があれば、あとは帳簿を付けるための「やり方＝技術」です。この簿記の知識がどうやって広がっていったのか、次章ではそれについて紹介しましょう。

本章の最後に話をシェイクスピアの「ヴェニスの商人」に戻します。

「もはやこれまで」と観念したものの、船が無事戻って胸をなで下ろしたアントーニオ。悲劇が多いシェイクスピア作品にあって、この話は珍しく登場人物全員が幸せになるハッピーエンドのうちに幕を閉じます。

そんななか、たったひとり不幸を背負ってしまったのがユダヤの金貸しシャイロックです。

彼は「一滴たりとも血を流すな」という判決で復讐をあきらめたにもかかわらず、「ヴェネツィア市民に危険を及ぼした罪」で財産を没収され、キリスト教への改宗を命令されました。さらには愛する娘に財産を持ち逃げされたうえ、駆け落ちされる悲哀も味わいます。ユダヤというだけで蔑まれ、虐げられ、財産と最愛の娘を失ったシャイロック。こうしてみると、「ヴェニスの商人」もまた悲劇の物語です。

キリスト教は表向き金利をとる行為を禁止しつつ、それを「卑しいユダヤの仕事」として彼らに押しつけていました。ユダヤ人は職人ギルドに入ることも、交易を行うことも許されませんでした。国は金貸しの仕事をユダヤ人に押しつけつつ、都合良く彼らを利用し、ときにその財産を根こそぎ奪います。

ユダヤ人がいなければ金融の歴史は大きく変わったことでしょう。

歴史の黒子として、表舞台には登場することがなかったブラック・バード（Black Bird）。

その役割は決して小さいものではありません。

「銀行員たるもの、黒子に徹するべし」とは、いまも年配バンカーからときどき耳にする言葉です。

しかし最近はそんな黒子精神も薄れてきている様子。投資銀行をはじめ、国際経済の表舞台で派手に活躍するバンカーが増えました。

その活躍を見たシャイロックはどんな感想を抱くのでしょう。

末裔の活躍を喜ぶ歓喜の声か、それともため息か。

残念ながら、それを知るすべはありません。

映画『ヴェニスの商人』（2004年）でシャイロックを演じるアル・パチーノ

第2章

15世紀イタリア 簿記革命

「最後の晩餐」
レオナルド・ダ・ヴィンチ
***Ultima Cena*, Leonardo da Vinci**
(1495-1498)

第2次世界大戦さなかの1943年8月。

連合国からイタリアへの攻撃は激しさを増し、とめどなく降り注ぐ爆弾に逃げまどうミラノの人々。街の中心にあるサンタ・マリア・デレ・グラティエ教会も爆撃を受け崩壊しました。


ここで、不思議なことが起こりました。

建物はすべて崩壊したのに、内側の壁部分だけがなぜか残っていたのです。あとからわかったことですが、この壁が失われることを心配した神父たちが壁の両側に土嚢を天井まで積み上げていました。


神父たちが命に代えても守りたかったもの。

それは教会のなかに描かれた壁画、レオナルド・ダ・ヴィンチ作「最後の晩餐」でした。

1 レオナルドと「簿記の父」の運命的な出会い

レオナルドがかました「ハッタリ」

レオナルドが師匠ヴェロッキオの工房で修行をはじめてから数年が経ちました。画家としてはそこそこ認められたものの、本人にとっては納得いかない日々が続きます。

「このままではいけない」

30歳を機に一念発起した彼は、住み慣れたフィレンツェを離れる決意を固めました。目指す新天地はミラノ。新興貴族スフォルツァ家が支配する発展著しい新興都市です。成り上がり貴族が派手な建築や美術品を好むのはありがちな構図。レオナルドにとってミラノは仕事を見つけやすい街に見えたのでしょう。

ミラノに着いたレオナルド、さっそく権力者ルドヴィコ公へ手紙を書いて仕官を願い出ます。武器製造が盛んだったミラノ、そこで自らを軍事専門家とハッタリをかましつつ、控えめに「絵も上手に描けますよ」と売り込みました。

これが功を奏し、めでたくレオナルドはルドヴィコ公に召し抱えられることになりました。

ミラノで過ごすうち、レオナルドにルドヴィコ公から仕事の依頼が来ます。

「新しい教会をつくるのだが、どうだ、その食堂に壁画を描いてくれないか？」

もちろん「やります」と引き受けたレオナルド、しかしそのころ、弟子たちは他の仕事で大忙し。やむなく彼はたったひとりで壁画を描きはじめました。

修道院大食堂の壁画に「晩餐」の絵を書くというのは、いかにもというアイデアです。しかしその絵は、450年後の神父たちが命を賭けて守りたいと思わせるほど素晴らしいできばえでした。

ミラノにて運命の邂逅

レオナルドは「最後の晩餐」を描くにあたって、新たな手法にチャレンジしています。たとえば新しい絵の具の使用、また遠近法やスフマート（ぼかし）など描写技術に

「最後の晩餐」1495-1498年
レオナルド・ダ・ヴィンチ作

ついても、かなり突っ込んで研究した模様です。そのプロセスで彼の関心は必然的に「数学」へと向かいました。

「最後の晩餐」に取りかかったころのメモによれば、レオナルドは1冊の「数学の本」を参考にしていたようです。その本には、幾何学、三角法、代数学など数学概論、そして通貨、重量、長さにかかわる実用的な換算表など、興味深い内容が書かれていました。


「これはたいへん面白い」


やがてこの本の著者がミラノへやってくることになりました。もしかしたらレオナルドがルドヴィコ公に「この本の著者をミラノへ招きましょう」と進言した可能性もあります。

著者の名は**ルカ・パチョーリ**。こうしてレオナルドとルカの2人は、ミラノにて出会いを果たします。それは15世紀も終わりに近い１４９６年のことでした。

ルカ・パチョーリはミラノを訪れる直前の１４９４年、ヴェネツィアにて1冊の本を出版しています。

これがレオナルドが読んだ『算術、幾何、比及び比例全書（スンマ）』です。

数学の知識を整理した百科事典的なこの本は６００ページにも及ぶ大著でした。専

【ルカ・パチョーリ】
Fra Luca Bartolomeo de Pacioli
（1445－1517　イタリア）
数学者、修道僧。『算術・幾何・比及び比例全書（スンマ）』『神聖比例論』を著す。

門的な内容をたとえ話を用いて説明するなど、随所に理解しやすい工夫がなされ、難解なラテン語ではなく読みやすいイタリア口語で書かれていたことで、「数学の基本書」としてとても人気になったようです。

この本から刺激を受けたレオナルド、著者のルカ先生本人から「最後の晩餐」に用いる遠近法などについて、かなりくわしくアドバイスをもらっています。ちなみにこの時期、レオナルドが書いたｔｏ ｄｏリストには「ルカ先生から平方根を習うこと」といったかわいいメモが残されています。

2人の出会いが「最後の晩餐」だけでなく、その後レオナルドが描いた「モナ・リザ」をはじめとする数々の名作に少なからず影響しているのはまちがいありません。

制作に取りかかってから4年、ルカ先生からのアドバイスも参考にしながら、とうとうレオナルドは「最後の晩餐」を完成させました。

ルカ先生もミラノ大学数学部の初代部長に就任するなど、2人はミラノで充実した日々を過ごします。ルカ先生は「スンマ」に続く著作『神聖比例論』の執筆に取りかかりました。

巻き貝やひまわりの種、イルカなど自然界に存在する黄金比について書かれたこの本には、レオナルドも強く興味を惹かれ、数多くの美しい挿絵を提供しています。彼が他人の本のために挿絵を提供したのはこのときだけです。

しかし、残念ながら2人の共作本がミラノで発行されることはありませんでした。

1499年の暮れ、フランスがミラノへ武力侵攻し、レオナルドとルカ先生はこの地を逃れることになったからです。レオナルドは銀行へ有り金を預け、ミラノを去ります。

ミラノを離れたレオナルドは、隣国マントヴァを経てヴェネツィアに向かいます。彼はヴェネツィアの自由な雰囲気に魅せられますが、残念ながらこの地に安住することはできませんでした。当時のヴェネツィアはオスマン帝国との戦いのさなかにあったからです。

ヴェネツィアにはとどまれず、ミラノにも戻れず。結局レオナルドは故郷フィレンツェに戻ることになりました。

久しぶりの故郷フィレンツェにて市民たちから大歓迎を受け

ダ・ヴィンチが提供した神聖比例論の挿絵

たレオナルド。

30歳でフィレンツェを出た彼が再びこの街に戻ったとき、すでに48歳になっていました。

中年どころか当時でいえば老年といっていい年齢です。故郷を離れてからレオナルドは成功の道のりを歩んだわけですが、この間、フィレンツェは激動の時を過ごしていたのです。

中世の終わりに登場したルネサンスと簿記

フィレンツェ近くのヴィンチ村で生まれたレオナルドは30歳でミラノに旅立ち、再び48歳でフィレンツェに戻りました。それは私たちが歴史の教科書で「中世」の後期と習う時代です。

レオナルドが生きた「中世」はときに暗黒時代といわれます。一言でいえば「中世」とはキリスト教が支配していた「神の時代」。教会の教えは絶対であり、人々はそれに従って生きなければなりません。教会の教えだけが真実であり、それを「信じる者だけが救われる」のです。「人間らしく」などという態度は許されません。

ルネサンス運動は、このような抑圧的な空気に対する反発として出てきました。その根底には「人間らしく生きたい」という自由への欲求があります。そのために人々は教会の教えを含むあらゆる常識について「なぜ？」を問いはじめました。ある者たちはギリシャ・ローマ時代に立ち返り、自由に美を表現しはじめました。

ルネサンスとはフランス語の「再生」の意味ですが、そこには中世以前の歴史に返って「人間らしさを取り戻す」という意味があります。レオナルド・ダ・ヴィンチがルネサンスの扉を大きく開け放ったことはご存じのとおりです。

そしてもうひとつ、ルネサンスに加えて中世から次の時代へ橋渡しをした要因が「商売の繁栄と大規模化」です。個人商店から大組織へ、のちの株式会社へつながる「大規模に儲ける商人たち」は、教会に並ぶ勢力として少しずつ力を付けていきました。

ここで商人たちを大いに助けたのが「簿記」です。簿記はバンコと同じく商人たちに「商売の現状を理解する」ための手段を与えました。この簿記の普及に大きな影響を及ぼした人物が、レオナルド・ダ・ヴィンチの先生でもあったルカ・パチョーリなのです。

彼は１４９４年に数学書『スンマ』を発表したことはすでに説明しました。レオナルドも愛読し、「ルカ先生の算術書」と呼ぶこの本には「27ページ」、簿記について説明している部分があります。６００ページに及ぶ大著のなかのたった27ページですが、それはビジネスの歴史を大きく変えてしまうインパクトがありました。

さて、スンマの27ページには、どんな内容が書かれていたのでしょうか？

その「簿記」のルーツを探るべく、この技術を用いて商売を成功させ、フィレンツェにルネサンスをもたらした「有名な商売人」をひとりご紹介しましょう。

2 処刑を逃れたコジモが支えたルネサンス

あやうく処刑されそうになった男

いつものように仕事場へ出かけると、彼は入り口のところで役人たちに囲まれました。

「こちらへお越しください」

言葉遣いこそ丁寧ですが、うむを言わせぬ力強さと緊張感が漂っています。狭く長い階段を登ると、やがて薄暗い小部屋の入り口にたどり着きました。

「どうぞお入りください」

開かれた重く冷たい扉の中へ足を踏み入れ、2、3歩みを進めたところで背中越しに「ガチャリ」と音が聞こえます。

小さくため息をついたあと、あたりを見渡すと隅のほうに小さな窓があります。陽が差しこむ小窓へ近づいてみると、そこから城壁に囲まれた街が見渡せました。地上からの高さが70メートルもあるこの部屋からは、フィレンツェの街がぐるりと一望できます。

見慣れたはずのフィレンツェの街、生まれ育ったわが愛する故郷。いつもとちがって見えるのは、「もう見られないかもしれない」と感じたからかもしれません。

このとき彼は命の危険を感じていました。場合によっては目の前の広場で処刑されるおそれも十分にありました。

「なんとか手を打たなければ」

小部屋に幽閉されて刻々と迫る危険の中、彼は必死に恐怖と戦っていました。

＊

彼の名は**コジモ・ディ・メディチ**。有名なメディチ家が繁栄する礎をつくった人物です。

そのコジモですが、あまりに力をもちすぎたゆえに政敵の反感を買い、その策略に

【コジモ・ディ・メディチ】
Cosimo de' Medici
（1389－1464　イタリア）
メディチ家当主としてフィレンツェを支配。国外に追放されるが、のちに帰還。

よって逮捕され処刑されかねない大ピンチを迎えました。

しかしコジモを処刑すればその影響はあまりにも大きくなることが予想され、他国の批判をおそれた評議会は彼に手をかけることができません。結局、コジモには「国外追放」の罰が下されます。

彼は鐘塔の小部屋で約1カ月監禁されたのち、世の闇に紛れて城壁のサン・ガッロ門まで護送され、その門からそっとフィレンツェを追放されました。

「公衆の目を避けて商売せよ」との父の教え

思惑通りにコジモを失脚、追放させることに成功した政敵ですが、その後、フィレンツェを掌握することに失敗し、市民からは再びコジモ待望論が巻き起こります。

結局、追放からちょうど1年ののちにコジモはフィレンツェへの帰還を果たしました。コジモが帰還したのちのフィレンツェはしばらく平和な時期を迎えますが、レオナルド・ダ・ヴィンチが生まれたのは、ちょうどこの「平和な時期」に当たります。

「メディチ」とは医者に由来した言葉です。メディチ家はその名が示すようにもともと医者・薬局関係の仕事をしていましたが、のちに毛織物や交易などに商売を広げました。コジモの父ジョバンニはそれに加え、親族の数名で新たにバンコ事業をはじめ、メディチ銀行を開業しました。

メディチ家は父ジョバンニから息子コジモの時代にかけて、毛織物・交易・銀行と商売を展開、フィレンツェだけでなくヨーロッパでも屈指の存在となっていきます。

しかし、意外にも父ジョバンニは銀行業を息子コジモに譲るにあたって、こう注意を促したそうです。

「できるだけ公衆の目に付かぬところで商売をせよ（Stay out of Public Eye）」。

フィレンツェにはすでにいくつものバンコがあり、メディチ家は後発組でした。かつてフィレンツェで商売を成功させた名家のバルディ家やペルッツィ家は毛織物や交易で成功したのち、銀行業をはじめています。このメディチの〝大先輩〟ともいえる両家は、英国王エドワード3世の借金踏み倒しにあって破綻しました。

そんな苦い経験から、フィレンツェのバンコは国王や貴族への貸付には慎重な態度をとっていました。「王や貴族はいつ裏切るかわからない」。メディチ銀行でもそのことは意識されていたようです。

つまり「楽な融資で儲けようとせず、地道に儲けるほうがいい」ということでしょう。コジモは父の教えをしっかり守り、**与信管理**には相当力を入れました。

【与信管理】

相手の返済能力を考えて「どれくらい貸せるか」を判断するのが与信管理。これに失敗して貸しすぎると回収不能のおそれがあります。与信管理はバンコ（銀行）だけでなく、現金販売に加えて売掛販売を行う商売を行う者にとっても「回収不能を避ける」ための重要テーマです。

コジモ自身、父がつくったメディチ銀行・ローマ支店で銀行業務の経験をしっかり積んでいます。簿記の理論と実務をマスターしつつ、融資先の帳簿から経営状態を読み取る能力をつけたようです。

またコジモはローマ教皇庁との緊密な関係を築き、これを収益の柱に育てました。「踏み倒しがない」ローマ教皇庁との関係は、メディチ銀行が箔を付けるうえでも有効です。

簿記が可能にした「メディチ・ホールディングス」の管理

コジモの時代、メディチ銀行はその卓越した経営センスによって先行バンコを次々と追い抜き、トップ・バンコの座につきました。

顧客からみた、メディチ銀行と付き合うメリットのひとつが「ネットワークの広さ」です。メディチ銀行はイタリアだけでなく、ロンドン、ブリュージュ、リヨン、バルセロナ、ジュネーブなどヨーロッパ各地の〝要所〟に拠点を設けました。商人たちはこの支店ネットワークを活用してキャッシュレス取引を行うことができたわけです。

さて一方、ネットワークを拡大するメディチ銀行側には、支店管理という問題が生じます。

電話やインターネットどころか文書ですら通信するのが難しい環境で、どうやって遠隔地の支店を管理するのか？　この管理手法を確立できないとネットワークを拡大することができません。

ここでメディチは、各拠点の管理方法について独創的な手法を考案しました。それは本部に権限を「集中化」するのではなく、できるだけ「分権化」しようという試みです。

銀行の拠点はいまでも「支店」と呼ばれますが、メディチ銀行ではその枠組みには収まらない「独立組織」であり、支店の支配人にはかなりの経営権限が委譲されました。フィレンツェ本部は、支店経営や与信管理にはほとんどかかわらず、「支店新設の判断」など大きな問題に専念していたようです。

支店にはフィレンツェのメディチ本部が出資するだけでなく、支配人も出資を行いました。つまり支配人は支店の共同出資者でもあったのです。

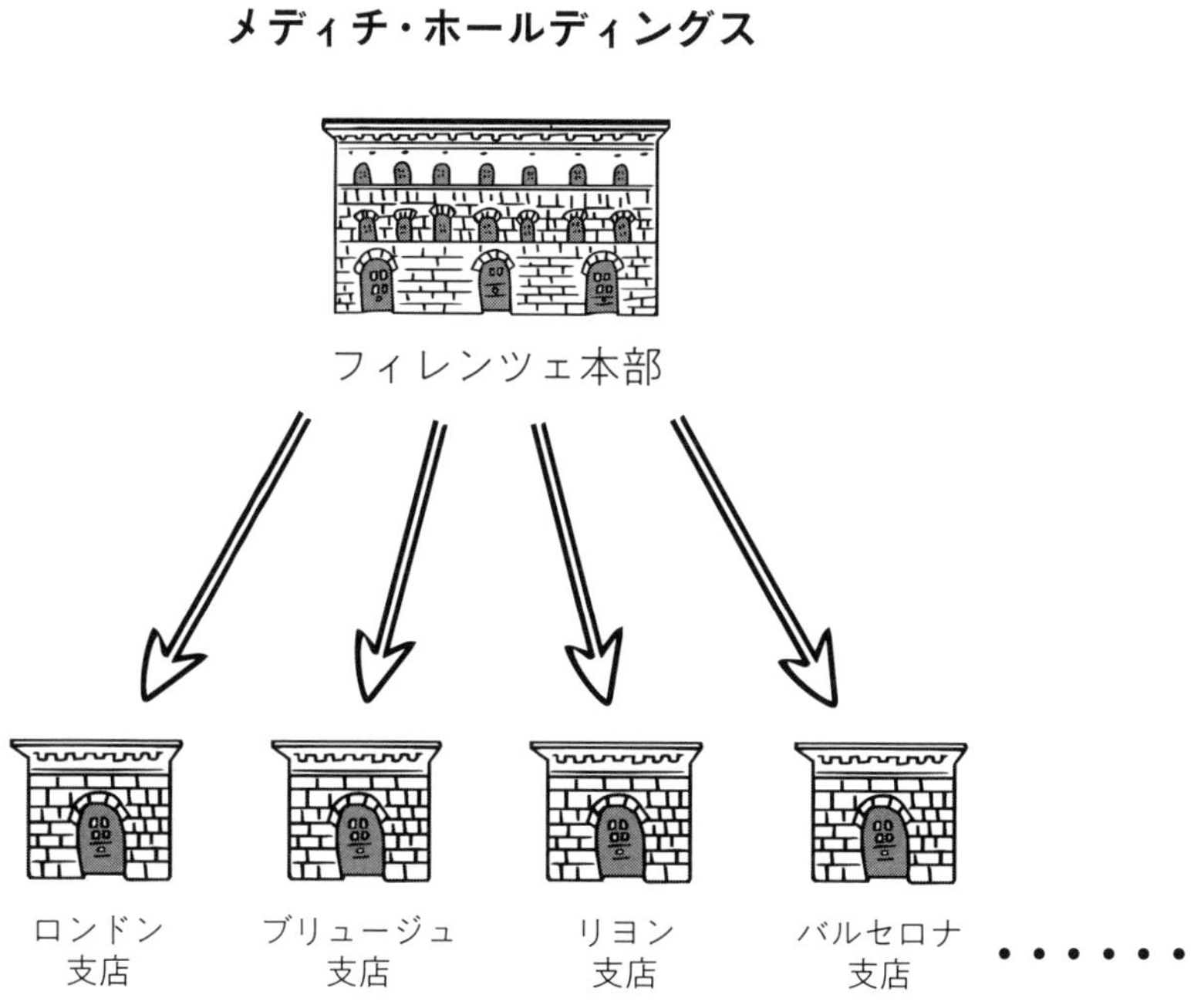

支店で儲けが出た場合、メディチは支配人に対し、出資比率を上回る利益分配を気前良く与えました。これによって彼らの〝やる気〟を引き出していたのです。

おそらくは通信手段がなかったからだと思われますが、メディチ銀行では徹底的に「任せる」方法で支店を管理しました。これを「**持株会社（Holding Company）**のルーツ」と呼ぶ人もいます。

支配人は経営の自由が認められる代わりに、その活動については詳細に至るまで帳簿へ記入することが義務付けられました。支配人はその結果を報告すべく、帳簿を手にしてフィレンツェのコジモを定期的に訪ねました。帳簿があったからこそ各拠点に経営を任せることができたのです。

商人たちが支えたフィレンツェ・ルネサンス

銀行を率いることになったコジモに向かって父が「できるだけ公衆の目に付かぬところで商売をせよ」とアドバイスした理由のひとつが、すでに説明した「ウズーラ」です。

神と教会の怒りに触れぬよう、堂々と利息をとらずに〝別の方法で〟稼ぎなさいということです。

【持株会社 Holding Company】
その名のとおり「他の会社の株を持つ」会社のこと。一般には傘下のグループ会社の株式を保有します。現在、株を持つだけで自らは事業を行わない場合を「純粋持株会社」、そして自らも事業を行う場合を「事業持株会社」として区別します。この区別にしたがえば、メディチ・ホールディングスは自らも事業を行う事業持株会社になります。

もともとメディチ家は毛織物の製造、交易関係の商売を手広く展開していました。メディチ銀行の融資とそれらの商売を組み合わせ、「融資の見返りに商品を高く買わせる」ようなことを行っていました。これにメディチ銀行のネットワークを絡ませればさまざま名目で手数料・仲介料・売買の儲けを手にすることができます。

ここでメディチの強みはその「情報力」にありました。国内外の拠点ネットワークから各地の相場情報を積極的に入手、ライバルを圧倒する情報力と先読み力で巧みにサヤ取りを行っていたのです。

ローマ教皇とのパイプづくり、適切な組織体制の構築、卓越した情報ネットワーク――これらの強みによってコジモ時代のメディチはフィレンツェを代表する存在にまでのし上がりました。

ここで稼いだカネを若き才能たちに惜しみなく使ったことでフィレンツェ・ルネサンスが花開いたといっても過言ではありません。

中世の後期、ウズーラについてはだんだん疑問が大きくなってきました。利息が禁止とはいくらなんでもおかしいのではないかと。

ウズーラだけでなく、それまでの常識だったキリスト教の教えに対して「本当にそ

Column

無限責任と有限責任

拠点への出資について、メディチ本部は「無限責任」を約束する姿勢をとっていました。

もし各拠点が大きな損害を被った場合、本部メディチも連帯して責任を負うのが無限責任です。のちに株式会社などで登場する「有限責任」ではなく、一族として無限責任を負っているのは当時の組織がまだ個人色の強いパートナーシップだったことを意味しています。

うなのか？」という疑問が現れはじめ、これがルネサンス運動につながっていったのです。

常識を疑いはじめた芸術家たちは古きギリシャ・ローマ時代を訪ね、またある者たちは東方の国々へと関心を寄せました。そこから新たな絵画や彫刻の数々が生み出されるのですが、ここでメディチ家などフィレンツェ商人たちは気前良く金を出しました。商人たちは競うようにして街の建造物に多額の寄付を行い、才能のある若い芸術家に資金援助を行いました。

「良いものを創作すれば買ってもらえる」

これが若き芸術家たちをどれだけ勇気づけたことでしょう。フィレンツェには、各地から芸術家の卵たちが続々とやってきました。

コジモが若き芸術家のために創設した学校（プラトン・アカデミー）には、国内外から多数の才能が集いました。

コジモはフィレンツェ商人が理想とする「たくさん稼いでキレイに使う」という言葉通りの人生を送りました。もしかしたらそれはウズーラに対するおそれと贖罪の気持ちだったかもしれませんが。

3 公証人を頼らず、自ら記録を付けはじめた商人たち

ヴェネツィアとフィレンツェで異なる組織

中世のころイタリアはバラバラの都市国家の集合体でした。ヴェネツィア・フィレンツェ・ミラノ・ナポリ・ジェノヴァは「それぞれの国」だったわけです。イタリア料理に「ナポリ風ピッツァ」「ミラノ風カツレツ」「ジェノヴェーゼ・パスタ」といった地名の付いた料理が多いのはその名残です。

イタリアの各都市＝各国家は、それぞれ独自の雰囲気をもっていました。商売を行う者たちの組織の形態や活動の内容にも、かなりのちがいがありました。たとえば組織でいえば、ヴェネツィアは家族・親族による「ファミリー」組織が多かったようですが、フィレンツェでは血縁のない「仲間」と組んで商売するケースが

増えていきます。

商売のしかたにも大きなちがいがありました。ヴェネツィアでは「1回ごと」の商売が多かったのに対し、フィレンツェでは「継続的」に商売することが多かったようです。

ヴェネツィアの船乗りたちは基本的にプロジェクト・ベースで航海を行っていました。プロジェクトごとに人が集まって資金を「調達&運用」し、終わったらすべて現金化して解散。とても原始的かつ単純な商売の方法です。

しかしこれだと1回ごとに、最初からやり直しになります。あまりにも無駄が多い。

そこでだんだん「長く商売を続ける」ようになってきます。この傾向は、定住化して商売ができる内陸部のほうが強いため、フィレンツェで継続的な組織が多くなってきたようです。

ヴェネツィア型の「家族・親族中心」から、フィレンツェ型の「仲間中心」の組織へ。

それはパートナーシップが「家族・親族」から「他人を含む仲

ヴェネツィア vs フィレンツェ組織

	ヴェネツィア	フィレンツェ
メンバー	家族・親族	仲間
活動	1回ごと	継続的

間」へ開かれていくプロセスです。これをバランスシートでいえば右下の出資者が「家族・親族」から、「仲間」へと変化することを意味します。

公証人を頼まず、簿記を学んで自ら帳簿を付ける

中世のフィレンツェや他の内陸都市にみられるコンパーニャ（compania）は、商売の活動が継続的に行われるようになって登場してきました。この言葉が転じて、のちに会社を意味するカンパニー（company）になります。

これはもともと「com＝一緒に、pan＝パンを食べる」人たちという意味です。「カン・パニー」はもともと「一緒にパンを食べる仲間」のことだったの

バランスシートの右下の主人公

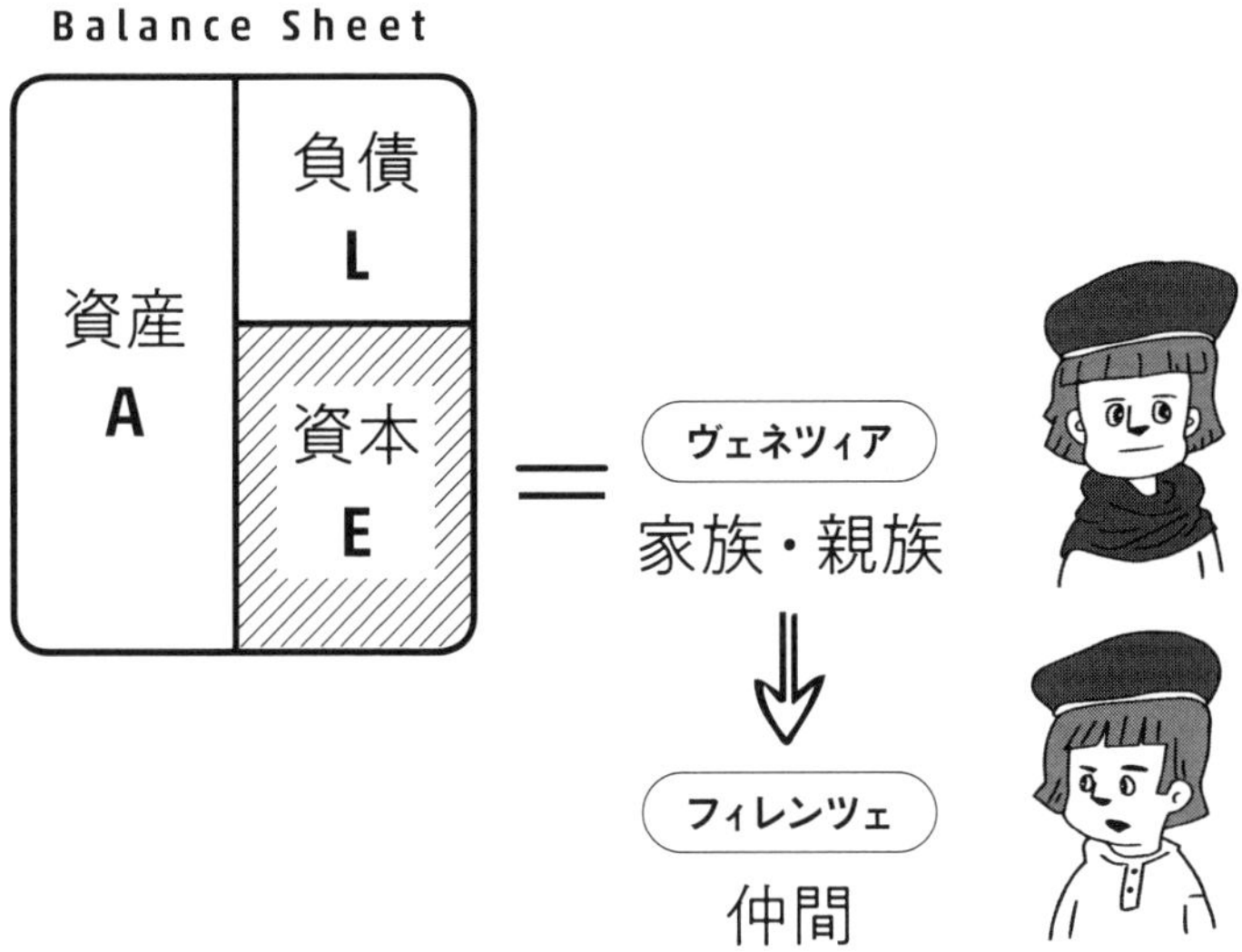

です。

コンパーニャは「仲間と一緒にチームをつくる」もっとも原始的な組織です。このほかにもいくつかの組織や組合の形態がみられますが、そのほとんどがいわゆる「パートナーシップ」です。

そこでは「仲間」たちが共同出資して事業を行うわけですが、ときどき都会のカンパーニャでは新たな問題が生じてきました。それは家族・親族の絆に頼るうちは見かけなかった「裏切り者」が現れることです。都会で商売するようになると、裏切る・約束を守らない仲間が増えてきます。

そんなこともあって商人たちは、「約束は文書記録で残す」ことを心がけるようになりました。ここで「公証人」が必要になるのです。大切な約束ごとは口頭でなく文書に残して「記録」する。公証人は都市の不安に満ちた人々に安心を提供する存在だったわけです。

「ヴェニスの商人」において、アントーニオに「返済できない場合、1ポンドの肉をいただく」と約束させたシャイロックも、約束が成立するや否やこう叫んでいます。

「さあ、公証人のところへ急ごう」

中世後期のイタリア商人たちは「記録を残す」ことにたいへん熱心でした。あらゆる記録の正当性を公証人に頼っていた彼らですが、これではあまりに手間とお金がかかります。やがて商人たちは「自ら記録を残す」ことを考えるようになります——これが「簿記」へとつながっていくわけです。

イタリアにおいて帳簿を付ける慣習はすでに12〜13世紀ごろには存在していました。ただそれは地域や商人によってもバラバラだったようです。それを整理して示し、「正しい帳簿の付け方」として指南したのがルカ先生の「スンマ」に書かれた「27ページ」だったのです。

そこに書かれた内容はヴェネツィア商人たちの間に広がっていた「ヴェネツィア式」簿記をベースに、「フィレンツェ式」を加えたものでした。その内容は、商人たちにとってまことに頼もしい〝武器〟となったのです。

商人が帳簿を付ける2つのメリット

マフィア映画で「裏切り者」が登場するのは、「強盗に成功した直後」と決まっています。

ケンカ、裏切り、仲間割れ……これらが起こるのは必ずといっていいほど「金を盗んだあと」なのです。

これを会計の世界では、「**儲けの分配**」をめぐる問題といいます。

志を同じくする「仲間」であっても、一緒に商売を行うとさまざまな問題が発生しますが、そのなかでもっとも大きいのが「儲けの分配」をめぐる混乱です。仲間割れやケンカを避けるには「決算」で儲けを明らかにし、きちんと「分配」しなければなりません。

マフィアの銀行強盗であれ、ヴェネツィアの船乗りであれ、フィレンツェの貿易商であれ、きちんと「決算」を行って「儲け」を分配すれば、もめ事は避けることができます。

ヴェネツィアの船乗りたちは1回の航海ごとに決算を行っていました。

一方、定住化し継続的に商売を行うフィレンツェ商人の場合、きまぐれに決算を行っていたようです。

イタリアの組織や組合は3年などの期間を区切って設立されることがあり、期限が来ると自動延長するようなことが行われていました。このような場合、毎年決算を行わない商人が出てくるのです。

ではいつ決算するかといえば、たとえば仲間の誰かが「オレ、田舎に帰るわ」と言い出したとき。そんなときは送別会を開催しつつ、「決算」を行ってそこまでの儲けを

【儲けの分配】

儲けの分配としてもっともわかりやすいのが「配当」です。配当は儲けが出た場合に限って行われ、赤字の場合には行われません。つまり出資者たる株主は「儲けが出た場合のみ」配当を受け取るわけです。これに対しバンコ（債権者）は黒字・赤字に関係なく「利息」を受け取ります。バランスシート右側のL（債権者）・E（株主）いずれに出資するかによってリターンの受け取り方にちがいがあるのです。

確定し、出資金と応分の儲けを払い戻していたようです。

そんな「必要なとき」にしか決算を行わないずぼらな商人たちへ、「毎年ちゃんと決算したほうがいいよ」とルカ先生は諭します。それが友情を長持ちさせる秘訣であると。


簿記を学んで正しい帳簿を付けるメリットは2つあります。

まずはそれが対外的な「証拠」の役目を果たすことです。たとえば取引をめぐるトラブルが発生した際、日々の帳簿を付けてあれば、それは裁判所に提出できる証拠になります。取引を記録し保存することで相手に対抗できるわけです。これによって公証人に頼らずとも、対外的なトラブルを減らすことができます。

もうひとつは「儲け」を明らかにできることです。日々の取引を記録すれば、その時の「儲け」がわかります。年に1回の決算を行ってそこで儲けを明らかにし、これを出資比率に基づいて分配することで仲間割れが防げます。このように簿記は対内的な「儲けの分配」についてトラブルを減らす役割を果たしました。

フローとストックで「原因と結果」を表す決算書

小さな都市国家の集合体であり、政治的に不安定なイタリア諸国を盛り上げた商人たち。

彼らの活動を支えていたのが簿記であることはまちがいありません。簿記は商人が「儲け」をめぐる混乱から抜け出す助けとなりました。

原始的な帳簿には取引先の「人名」が書かれています。公証人のもとで契約書をつくらなくても、自ら「貸した／借りた、売った／買った」の記録をキチンと付けておけば証拠になります。やがて帳簿には人名だけでなく「品物名」が登場するようになります。

そしてルカ先生の教えにしたがって毎日きちんと取引を記入すれば、その帳簿を1年分集計することで、「1年間の儲け」が計算できます。これは期間のプラス・マイナスを表すフロー情報です。

また、決算日に棚卸を行えば、決算日時点の「財産の内容」を知ることができます。これがストック情報です。この**フローとストック**情報こそが決算書の原型です。

ルカ・パチョーリはヴェネツィア商人やフィレンツェ商人が用いていた簿記の技術を「まとめて整理した」のであって、彼が簿記を発明したわけではありません。さらにヴェネツィア・フィレンツェ商人も帳簿の技術を自ら開発したのではなく、東方の商売人たちからその方法を教えてもらっていたのだと思います。

【フローとストック】

中世イタリアにおいては、現在のようにフローとストックの数字がきっちり一致することはなかったようです。ただ中世の時代に「フロー＝帳簿」と「ストック＝ビランチオ」という決算書の原型が存在していたのはたしかです。そう考えると決算書の歴史はおよそ７００～８００年といったところでしょうか。

もともと簿記は「いつどこで誰が発明した」とは言えない技術です。それはあらゆる時代、いろいろな商売人たちの努力によって完成したものです。

しかしルカ先生がスンマを発行した1494年から簿記が〝広がった〟ことはまちがいありません。その意味でこの年を「簿記元年」と考えて差し支えないでしょう。スンマに書かれた「27ページ」の簿記の内容はイタリア各国から、他のヨーロッパ諸国へも伝わっていきました。ヨーロッパ各地でスンマを教科書にした「簿記の教室」が数多く開催された模様です。そこでは商人たちやその子どもが熱心に帳簿の付け方を学びました。

このころの「数字の力」とは、「帳簿を付ける」技術を身に付けることにほかなりませんでした。

それは他の誰のためでもなく「自分のため」に必要とされました。帳簿という記録を付けることによって商人たちはトラブルから自分の身を守ることができ、仲間割れを避けることができました。

毎日帳簿を付け、決算日に棚卸を行うことでフローの損益計算書（原因）とストックのバランスシート（結果）という2つの決算書をつくる――この仕組みの原型はイタリア時代に完成したといえそうです。

決算書の基本：フローとストック

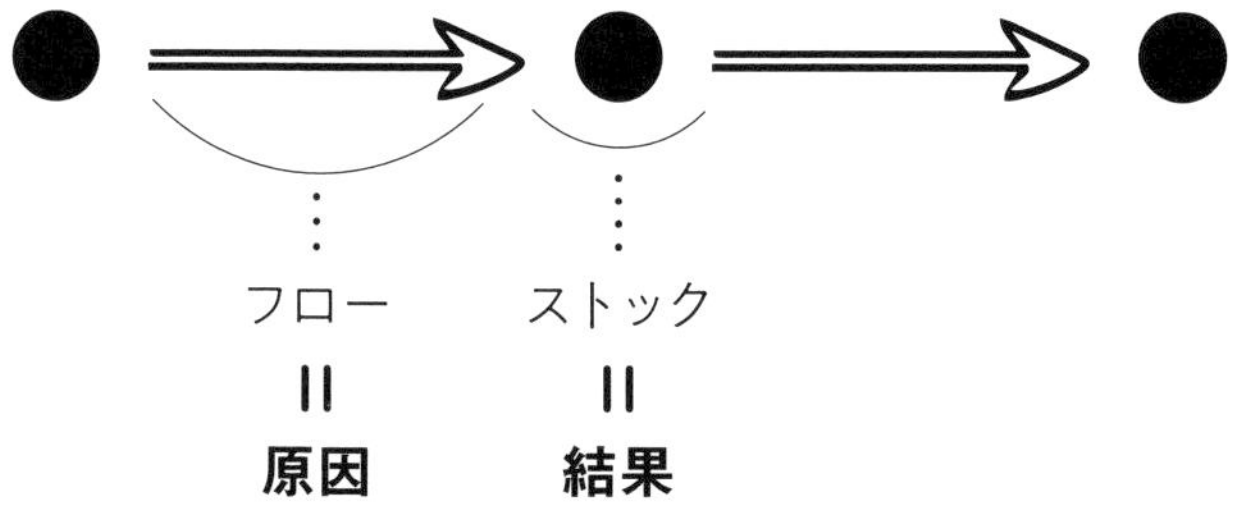

4 簿記革命とメディチ銀行の終わり

スンマ発行の１４９４年、メディチ銀行潰れる

スンマが出版された「簿記元年」の１４９４年、フィレンツェの未来を左右する大事件が起こりました。

それがメディチ銀行の破産です。

コジモなきあと、メディチ銀行の経営は息子のピエロを経て、孫のロレンツォに引き継がれました。

ロレンツォは「豪華王」の愛称が示すごとく、フィレンツェ・ルネサンスに多大な貢献をしており、芸術家への援助や公的な寄付に多額の資金を費やしました。しかしその派手さとは裏腹に、経営の才能には恵まれなかったようで、彼が引き継いだメディ

チ銀行は経営難に陥り、彼の没後まもなく破産に至りました。

金庫の金が底をついたメディチ銀行の資金繰りのため、市の公金に手を付けてしまったロレンツォ。

その息子もまた攻め込んできたフランスへの対応を誤るなどして市民を失望させます。これによって市民の怒りを買い、またしても一族はフィレンツェを追放されました。

コジモが銀行をはじめるにあたって父から受けた「公衆の目に付かぬところで商売をせよ」の教えは、この「豪華王」親子にはまったく届かなかったようです。

もともとメディチが銀行をはじめる前、バルディ家やペルッツィ家といった大銀行が英国王エドワード3世の借金踏み倒しによって破綻しています。「国王や貴族への貸付には気を付けろ」という教訓が残されたというのに、メディチ銀行のロンドン・ブリュージュ拠点がエドワード4世へ巨額貸付をしてしまいました。これが当然のように踏み倒されたことでメディチ銀行は破綻しました。

この頃、メディチ銀行の本部による「監視」は機能しておらず、各拠点の支配人はやりたい放題に融資を行っていたようです。

もちろん形式的には帳簿を付けていたようですが、その内容をきちんと読み取って経営状態を把握し、赤字の場合には適切に対応するといった「ガバナンス」の仕組みは有名無実化していたようです。

簿記は記録の正確性を保証しますが、残念ながら経営の適正性や経営者の商才までを保証するものではありません。

コジモの時代、知識と経験を積んだ彼が目を光らせていたおかげで帳簿や拠点管理の仕組みが機能していました。彼のような人間がいなくなったことで「形だけの仕組み」になっていったのです。

メディチ銀行の経営を傾かせ、破綻の原因をつくってしまったロレンツォ。彼の失脚と激動のうちに、有力な芸術家たちは次々とフィレンツェを去り、ルネサンスは下火になっていきました。

メディチ銀行が与信管理に失敗した理由

それにしてもなぜメディチ銀行のロンドンとブリュージュ両拠点の支配人は、踏み倒される危険が予想されるというのに、英国王エドワード4世に追加の貸付をしたのでしょう？　この「与信管理の失敗」には裏がありました。

　メディチが単なる銀行ではなく、毛織物の製造や販売はじめ各種事業を幅広く手がける「製造業兼商社兼銀行」であることはすでに説明しました。

　ちょうどレオナルド・ダ・ヴィンチが生まれた15世紀後半あたりから毛織物の業績が落ち込んでいきます。この時点で毛織物産業はイタリアの主要産業です。とくにイギリスから仕入れた上質の羊毛を仕入れて製造する高級毛織物は北イタリアの花形産業でした。メディチの儲けの多くもここから生まれています。またメディチ銀行の取引先にも毛織物産業が多かったのです。

　そんなイタリアの毛織物産業にとって打撃となったのは、原材料であるイギリス産の羊毛が手に入りにくくなったことです。羊毛を輸出するだけでは儲からないと悟ったイギリスは、自国で毛織物を製造する態勢に切り替えていきました。こうなると国外への輸出に回される羊毛はどんどん減っていきます。

　そこで、少しでも羊毛の輸入を増やそうとしたメディチの支配人たちはエドワード4世に働きかけました。どうやらこの羊毛取引を認めるのと引き換えに、イギリス国王への融資を求められたようです。こうなると断るわけにはいきません。国王への融資は少しずつ膨らみ、そして最後には踏み倒されました。

「イギリスに踏み倒されたイタリアの銀行の不幸」は１００年経って再び繰り返されたというわけです。

15世紀、メディチ銀行のようすを描いた版画

おそらくロレンツォは「バランスシートをちゃんと学べばよかった」と後悔したと思いますが、時すでに遅し。

毛織物から綿織物へのシフトが「紙」を産み出した事実はすでに説明しましたが、それはメディチ銀行の破綻まで招いたという、意外な影響もあったのです。

フィレンツェ・ルネサンスの落日

せっかく簿記の知識が広まって商売が盛り上がるかと思いきや、混乱に陥ったフィレンツェ。

豪華王ロレンツォが失脚するなかで市民たちの支持を集めていった人物がいます。それが宗教改革の先駆けとされるサヴォナローラです。

彼は強い口調で政治家の腐敗やメディチ家による独裁を批判し、信仰に立ち返るよう訴えました。彼の強いメッセージはフィレンツェの印刷業者たちによって次々と印刷されました。当時のフィレンツェでは、スンマよりサヴォナローラの本のほうがはるかに売れたようです。

だんだん過激になっていったサヴォナローラは、やがて教皇とも対立するようになります。

ある日、とうとう彼はヴェッキオ宮殿の鐘塔にある小部屋に連れて行かれ、そこに幽閉されました。

その部屋は奇しくもコジモがかつて幽閉されたのと同じ部屋でした。コジモは処刑を逃れてこの部屋から無事脱出しましたが、サヴォナローラは残念ながらこの部屋を出たのち、目の前のシニョリーア広場で絞首刑にされ、火あぶりにされました。


レオナルド・ダ・ヴィンチが故郷フィレンツェに戻った1500年は、メディチ銀行が破産し、サヴォナローラが火あぶりにあった直後です。こうした混乱によってフィレンツェはかつての輝きを失いつつありました。

誰よりも自分を愛してくれた祖父も、複雑な思いをもっていた父ピエロも、そして母も、すでにこの世にはいません。レオナルドは混乱のフィレンツェを離れ、ローマ、ミラノ、パリと流浪の旅を延々と続けます。道中、フィレンツェで描きはじめた「モナ・リザ」をずっと手放さなかったのは、彼がモナ・リザに「亡き母の想い出」を重ねていたからなのかもしれません。


流転の日々の末、レオナルド・ダ・ヴィンチはフランス・パリの地でそっと人生の幕を閉じました。

モナ・リザはルイ14世の手に渡り、ルーブル美術館に置かれることになりました。

こうしてフィレンツェ・ルネサンスの巨匠、レオナルド・ダ・ヴィンチ最高の傑作は祖国イタリアではなくフランスに置かれることになったのです。

中世から近世へ、ヨーロッパの主役交代

「嫉妬とは雑草のようなものだ、決して水を与えてはいけない」

これがコジモ・メディチの口癖でした。

彼は街を歩くときに地味な服を選び、年長者には道を譲るよう心がけました。

これ見よがしに家来をぞろぞろ連れ歩くこともしませんでした。

しかし、コジモの派手な成功はライバルを刺激せずにはいられなかったようです。

ルカ・パチョーリは「スンマ」と「神聖比例論」の出版で大成功を収めたのち、故郷のサンセポルクロに戻ったところで思わぬ目に遭います。「悔い改めるべきである」と修道士仲間から告発され、サンセポルクロ修道院長はローマ教皇から与えられたルカの特権や地位について剥奪を求めたのです。

どうやら彼は同業者からその成功をかなり妬まれていたようです。

レオナルド・ダ・ヴィンチの人生も数々の嫉妬とともにありました。

いわれのない告発、足を引っ張るライバル、身内の裏切り行為……。

「徳は、生まれると同時に反対側の嫉妬を生む」とは彼の言葉。

どうやら嫉妬の感情だけは中世から現代に至るまで変わらぬようです。

どこの世界にも人の新しいチャレンジを妬み、嫉み、邪魔する人間がいます。

そんな嫉妬に駆られた輩（Jealous Guy）の心の奥には「変わりたくない」心理があるのかもしれません。

どこの国や会社でも、落ち目になればなるほど地位にしがみつく輩が増え、嫉妬や足の引っ張り合いが増えます。3人に向けられた数々の嫉妬は、イタリアの栄光が終わりに近づいた証だったのでしょう。これ以降、ヴェ

Column

宮殿、鐘塔の小部屋

本章でコジモとサヴォナローラが幽閉された小部屋はいまも実在します。有名なヴェッキオ宮殿の鐘塔にある小部屋です。この建物はいまもフィレンツェ市庁舎として使われており、見学することも可能です。小部屋のある鐘塔は数百年の長きにわたってずっとフィレンツェ市民たちを見守り続けています。

ネツィアやフィレンツェは勢いを失い、世界経済の主役の座から降りることになります。

実はこのとき、内々の嫉妬にため息をついている場合ではなかったのです。スンマが発行された15世紀の終わり、ヴェネツィアに負けじと造船術や航海術を磨いたライバルは「新大陸」を発見、あるいは東方の品々を「直接入手できる」航海ルートを発見していました。

これによって世界の中心は地中海を離れはじめ、主役はスペイン・ポルトガル・オランダへと交代していきます。それは歴史の教科書が「中世」から「近世」へと章を改める、大きな区切りでもありました。

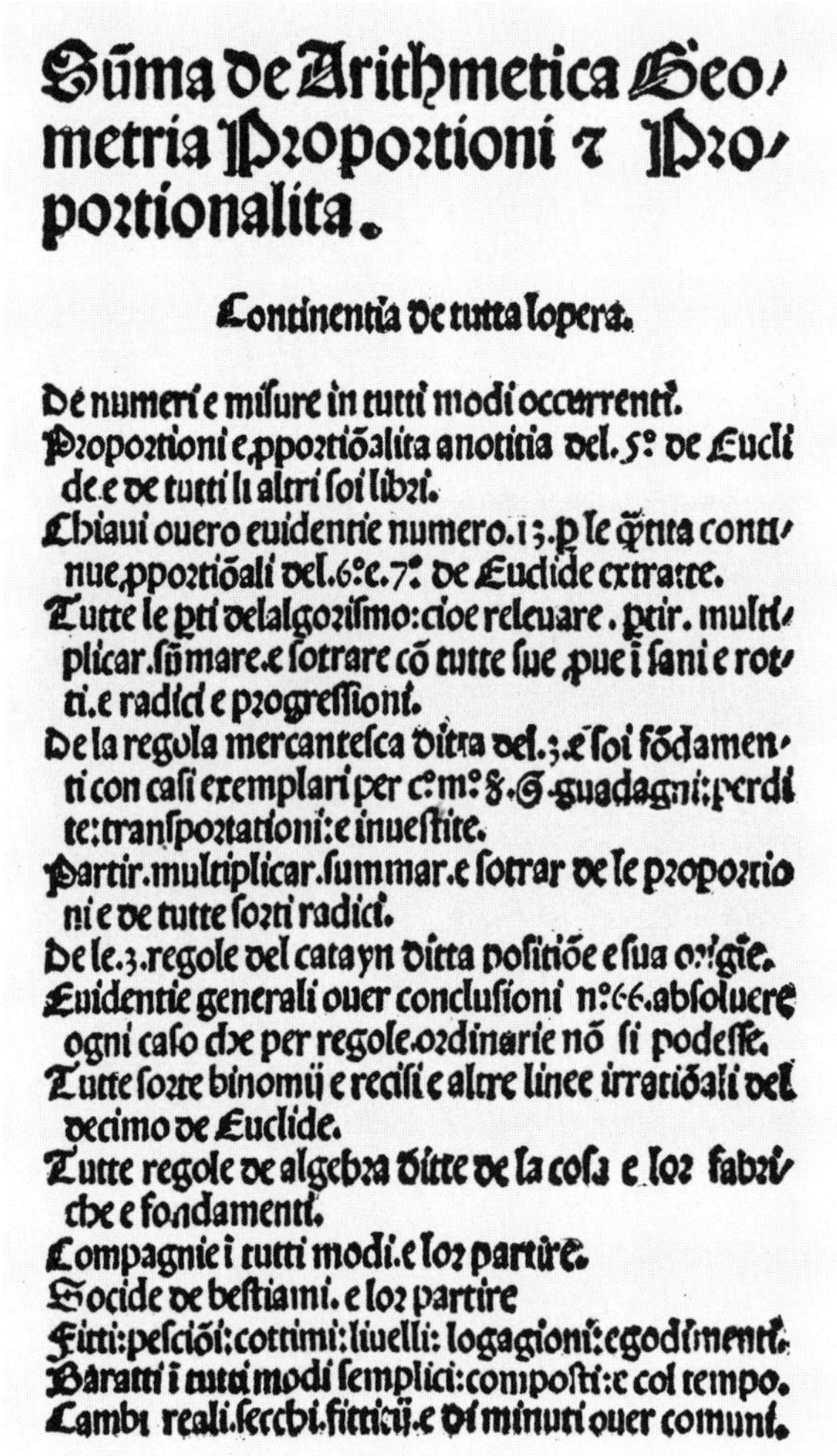

Sūma de Arithmetica Geometria Proportioni et Proportionalita.

Continentia de tutta lopera.

De numeri e misure in tutti modi occurrenti.
Proportioni e pportiōalita anotitia del .5° de Euclide e de tutti li altri soi libri.
Chiaui ouero euidentie numero .13. p le q̄tita continue pportiōali del .6° e .7° de Euclide extratte.
Tutte le pti de lalgorismo: cioe releuare . ptir. multiplicar. sūmare. e sotrare cō tutte sue pue i sani e rotti. e radici e progressioni.
De la regola mercantesca ditta del .3. e soi fōdamenti con casi exemplari per c° m° 8.G guadagni: perdite: transportationi: e inuestite.
Partir. multiplicar. summar. e sotrar de le proportioni e de tutte sorti radici.
De le .3. regole del catayn ditta positiōe e sua origie.
Euidentie generali ouer conclusioni n° 66. absoluere ogni caso che per regole ordinarie nō si podesse.
Tutte sorte binomii e recisi e altre linee irratiōali del decimo de Euclide.
Tutte regole de algebra ditte de la cosa e lor fabriche e fondamenti.
Compagnie i tutti modi. e lor partire.
Socide de bestiami. e lor partire
Fitti: pesciōi: cottimi: liuelli: logagioni: e godimenti.
Baratti i tutti modi semplici: composti: e col tempo.
Cambi reali. secchi. fittitii. e di minuti ouer comuni.

ルカ・パチョーリが1494年に著した教科書「スンマ」

第3章

17世紀オランダ
会社革命

「夜警」
レンブラント・ファン・レイン
***De Nachtwacht*, Rembrandt Harmenszoon van Rijn**
(1642)

1494年にルカ・パチョーリが「スンマ」を出版してから500年後の1995年。その年、日本で行われる公認会計士試験に「短答式」試験が導入されました。導入の初年度とあって、集まった受験者たちの表情には緊張の色がみえます。

「はじめ！」という試験官の声が会場に響きました。

いっせいに問題用紙を開く受験生たち。と、ここで彼らの表情が一様に凍り付きました。

「解答はアラビア数字で記入すること」

一心不乱に簿記を勉強した「ルカの弟子たち」ですが、数字について「アラビア」と「ローマ」を区別することができなかったようです。

「アラビアって、どっちだ……」

彼らの動揺は、ざわっとした波となって試験会場に広がりました。

1 神が中心から人間が中心の時代へ

アラビアかローマか？　悩むルカの弟子たち

これは実際にあった出来事です。

1995年、わが国の公認会計士試験において新たに「短答式」試験が導入されました。

誰もが「マークシート式」だと思いきや、フタを開ければまさかの「手書き式」。

しかもそこには「解答はアラビア数字で記入せよ」の指示。

これを見た受験者たちはパニックに陥ったようです。

冷静に考えれば「1・2・3・4」がアラビア数字で、「Ⅰ・Ⅱ・Ⅲ・Ⅳ」がローマ数字であることくらいわかりそうなものですが、「これで人生が決まる」緊張に包まれた彼らは頭の中が真っ白に。

私が知るだけで2人が、ローマ数字で回答して不合格になっています（数字のせいか、不勉強のせいかは不明です）。

アラビアか、それともローマか？

この未来の騒動を知れば、ルカ・パチョーリはきっと苦笑したことでしょう。しかしそれは彼が「スンマ」を発行した当時も、大きな問題だったのです。

神が支配する時代から人間中心の時代へ

スンマが出版されたころのヨーロッパは、大きな転換期のまっただ中にありました。歴史の区分でいえば「中世」が終わり、次の「近世」がやってくるちょうど境目です。

神が支配する時代から、人間が中心の時代へ――そんな転換の大きなキッカケになったのが「ローマ数字からアラビア数字への移行」です。

インドで発明された「ゼロ」の概念を含む、「アラビア数字」の体系はインドからアラビアを経てヨーロッパに伝わりました。憎っくき敵国の数字とあってはじめは抵抗を感じていたヨーロッパの人々ですが、やがてその便利さに気付きます。

「これは使える！」

物事は神が支配しているのではなく、そこに自然の「法則」があると気付いた人々は、その「法則」について計算をはじめました。アラビア数字によって人々はあらゆる物事を計算し、数字で考えることができるようになります。この計算から「科学」がはじまったといえるでしょう。

それまでヨーロッパで用いられていたローマ数字には、「ゼロ」そして「位上がり」の概念がありません。

たとえば「777」はローマ数字で「DCCLXXVII」と表記されます。

数字を書くだけで面倒くさいし、足し算や引き算も大変、掛け算や割り算などは至難の業です。メリットといえば「見た目がカッコいい」ことと「書き直しの不正がしにくい」ことくらい。

商人たちも、帳簿を付けるにあたって、ローマ数字にはうんざりしていたようです。ちょうどそんな時期に出版されたスンマには、両方の数字が登場していますが、ルカは帳簿記入にあたって、使いやすさからアラビア数字の使用を勧めています。

ところでスンマで紹介された簿記には、おなじみの複式記入「借方・貸方」が含まれています。

当時はまだ「＝（イコール）」や「＋－×÷（**四則演算記号**）」は使われていません。おそらく「＋－」が存在しなかったことから、取引の両面性を表現するために「借方・貸方」を用い、併記していたのだと思います。

中世の終わりに変化したのは数字だけではありません。同じ時期に「ラテン語から口語へ」という言葉の変化もありました。もともとラテン語は古代ローマの公用語です。これを古くさい言語と侮るなかれ。その影響はかなり広範囲に及んでいました。ローマが支配したヨーロッパだけにとどまらず、ラテン語を使うスペインが征服したことによって、遠く離れた中南米は「ラテン・アメリカ」と呼ばれています。

スンマに隠された2つの「ローマとの訣別」

ラテン語は私たちの身の周りにもたくさん残っており、数字を表す「No.」はNumeroの短縮形、午前と午後の表す「am／pm」はante/post meridiemの省略型、さらに「&」はラテン語〝et〟、「@」は〝ad〟の合字だそうです。これだけで、いかにラテン語が影響力のある言葉だったかわかります。

中世ヨーロッパの聖職者や学者たちはラテン語を愛し、多くの専門書籍は「格調高

【四則演算記号】
四則演算記号の歴史は意外にも新しいのです。演算記号が一般的に用いられたのはレオナルド・ダ・ヴィンチが亡くなってからのことで、15世紀から17世紀にかけて普及したとされています。

い」ラテン語で書かれていました。しかしそれは気の短い市民や商人たちにとってあまりに「堅苦しい」言葉だったようで、彼らはそれよりもカジュアルな口語を好みました。

中世後期になるとヨーロッパのさまざまな地域で、さまざまな口語が用いられます。ここからヨーロッパでは「多様な口語的言語」が発達していきます。

スンマは序文こそラテン語ですが、中身はイタリア口語で書かれていました。「格調高い」学問を好む人々にはしかめっ面をされた反面、「べらんめえ調」を好む商人たちにはウケたようです。

以上のように、スンマの裏側には2つの「ローマとの訣別」がありました。ひとつは数字、もうひとつは言葉。アラビア数字の普及によって科学が進み、それがわかりやすい口語の書籍になって人々の間に広がっていきます。

さらにこの時期、数字と言葉に加えて、「時計」も登場しています。

これで空間と時間のさまざまな計算ができるようになりました。科学は新たな領域に進み、海図、大砲、絵画の遠近法、音楽の五線譜などさまざまな発明を産み出します。

これらが同じような時期に登場したのは偶然ではありません。中世の終わりには「数量革命」ともいうべき一連の流れが存在していたのです。

神の支配していた世界を、自分たちの手へと取り戻す――数量革命はそんな面をもっています。

「簿記」もそんな数量革命のひとつだといえるでしょう。五線譜が「メロディー」というカタチのないものを可視化する技術なら、簿記は「儲け」というつかみどころのないものを可視化する技術です。メロディーを記録できる五線譜によって音楽が発展し、簿記によって商売がやりやすくなったことはまちがいありません。

ルネサンス期に流行した「魔女狩り」

中世の終わり、科学が進歩する裏側でカトリック教会は少しずつ権力を失っていきました。神の時代から人間の時代へ――その「移行」は教会の権威が失われることを意味します。

それに対する焦りなのか、科学が発展しはじめた時期に「魔女狩り」が増えているのです。

魔女狩りは、もともとカトリックの裏切り者への弾圧としてはじまった異端審問が発展したものです。異端を弾圧することにかけて〝経験豊富〟なカトリック教会は、飢饉や自然災害、不妊や病気などあらゆる災いと不幸を魔女のせいにしました。魔女たちは捕らえられると過酷な拷問の末、火あぶりにされたのです。

それにしても科学が発展し、美を求めるルネサンス運動が盛んになったちょうどそのとき、「魔女狩り」が増えているとはなんとも不思議な話です。美しい彫刻や絵画を生み出したルネサンスは、人々の美しさを求める心だけでなく、嫉妬や残酷な心までも「再生」させてしまったのでしょうか。

ともかく魔女狩りのような神秘主義を内側に残しつつ、神の時代から人間の時代への歩みは、ゆっくり確実に歩みを進めました。

そしてルカ・パチョーリの「スンマ」が世に出たのと同じころ、数量革命を背景に「世界の歴史」を大きく変えてしまったのが「インド航路の発見」です。

ポルトガルの**バスコ・ダ・ガマ**が苦難の末、アフリカ南端の喜望峰を回って直接インドへ向う新航路を発見しました。造船技術や海図・コンパスの革新、そして船乗りの勇気がもたらした大航海時代、これでヴェネツィアを経由せずとも、直接インドを訪れて取引することができるようになったのです。

新航路が発見されてから、ヴェネツィアのガレー船は少しずつ地中海からその姿を消していきます。

【バスコ・ダ・ガマ】
Vasco da Gama
(around1460－1524　ポルトガル)
探検家、航海者。欧州からアフリカ南端を通ってインドへ向かう新航路を発見した。

その代わりに新航路を発見したポルトガルとスペインの船が海の主役になっていきました。

しかし、本書の「次なる主役」はその2強ではありません──意外にも「オランダ」です。

16世紀のオランダはカトリック色の強いスペインの支配下にありましたが、宗教改革によってプロテスタントが増えていました。これに対しカトリック支持者のスペイン国王フェリペ2世は異端審問を繰り返すなど新教徒たちを激しく弾圧、これに抵抗したオランダの新教徒たちは「独立戦争」を起こします。

熾烈な戦いの末、勝利した北部7州は自ら「ネーデルラント連邦共和国」の独立を宣言しました。

自由を手にしたプロテスタントの国オランダにはヨーロッパ中から宗教を超えて〝商人〟たちが押し寄せます。

東回り航路

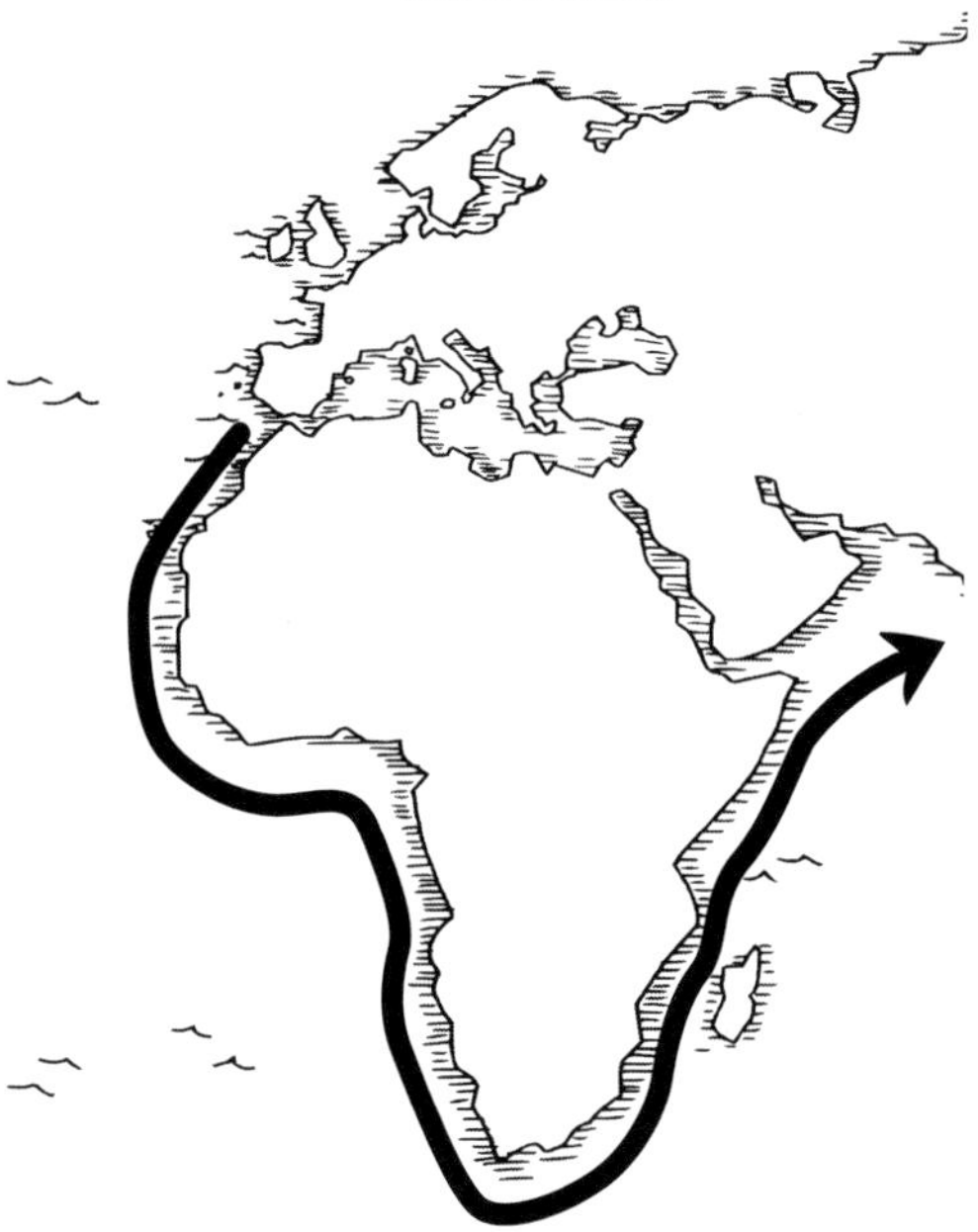

『オランダ船団のアムステルダム帰還』1599年　ヘンドリック・コルネリス・ブルーム作

オランダは食糧不足問題を抱えはじめていたイタリアに対し、バルト海沿岸からせっせと食糧を運びます。彼らはアムステルダムを中継地点とした「貿易業（仕入・販売業）者」であると同時に、船舶を所有して運送する「海運業者」でもありました――その仕入・販売・輸送のすべてを支配する様子は、たとえるなら「近世のAmazon.com」といったところ。

ヨーロッパ近海貿易で儲けたオランダは、やがてスペイン・ポルトガルが独占する東インド航路にも殴り込みをかけます。商人の国オランダは、それまでの国々が思い付かなかった「新しい発想」で資金を調達し、ビジネスを成功させていきます。

16世紀の大航海時代、中世に代わって近世の扉が開き、いよいよ「株式会社」の登場です。

2 レンブラントとオランダの栄光

ライデンで評判の「粉屋の息子」

「粉屋の息子がすごいらしい」

オランダのライデンを訪れた美術評論家はそんな噂を耳にしました。

噂の「粉屋の息子」、その名は**レンブラント・ファン・レイン**。

すでに街には彼の評判が飛び交っていました。レンブラントはとんでもない才能の持ち主ではないかと。

そんな噂を耳にするたび、両親はかつてわが子の将来に絶望したことを忘れ、喜びを噛みしめます。

【レンブラント・ファン・レイン】
Rembrandt Harmenszoon van Rijn
（1606－1669　オランダ）
「光の画家」と呼ばれる、バロック期を代表する芸術家。

レンブラントが生まれた1606年当時、ライデンはいまだスペインとの独立戦争のさなかにありました。

父はプロテスタント、母はカトリックでしたが、幸いにも家庭内に深刻な対立が起こることはなく、彼は製粉業を営む裕福な一家の9番目の子として生まれました。

彼が生まれた3年後、ライデンを含む北部7州は長く続いた戦いの末に事実上の独立を果たします。

喜びに沸き立つ市民たちの喧噪のなか、レンブラントはかつてスペインの侵略から街を守ったことを記念して設立された名門ライデン大学に入学します。

しかし彼はこの「歴史的名門校」に馴染めなかったようで、数ヵ月で退学することになりました。

この早々の退学を、両親は大いに嘆きます。

「うちの子は、どうなってしまうのだろう」

そんな不安に駆られつつ、「絵を描きたい」という息子を信じることにしました。

＊

当時のオランダにおいて「絵描き」は――少なくとも現在の21世紀よりは――商業的に成功する見込みの高い職業だったのです。そこにはこの国の成り立ちをめぐる特殊な事情がありました。

スペインから独立したオランダは、プロテスタントを中心とした「商人の国」です。労働で儲けることをよしとしないカトリックとちがい、プロテスタントは働くことや儲けることをむしろ善であると考えます。

とくにオランダに多かった**カルヴァン派**では「神が与えたもうた職業に励むこと」が救済への道だとされており、「商売に励み、儲けること」は奨励される行為なのです。

商売好きのプロテスタントが集まったオランダは、他の宗教についても比較的寛容な態度をとりました。そのためオランダには他宗教の〝商売好き〟も集まります。そこにはユダヤ人の姿もありました。宗教に対する寛容さは、金儲けを追求する合理的精神の裏返しでもありました。

宗教改革でプロテスタントが糾弾したカトリックは、ウズーラのような不労所得を禁じ、貧乏を勧めておきながら、自らはタップリと寄付金をとり、教会を派手な装飾品や絵画で飾りました。やがて「金を払えば救われる」免罪符を売りはじめるに至り、プロテスタントたちは「ちがうだろ！」と怒りの声を上げます。一部の信者はカト

【カルヴァン派】
宗教改革といえばドイツのマルティン・ルターが有名ですが、もうひとつ有力な一派がフランスのジャン・カルヴァン率いるカルヴァン派です。プロテスタント弾圧によってスイスに移ったカルヴァンは禁欲を旨とし、贅沢や娯楽を排除する姿勢で臨みました。これによって街の治安は良くなり、財政も改善したことから、絶大な支持を集めたのです。

リック教会の華美な装飾品を壊しはじめました。彼らにとって華美に飾る教会こそ非難すべき象徴だったわけです。

カトリック教会にあった派手なステンドグラスや巨大壁画、それはプロテスタント教会には存在しません。

オランダをはじめとしてプロテスタントの教会は質素につくられています。

以上のような宗教対立は、オランダの画家たちの人生にも大きな影響を与えました。イタリアの画家たちは「カトリック教会」から絵画や壁画の注文を受けていましたが、その偉大なパトロンがオランダにはいません。

ではオランダの画家は誰から注文を受けたのでしょう？――新たな依頼主は、「裕福な市民」でした。

たとえば金儲けに成功した商人は画家に「肖像画」を注文していました。有名な画家に自らの肖像画を描かせることは商人にとって一種の勲章だったようです。

若きレンブラントにもそんな商人たちからかなりの注文が入りました。いよいよ「粉屋の息子」がライデン中の噂になったころ、彼はさらなる成功を求めてアムステルダムを目指すことになります。

アムステルダムで生まれた好循環

「オランダの商人」という表現について詩人のハイネは「この言い方は実は同義反復である、なぜならオランダ人はすべて商人なのだから」と皮肉交じりのコメントを残しています。

ヨーロッパ中から商人が集まりはじめたオランダのなかでもアムステルダムは急激に人口が増えました。スペインからの独立戦争において北部が勝利を勝ち取った一方、南部にはスペイン支配がそのまま残りました（これがのちのベルギーです）。南部から「逃げ遅れた」商売好きの人々もこぞってアムステルダムを目指しました。

プロテスタントとカトリックだけでなく、ユダヤ教徒まで共存を許されるという「寛容」な態度によってアムステルダムにはヨーロッパ中から商人たちが集まりはじめます。するとそこには「情

オランダで生まれた商売の好循環

報」が集まります。穀物、香辛料、絹、皮革などを運ぶ多数の船舶からもたらされる商業的・政治的な情報は商人たちにとって貴重なものでした。

こうして商人たちと情報が集まるようになると、そこでは多くの取引が行われ、「市場（マーケット）」ができます。市場ができると、取引を求めてまた多くの人々が集まってきます。

こうしてアムステルダムには他の国にはなかった「人↓情報↓市場↓人↓…」の好循環が生まれました。この好循環がオランダ経済を押し上げ、アムステルダムはたちまちロンドン、パリに次ぐヨーロッパの巨大都市となっていったのです。

アムステルダムの「市場」は、そこで成立した取引について「終値」情報を公表していました。品々がいくらで取引されたかを示す価格表（price list）――これは商人にとって喉から手が出るほど欲しい情報でした。アムステルダムには各種の取引所が物理的に設置されるだけでなく、商人たちへ「価格表」を公表することで、その場所の価値を高めていったのです。

変化する絵画の注文主と「マーケット」

アムステルダムに住まいを移したレンブラント、この街でも彼の名声は知られてい

「夜警」1642年　レンブラント作

きました。彼のもとを訪ねるのは注文主だけではありません。彼の工房には弟子入り志願者があふれました。

経済絶好調のアムステルダムにて、それに歩調を合わせるかのように成功するレンブラント。

そのころ描かれた彼の代表作が「夜警」です。

「夜警」は警備隊の火縄銃組合から依頼された「集団肖像画」です。

独立戦争後のオランダには、自前で武器を手に持ち、無報酬で警備に当たる男たちがいました。そんな彼らを描いた集団肖像画が「夜警」です。おそらく彼らは割り勘（ダッチ・カウント）で画家に注文を出していたのでしょう。

集団肖像画の注文主たちは〝平等に〟描かれることを望むはずです。しかしレンブラントの「夜警」はそんな常識を大幅に逸脱しています。「**光と影**」を用いて大胆に表現された18人、大半の表情は薄明りに見え隠れして、はっきりと読み取れません。

この絵の芸術的な評価は高いのはいいとして、もしかしたら「後ろの陰に描かれた」注文者は不満だったかもしれません。

このようにレンブラントは注文主の意向に沿わない絵を描くことが多く、また締め切りを守らないことも多かったようです。これは当時のオランダ絵画界において少々問題でした。

【光と影】
17世紀のオランダでは数多くの風景画が描かれ、光と影の美しい対比が注目を集めました。低地ゆえ海に向かって果てしなく広がる地平線、水蒸気が大気中の光を拡散させ、遠くの輪郭を和らげます。そんなオランダの「美しい光と影」を描いた風景画はイギリスのターナーはじめ他国の画家に大きな影響を与えました。

この時期のオランダには「美術品の商業化」をめぐるいくつかの変化が起こりはじめています。

ひとつが「絵画の小型化」です。オランダ市民たちは、自宅に絵を飾ることを好みました。

自宅に飾られる絵は、必然的に小さなサイズになります。そこで画家たちは教会の巨大な壁画ではなく、市民の家に飾る小さな絵を描きはじめました。

また絵の主題も神話や聖書の壮大な物語ではなく、何気ない風景や花や果物が好まれるようになりました。この時期のオランダでは風景画や静物画といった「可愛らしい」新ジャンルが生まれています。

さらに重要な変化が、画家が「市場取引財」としての絵画を描きはじめたという事実です。

それまで絵画といえば、教会や君主から注文を受けて描く注文財でしたが、オランダでは市民が買い手になるにつれ、市場取引財としての性格が強くなっていきます。

服でいえば注文生産から、既製品の生産へのシフトです。こうなると画家にもマーケティングセンスが必要になります。描きたい絵を描くのではなく、顧客が望む絵を描かねばならない——。

このように絵画をとりまく環境がビジネス化していくなかで、残念ながらレンブラントはその波に乗ることができませんでした。「夜警」以降、彼の人生は悲劇の色合いを濃く帯びていきます。

市場で取引される絵画とチューリップと株式

商人たちが市場（マーケット）を発展させ、絵画までも市場取引財にしていったオランダ。

この時期にもうひとつ、歴史に残る市場取引財が登場しています――それがチューリップです。

もともとチューリップで庭を飾ることにささやかな幸せを感じていたオランダ人。そこにライデン大学のクルシウス教授が研究した「珍しい色」の球根が人々を熱狂させました。マニアが殺到した珍しい色のチューリップ球根には高い値が付きはじめます。市場の「価格調整メカニズム」によっていよいよ価格が上昇、世界初のバブ

Column

越後屋三越

オランダで絵画が注文生産から既製品へとシフトしていたちょうどそのころ、遠く離れた日本でも同じことが起こっていました。1673年、お江戸日本橋で開業した「越後屋」は着物を従来の注文生産ではなく、「つるし」の既製品を販売しました。これによって中間マージンを省き、低価格を可能としたのです。現代の三越は高級百貨店として有名な存在ですが、もともとは「低価格」で勝負していたのです。

ルといわれる「チューリップ・バブル」が発生しました。

チューリップ・バブルの背景には、意外にもプロテスタントの質素倹約の精神があります。

富をひけらかすような生き方を嫌うプロテスタント。家を豪華に飾るのではなく、ささやかな絵画と花を置いて生活する——そんな彼らの暮らしと考え方がアダとなりました。

教会の装飾品をぶっ壊すほど「華美」を嫌う彼ら、その花壇を可愛く彩るはずのチューリップがバブル化したのですから、これは皮肉を超えた不幸というほかありません。

チューリップ球根の価格は狂乱状態といえるほど高騰しますが、１６３８年、政府の介入もあってその価格は突然に暴落、チューリップ・バブルは突然の終焉を迎えました。

このオランダで起こったチューリップ・バブルのあと、幾度となく世界中のあらゆる場所、あらゆる物が「バブル」を発生させています。日本では不動産、アメリカではサブプライム・ローン証券、近年ではビットコインなどの仮想通貨……。バブルはクルシウス教授の「珍しい色のチューリップ」のごとく、新しいテクノロジーが登場した直後に発生することが多いようです。

ここオランダでは、チューリップに負けず劣らず、かなりのブームとなった市場取引財がありますーーそれが「株式」です。これなくして本書の話は進められません。

歴史の教科書に必ず登場する「東インド会社」がオランダに設立されたのは１６０２年のこと。この東インド会社は「世界で初めての株式会社」といわれています。この会社の株主は、所有する株式を取引所で売却することができました。

そのアムステルダムの取引所が「世界初の証券取引所」とされています。

オランダの東インド会社からはじまった株式会社と証券取引所の歴史ーーそれを説明する前に、１隻のオランダ船が日本に漂着した事件から話をはじめましょう。

「慈愛＝リーフデ」という名のオランダ船が、残念ながら神の慈愛を受けられず、漂流の末、豊後に到着したのは１６００年のことでした。

3 オランダで誕生した株式会社とストレンジャー株主

日本に漂着したオランダ船

1600年、オランダのリーフデ号が豊後（大分県）の臼杵湾に漂着しました。乗組員の**ヤン・ヨーステン**とウィリアム・アダムスは大坂に呼ばれ、徳川家康に謁見します。

家康はキリスト教＝カトリックを強く警戒していましたが、オランダ人ヤン・ヨーステンから「オランダ人はカトリックと戦った」と聞き、また彼らが宗教の布教よりも「商売」に興味があることを理解し、長崎の出島にて商売することを許しました。ヤン・ヨーステンとウィリアム・アダムスは家康のお気に入りとなりました。ヤン・

ヨーステンは八重洲という地名のもとになり、ウィリアム・アダムスは三浦按針となって日本に残りました――と、私たちはこんなことを日本史で学ぶわけです。

これをオランダ側から見てみましょう。

リーフデ号をオランダから東方へ向けて出発させたのはオランダのロッテルダム会社です。

出航したのは5隻、彼らがオランダを出たのは1598年のことでした。

船団の道のりは不幸続きでした。スペインに捕まった船、ポルトガル人に船員が殺された船、沈没やら行方不明やら……、結局、5隻のうちリーフデ号だけが「目的地ではない」日本に到着したのです。なんとも悲惨な航海ではありますがこれが航海の現実でした。

当時のオランダには、それでも沈没覚悟で東方を目指すリズカーレ船乗りがおりました。彼らにとって危険は自然だけではありません。オランダ船にとって、先行して東方進出しているスペインとポルトガルは大きな脅威だったのです。実際、リーフデ号と一緒に出港した他の船はこの2国の船にやられています。

オランダはスペイン、ポルトガルにどうやって勝つかについて考えていました。

この2国だけでなく、比較的仲の良いライバル、イギリスも東インド貿易に目を向

【ヤン・ヨーステン】

ヤン・ヨーステンは日本人女性と結婚し、江戸城近くに住みました。ヤン・ヨーステンの日本名「耶楊子」（やようす）がなまって八重洲と呼ばれるようになり、彼の住んだ地域がその名で呼ばれるようになったそうです。現在の八重洲地下街には、彼の銅像が置かれています（左写真）。

けはじめています。

憎っくきカトリックのスペイン＆ポルトガル、好敵手イギリス。

彼らに打ち勝つべくオランダは大勝負に出ました――それが１６０２年「東インド会社」の設立です。

オランダは考えました。

今のように小さな会社が「船を出しては沈み」のようなことを繰り返していてはムダが多すぎる。

もっとカネをかけて安全かつ大砲を備えた強力な船をつくり、スペインとポルトガルをやっつけよう。

船を往復させるだけでなく、インドに現地拠点をつくり、そこから商売を大々的に展開しよう。

これらを実現するには大金を集めなければなりません。さらには大船団を組み、現地に拠点をつくるためにはその資金を長期的に調達する必要があります。

そのために用意された組織がオランダの「東インド会社（ＶＯＣ）」です。

東インド会社（Vereenigde Oostindische Compagnie）のVereenigdeは「連合」の意味で、この会社が7社の合併によって設立されていたことを示しています。ＶＯＣは先のロッテルダム会社を含む７つの会社を合併させるかたちで設立されました。

実はオランダＶＯＣより少し前に、**イギリス東インド会社**が設立されています。ただこの会社はオランダより資本金が小さく、また航海ごとに資金調達する「当座企業」的な性格でした。

おそらくこのイギリスの東インド会社をみていたからでしょう。「商売では負けられない」オランダははるかに大きな資本金で、そして「継続企業」として長期的に資金調達するＶＯＣを立ち上げました。

このＶＯＣは世界で初めての株式会社といわれています。

ストレンジャー・イン・アムステルダム

イタリアでもそうでしたが、船の商売から陸の商売になるにつれ、組織は「当座企業から継続企業」へと変化していきます。

オランダでも小規模な東インド会社は当座企業的でしたが、ＶＯＣはインドにも拠点を構える継続企業として経営を行うようになりました。ＶＯＣはインド各地に拠点をもうけ、そこに軍隊を置き、貨幣の鋳造まで行います。これらの活動はもはや会社というより「国家」と呼んだ方がいいくらいです。

【イギリス東インド会社】
ビジネスではオランダに敗れたイギリスの東インド会社ですが、マーケティングでは大成功を収めています。彼らは「お茶に砂糖とミルクを入れて飲む」という中国人が卒倒しかねない飲み方を提案、イギリス人に紅茶を広めました。これでイギリス人はお茶好きになったといわれています。

さて、大船団を組む丈夫な船をたくさんつくり、現地に立派な拠点を構えるべくVOCは「巨額の資金を長期的に調達」しなければなりません。これを家族や友人だけで行うのはどう考えても不可能です。そこでVOCは資金調達を一歩進めて「見ず知らずの他人」からも行うことにしました。

ヴェネツィアやフィレンツェの組織では、出資を行うのは家族・親族（family）やその延長である仲間（company）でしたが、VOC株は「見知らぬ人々（stranger）」からも資金を集めます。

ここで新たな「ストレンジャー株主」が登場します。

出資者にストレンジャー株主が入ってくると、経営の仕組みが大きく変わります。ストレンジャーは家族や仲間とちがって経営者と個人的な絆をもちません。「所有と経営が分離」された環境のもと、彼らは「儲け」を望んで投資をしてきます。

彼らを満足させるためには、

・事業の儲けをきちんと計算すること
・儲けの相当分を出資比率に応じて分配すること

バランスシートの右下に株主が登場

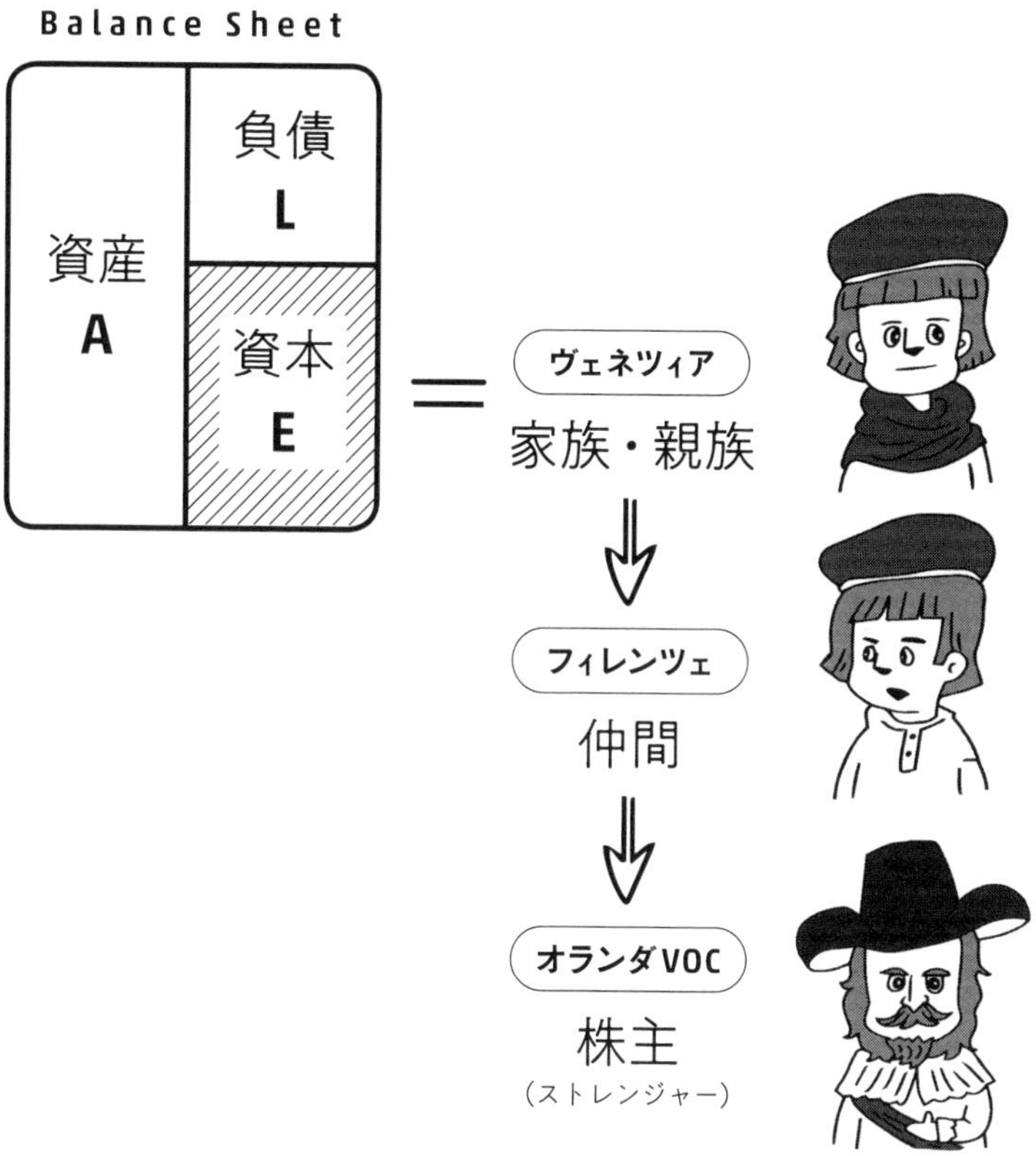

の2つが必要です。

まず「事業の儲けをきちんと計算すること」のためには「簿記」が必要です。すべての取引を帳簿に記録すべく、VOCは早い段階で複式簿記を導入しました。

ちなみに商人の国オランダでは、多くの人々が簿記を学んでいたようです。「スンマ」のうち簿記に関する部分はオランダでも翻訳されていました（オランダ人が著作権料を払ったかどうかは不明です）。

きっちり商売したいプロテスタント、とくにオランダに多いカルヴァン派の人々にとって簿記を学ぶことはその気質に合ったのだと思います。そのような背景からVOCには複式簿記による帳簿が導入されたのでしょう。

帳簿を付けることによって事業の儲けを計算できれば、そのうちの相当分を出資比率にしたがって株主へ分配ができます。

これら「正しい計算と分配」はストレンジャー株主から資金を預かる以上、果たさねばならない最低限の責任です。

このうちストレンジャーに対する儲けの報告（=account for）が「会計accouting」の語源です。資金を預かった経営者から、資金を提供した株主に向けて報告（説明）を行う――ここが会計のルーツなのです。

会計のルーツはAccount for

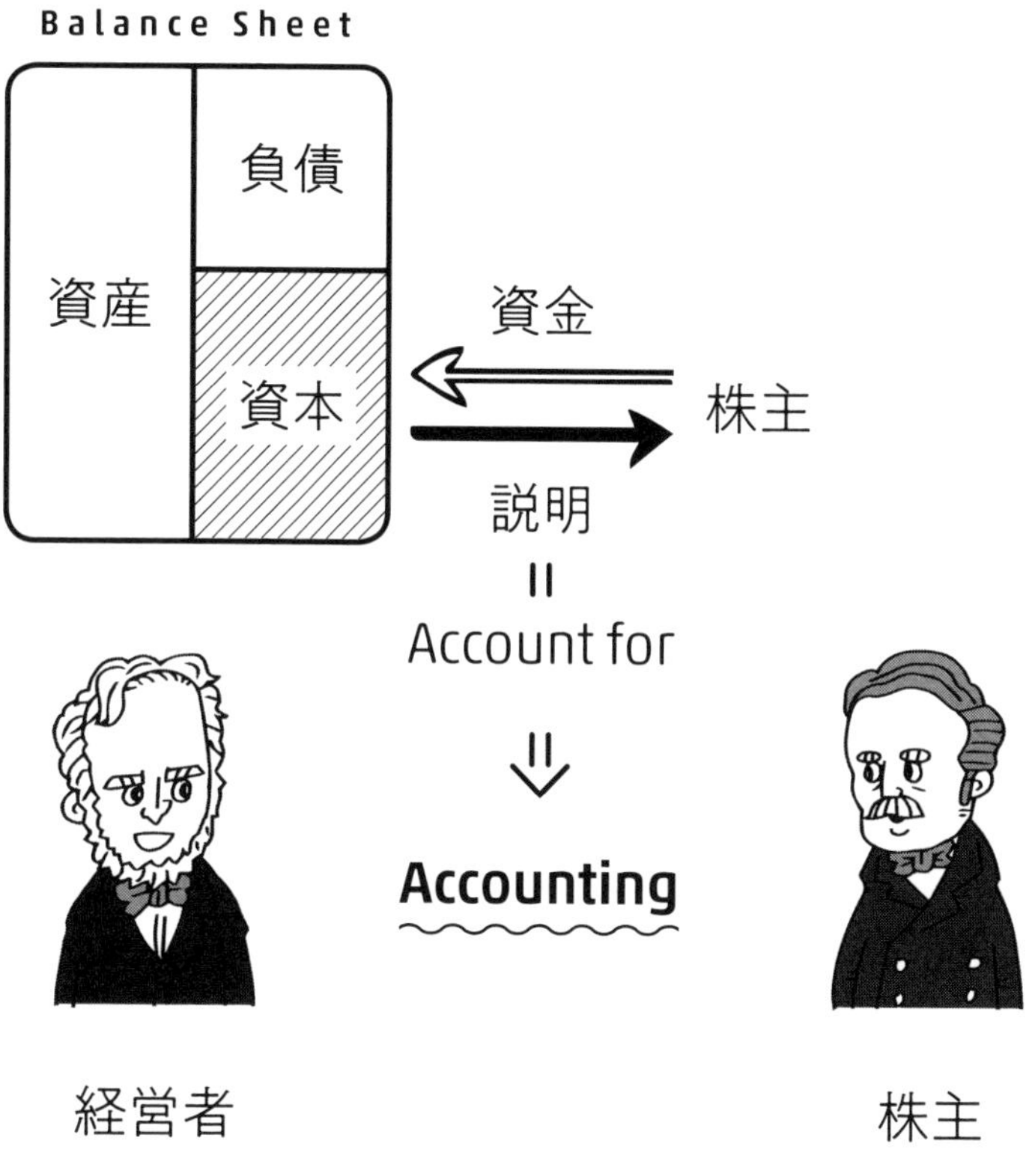

熱狂的な人気となったＶＯＣ株式

どれだけ安全に配慮しようが、船に大砲を載せようが、遠洋航海はやっぱり「ハイリスク・ハイリターン」です。ＶＯＣの商売は無事に帰って来られれば儲けが大きい反面、もし沈没すれば大きな損害を被ります。場合によっては借入金が返せない事態もありえます。ここでもし株主にも負担が及ぶとなれば、人々は怖くて株式を買えません。

このような「無限責任」では事業への出資を募ることが難しいと考えたＶＯＣは株主へ「有限責任（リミテッド）」制度を用意しました。

もし損失が出た場合であっても株主に出資金以上の負担を求めないというのが「有限責任」です。株主からすれば、万が一、ＶＯＣの事業が大失敗しても「出資金がゼロ」で終了、それ以上の負担は求められません。

「リターンは青天井」の反面、「リスクは限定」なのですから、出資者にとってこれはありがたい。有限責任を採用したことによってＶＯＣ株は人気を呼びました。ＶＯＣは株主の「有限責任」によって出資を集め、**「所有と経営の分離」**の体制をつくりました。

これらの要素によってＶＯＣは「株式会社のルーツ」と呼ばれるのです。

さらにＶＯＣ株が人気になったのは、それを転売する市場（マーケット）があったことです。

株主には自らの株式を他の株主に売却することができる市場（＝証券取引所）が用意されました。これによって株主は、会社の儲けを分配してもらう「配当（インカム・ゲイン）」のほか、株を売って儲ける「売却益（キャピタル・ゲイン）」という儲け方を選べるようになったわけです。

長期に保有して配当をもらうか、あるいは手放して売却代金を手にするか――これは株主が自由に選べます。

・有限責任制度を用いて株主から資金調達する
・簿記で正確に儲けを計算し株主に配当する〈インカム・ゲイン〉
・株式を転売できる証券取引所を用意する〈キャピタル・ゲイン〉

このようにストレンジャー株主が安心して投資できる環境をつくったことで、オランダＶＯＣは巨額の資金を長期的に調達することができるようになりました。

それは私たちに馴染みのある「株式会社＋証券取引所」の成立でもあったわけです。

【所有と経営の分離】

株式会社であっても小規模な場合、所有と経営が一致、つまり出資者が社長を兼ねていることが多いです（これをオーナー企業といいます）。しかし「自分の金だけで商売する」ことは、商売の規模が大きくなるとだんだん難しくなります。そこで外部株主から大規模な資金を調達するわけです。

4 短命に終わったオランダ黄金時代

VOCの栄光と転落

ＩＫＥＡという有名な家具会社があります。

このＩＫＥＡ、多くの方がスウェーデンの会社だと思っていますが、残念ながら、ちがいます。

ＩＫＥＡはオランダの非公開企業です。たしかにスウェーデン発祥ですが、現在はオランダに本拠地を移転しています。ヨーロッパでもオランダは法人税の負担が軽い「寛容」な国です。それゆえ、多くのグローバル企業がオランダに**登記上の本社**を置いています。

戦う相手とは徹底的にやりあうけれど、商売の相手には有利な条件を提示することで自国に誘致する——そんなしたたかな戦略はスペインから独立して以来、オランダの伝統です。

ちなみに江戸時代、オランダが出島で商売を許されたエピソードにもオランダのしたたかさを感じます。

彼らはポルトガルが支配するマカオを腕ずくで奪おうと大砲をぶっ放す一方、徳川家康にはもみ手で擦り寄っているのですから……。

中世の終わりとともに没落したイタリアに代わり、新たに登場したオランダは「寛容」を旗印にヨーロッパの主役に躍り出ました。

そのオランダ黄金期（Dutch Golden Age）の主役がVOCでした。VOCの成功は「簿記」「株式会社」「証券取引所」によって支えられていました。

中世カトリック教会に対して反旗を翻した新教徒たちは、ただの反抗（プロテスト）に終わることなく、新たな経済の仕組みを生み出すことによって近世の扉を開きました。

VOCは宿敵スペインとポルトガルを東インド海域から追い払う活躍ぶりをみせ、やがて香辛料市場を独占し大きな儲けをあげます。そんな栄光のVOCですが、18世紀の終わりには巨額の負債を抱えて資金繰りが行き詰まり、1799年にその活動を

【登記上の本社】

最近の国際的な大企業でも、「法人税の負担を軽くする」ことを目的に、税率の軽い国に登記上の本社を移転する例が目立っています。その意味で各国の誘致競争がはじまっているといえるかもしれません。法人税の税率が高いままでは企業に「逃げられて」しまうわけです。

終えました。

転落のキッカケはイギリスとの英蘭戦争だといわれています。アジアから荷を運んできた船舶がイギリス海軍に片っ端から捕まって届かなくなったからだと。

たしかにそれもありますが、ＶＯＣ自身のなかにも破綻の予感がありました。主な要因を挙げれば次の通りです。

①ずさんな会計計算・報告：未成熟だった会計制度
②高すぎた株主への配当：**内部留保**の不足と借入体質
③不正や盗難に対するチェック機能の甘さ：ガバナンス機能の不足

ＶＯＣが転落したいくつかの理由

まず①について、たしかにＶＯＣは複式簿記を取り入れていたものの、かなり原始的なもので商品別の儲けなどまったくわからない状況だったようです。「どの商品がどれだけ儲かっているのかわからない」状況では正しい判断ができません。経営者は売れ筋シフトを見逃すなどして儲けを減らしていきました。また株主に対して適切な会計報告が行われたとはいいがたく、監査もまったく行われていなかったことから、ずいぶん株主の怒りを買っていました。


【内部留保】

バランスシートでいう「利益剰余金」と同じ（第1章図表参照）。つまりは調達した額より、現在の運用資産が多い場合、その差額に相当する「増加資産」が内部留保です。内部留保はあくまで「資産」が増えたということであり、それに相当する「現金」が留保されているわけではありません。

続いて「②高すぎた配当」です。ＶＯＣは毎年ではなかったものの、数年ごとに決算を行って不定期ながら配当を出していました。その配当は必ずしも「適正に計算された」ものではなく、どうやら気前良く配当しすぎたようで、ＶＯＣの内部留保は不足していたようです。

事業において株主の出資を上回る儲けが出れば、それは配当することができます。しかしそれはあくまで「配当できる上限」であり、これをすべて配当してしまうと会社の元手が増えません。もし仮に事業を大きくするつもりであれば、ある程度は内部留保として残しておかねばなりません。

ＶＯＣはあまりにも気前良く配当してしまったことで、元手の資金不足を招き、借入に頼らざるをえなくなってしまいました。この点「どの程度を内部留保すべきか」についての答えを帳簿は教えてくれません。

最後に「③不正や盗難に対するチェック機能の甘さ」です。リスクの高い遠洋航海には「命を顧みない荒くれ者」たちがかかわります。彼らに「商品を盗むな」と言ってもなかなか聞き入れられません。ＶＯＣの航海でも私費流用や船員による商品盗難が相次いでいました。これを防ぐようなチェックもまったくといっていいほど行われていませんでした。

結局、ずさんな経理、足りない経営情報、従業員のモラル低下、これらが相まって株主の不信を買い、ＶＯＣは破綻に至りました。どうやらＶＯＣは資金の調達には成功したものの、運用については成功しなかったようです。

有限責任・配当・証券市場、これらによって株主から巨額の資金を「調達」することはできたものの、彼らはそれを商売で「運用」し、増やす能力に欠けていたのです。

見過ごされてしまった人気商品の移り変わり

もともと寄り合い所帯的にはじまったＶＯＣには優秀な経営者が少なかったようです。また、ずさんな会計記録のせいもあって商品の売れ筋変化を見誤りました。

世界初の株式会社といわれているＶＯＣ、それは先ほど述べた３つの要因によって約２００年の活動を終えました。

ＶＯＣが失敗した「３つの要因」を見ると、その後の会計制度や理論はこの３つを克服するように発展してきたことがわかります。

具体的には次のように「①ずさんな会計計算・報告」への改善として財務会計・管理会計が充実し、「②高すぎた株主への配当」に対応して、望ましい株主還元を探るコーポレート・ファイナンスが登場します。また「③不正や盗難への甘いチェック」

Column

時価発行増資

アムステルダムの証券取引所においてVOC株にはかなりの価格上昇がみられました。ここで「時価発行増資」を行えば、多額の資金を手にできます。しかしVOCはそれをすることなく、一貫して借入を通じた資金調達を行っていたようです。やっと簿記が広まっていた当時、時価発行増資までは考えが及ばなかったのでしょう。

への反省としてコーポレート・ガバナンスの整備が工夫されていくのです。

①ずさんな会計計算・報告→財務会計制度の改善と管理会計機能の充実
②高すぎた株主への配当→コーポレート・ファイナンス理論の構築
③不正や盗難に対するチェック機能の甘さ→コーポレート・ガバナンスの整備

こうしてみると「VOCの失敗」はその後の会計制度・理論の発展に深くかかわっています。そのなかでもVOCの失敗が「売れ筋の見極め」にあったことは重大であり、この反省は管理会計の「セグメント情報の充実」につながっていきます。

VOCの利益は長期にわたって低下していきましたが、それは彼らの得意商品だった「香辛料・茶・砂糖」の価格下落によるところが大きかったようです。価格が下がる商品については量で勝負するしかありませんが、取引量の増加は輸送や保管コストの増加につながります。これら商品ごとトータルに損益を計算するセグメント会計の仕組みは存在しなかったのです。

利益率が下がる香辛料に固執する一方で、17世紀後半から人気の出はじめた「絹織物・綿織物へのシフト」を見失ってしまい、この分野をイギリスにとられてしまいました。

これによって英蘭戦争の前に、対イギリスの「商売での敗北」が決定的になっていたのです。

レンブラント、涙のバランスシート

オランダ黄金の17世紀は別名「レンブラントの世紀」とも呼ばれています。そのどちらも「良き日々」がたいへん短いものでした。

レンブラントはアムステルダムで「夜警」を発表した後、妻や娘の死など家族の不幸に見舞われます。たった1人残った息子のために乳母を雇うも、その女性とトラブルになり、なかなか幸せな家庭を手に入れることができません。浪費癖もあって金銭的に困窮、人生の後半には裁判所から破産宣告を受けています。

この破産の際に裁判所がつくらせたレンブラントの財産目録（バランスシート）には当時彼が所有していたコレクションの数々が記載されています。その記録からわれわれは、彼の芸術家としての関心の広さを知ることができるのですが、破産の不幸によって後世にそれが伝わるとは、なんと悲しい話でしょう。

涙のバランスシートに記載された彼のコレクションの数々は二束三文で買い叩かれました。

アムステルダムにて「夜警」を描き上げた全盛期、レンブラントの財産は4万フルデンに達していました。これは今で言えば数億円レベルの資産に当たりますから相当の金額です。

しかし「夜警」を完成させた後、一転して影が差しはじめたその晩年。財産を失った彼の落日にはオランダの経済的な没落も大いに関係しているようです。船舶共同所有などへも出資していたらしいレンブラントは、出資に伴う損失を借金によって穴埋めしていたにちがいありません。

金にも名誉にも恵まれなくなった人生の後半、最大の悲劇が彼をおそいました。最愛の息子ティトゥスが27歳の若さでこの世を去ります。気を落としたレンブラントは息子を追いかけるように翌年、63歳でその生涯を終えました。

人生の後半になって、金にも家族にも成功にも恵まれず、自分の居場所をなくしてしまった男（Nowhere Man）、レンブラント。

そんな彼ですが、最晩年に素晴らしい絵画を残しているのです。そのなかでも「放蕩息子の帰還」は傑作中の傑作といえる作品です。

古来、多くの画家が題材に選んで描いたこの絵は「無一文で家に帰ってきた放蕩息子、それを咎めることなく抱きしめて迎える父親」というテーマをもとにしています。

レンブラントはこの絵にどんな思いを託したのでしょうか。

自分を温かく見守ってくれた父への感謝か、それとも愛情を与えてやれなかった息子への思いか。

この絵には、若き日には見られなかった柔らかいタッチに優しさがあふれています。

真の優しさはつらい思いをした人間だけが理解できるものなのかもしれません。

願わくは天国の彼もこんな優しい光に包まれていますように——そう祈らずにはいられません。

『放蕩息子の帰還』1662～1668年　レンブラント作

第1部のおわりに

ここで第1部の旅が終わりです。
皆さま、お疲れさまでした。

第1部はレオナルド・ダ・ヴィンチが生まれた中世イタリアから、近世オランダまでをめぐる旅でした。

銀行の先祖バンコと簿記がイタリア起源であり、また、株式会社のルーツがオランダであることに驚かれた方が多いのではないでしょうか。

そう、当時ヨーロッパの中心といえばイタリアとオランダだったのですよ。

そしてもうひとつ、この第1部の「隠れ主人公」は「紙」でした。

バンコがはじめた為替手形も、商人が

付ける帳簿も、そしてVOCの株券も、みんな「紙」があってこその存在なのです。そういえば宗教改革も、紙と活版印刷技術による「聖書」の普及が重要なキッカケでした。

紙の普及がルネサンスを起こし、商業を発生させた当時から500年。私たちは「ペーパーレス」が進むデジタル時代を生きています。新聞や書籍もデジタル化が進むいま、もしかしたら「ルネサンス以来」の転換期なのかもしれません。

さて、旅はまだまだ続きます。
続きをお楽しみください。

第2部

財務会計の歴史

3つの発明

蒸気機関車 steam locomotive

蒸気船 steamship

自動車 automobile

第4章

19世紀イギリス
｜利益革命｜

蒸気機関車「ロケット号」
'The Rocket' Locomotive
(1829)

プディング・レーンの住民が騒ぎ出したのはその日の明け方。火はロンドンのシティ裏路地にあるパン屋からあがりました。「いつものボヤだろう」と心配していなかった人々も、炎が強風にあおられてテムズ川まで進み、河岸の倉庫に乗り移ったあたりで、その深刻さに気が付きます。

「これはいつもとちがう。大ごとになるぞ」

雨の少ない乾燥した時期でもあり、紅蓮の炎はあっという間にロンドンの街をのみ込みました。この火事で街の歴史的建造物のほとんどが消失、焼け落ちた家は1万戸を超えました。

1666年「ロンドン大火」。歴史に残る大火事は1週間燃え続けた末、ロンドンのほとんどを焼け野原にしてしまいました。

1 「石ころ」の活用から世界トップへ躍り出たイギリス

ロンドン大火の放火魔は誰だ？

「**ロンドン大火**」が起こる前から市民たちは「1666年」を不吉な年だとおそれていました。

キリスト教で「666」は不吉な数字です（映画「オーメン」に登場した悪魔の子ダミアンには666の刻印がありました）。不吉な予感が現実となり、おそれおののく市民たち。

ここで市民たちは「魔女狩り」ならぬ「放火魔捜し」をはじめました。火元のパン屋が過失を認めなかったこともあり、「放火した人物がいるのではないか？」との疑念が沸いたようです。

【ロンドン大火】
イギリスに「バンク・モニュメント」という駅があります。もともとバンク駅とモニュメント駅は別々に建設されましたが、現在は地下通路でつながっています。モニュメント駅はロンドン大火記念塔が近くにあることから命名されました。

はじめに「放火犯」として疑われたのはオランダ人です。もともと友好関係にあったイギリスとオランダですが、東インド会社をめぐる対立により仲違いするようになりました。ちょうど火事の数カ月前に第2次英蘭戦争が勃発、ここでイギリス人がオランダ領の倉庫や家屋を焼き討ちしていたこともあり、「オランダ人の報復にちがいない」との噂が流れました。

彼らとは別に犯人と噂されたのがカトリック教徒たちです。ピューリタンに迫害されたカトリック教徒が仕返しで火を付けたという説はかなり信憑性をもっていました。ピューリタンたちは罪のないカトリック教徒、とくにカトリックの多いアイルランド人を犯人扱いして暴力まではたらく騒ぎが多発しました。

このほかにもさまざまな犯人説がありましたが、結局「犯人」は見当たらず、火事はパン屋のボヤが延焼したものだという結論に落ち着きました。

焦土と化したロンドンでは、ただちに街の再建がはじまります。今後は大火にやられぬよう、街の建造物は石造りまたはレンガ造りが基本とされました。

木造から石・レンガ造りへ——それは火事への備えであったわけですが、もうひとつそこには当時イギリスの抱えていた「木材不足」という事情がありました。

すでに16世紀あたりから森林が減っていたイギリスでは、樹木伐採の制限令を出すほど木材不足が深刻化していました。「木材不足」は木材・薪炭を燃料としている製鉄、金属、ガラスなどの産業に大きな影響を及ぼします。市民たちは寒い自宅で暖がとれなくなります。また造船用木材の不足は国防上の問題でもあります。木材の不足はイギリスにとって、経済・政治・生活全般にわたる大ピンチだったのです。

もしこれを乗り越えなければ、イギリスはヨーロッパの「北方の小国」で終わったことでしょう。

しかし彼らはこの木材不足のピンチを見事に乗り切り、世界の大国となっていったのです。

そのキッカケとなったのは木材に代わる燃料「石炭」の発見でした。黒いダイヤと呼ばれた石炭がイギリスをヨーロッパの主人公へと導いたのです。

イギリスを変えた歴史的な発明、蒸気機関

人類が燃える石「石炭」を発見したのははるか昔、3000年前の中国だとされています。

しかしヨーロッパの人々がこれを使いだしたのは16世紀中ごろのイギリスがはじめ

てです。

木材や薪炭の不足によって困ったイギリス人が目を付けた石炭は圧倒的な火力をもちます。

「これは使える！」彼らは工業用の燃料として石炭を使いはじめました。さらにこれを寒い自宅の暖房用にも使いはじめます。この場合、石炭から出る黒煙をどうにかしないといけません。これまでのように炉を部屋の中に置けば、石炭の煙で部屋が真っ黒になってしまいます。

そこでイギリス人は炉を部屋の真ん中から壁側に移動させ、そこに煙突を付けて屋外に煙を出すことを考えました。石炭を暖房用に使いはじめたイギリスでは、石やレンガで家を造り、壁側に暖炉を置くスタイルが多くなります。

イギリス人は石炭を暖房には使ったものの、料理をつくるためには用いなかったようです。もし石炭の火

壁側に暖炉を置き、黒煙は煙突から屋外へ

力を料理に使うことに気が付いていれば、中華料理のような「おいしい料理への道」を歩めたかもしれません。これに気付けなかったイギリス、料理については「フィッシュ・アンド・チップス」しかないと揶揄される、とても残念な結果に終わっています。

それはさておき、イギリス各地では炭鉱が発見され、炭鉱夫たちがそこを掘りはじめます。

あちこちの炭鉱に深く潜って黒いダイヤを掘りはじめた炭鉱夫たち。

ここで彼らを悩ませる大問題が発生しました——それはとめどなく湧き出る地下水です。

これを外にくみ出さないと仕事ができません。馬を使って水をくみ出してはみたものの、どうにも効率が悪い。そこで技術者たちは地下水を排出する機械について考えはじめました。

ここで排水用ポンプを動かすために開発されたのが「蒸気機関（steam engine）」です。

水を熱して蒸発させれば体積が膨張し、冷やせば収縮する。この力を組み合わせれば機械を動かすことができる——このアイデアは少しずつ改良され、とうとう画期的な排水ポンプが完成しました。

「蒸気機関」はもともと石炭を採るための、炭鉱の排水ポンプ用に開発されたのです。

これで排水が楽になる。もっと石炭をとって稼ぐことができる！　炭鉱の荒くれ男たちを狂喜乱舞させたヒーローが**ジェームズ・ワット**です。

われわれが「歴史的発明」と呼ぶ物のほとんどはオリジナルではなく、誰かがつくったモノを改良することで生まれています。ジェームズ・ワットが蒸気機関を発明する前にはニューコメンの蒸気機関がありました。ワットはこれに対し熱・運動効率を高めるべく改良を行いました。

ニューコメンからワットに引き継がれた蒸気機関の登場によって、炭鉱の排水という大難問が解決しました。これによって炭鉱夫たちは思うぞんぶん石炭を掘れるようになります。石炭はイギリス各地の工場へ運ばれ、燃料として利用されました。

炭鉱夫を喜ばせた蒸気機関は炭鉱でポンプ利用されるだけにとどまりません。それは他でも使える据え付け型の動力装置として、織物や製鉄などの工場に導入されていきます。とうとう人類は自分の力や動物の力に頼らず、機械という動力を手に入れました。

もとは木材の不足から石炭が注目され、これを掘りやすくするために蒸気機関が開発されました。こうしてはじまったのがイギリスの産業革命です。

【ジェームズ・ワット】
James Watt
（1736－1819　イギリス）
蒸気機関を発明し、第一次産業革命の立役者となった発明家、技術者。

蒸気エンジンから自走式・蒸気機関車への道

「おーい、ボブ、こっちだ、早く来てくれ！」

そう呼ばれて、汗をかきながらポンプに駆けつける〝オールド・ボブ〟。彼はニューカッスルに近いウィラム炭鉱で働く排水ポンプの修理係です。ポンプの調子が悪くなるとボブの出番。工具を片手に機械を点検するのが毎日の仕事です。彼の息子もまた、小さいころからその仕事を手伝っていました。

機械いじりに興味をもったボブの息子は、早くも17歳でエンジン栓（プラグ）の開け閉めを担当するプラグマンになりました。自慢の息子が出世して鼻高々なオールド・ボブ。

息子はさらにエンジンについて勉強を重ね、31歳のときにはエンジンマン（機関士）になりました。エンジンを取り扱う責任者という名誉な職についたボブの息子は据え付け型エンジンに飽き足らず、それを「他の用途」に使うことを考えはじめます。それは、

「このエンジンを車輪に載せれば自走式の乗り物ができるのではないか？」

という途方もないアイデアでした。

これが世界初となる蒸気機関車のアイデアです。ボブはそんな息子が嬉しくて仕方ありません。

ボブ自慢の息子、**ジョージ・スティーブンソン**はこの夢に向かって本気でチャレンジをはじめました。

すでに先行したトレヴィシックは蒸気エンジンを車輪に載せてレールの上を走らせる蒸気機関車の走行実験を行っていました。これを見たジョージが自らの情熱を「蒸発するほど熱くたぎらせた」ことは想像に難くありません。

【ジョージ・スティーブンソン】
George Stephenson
（1781－1848　イギリス）
機関車の実用化に成功し、「蒸気機関車の父」と呼ばれる。

＊

ジョージはかつて自分も父親と一緒に仕事をしたように、息子ロバートと一緒に親子で「蒸気機関車」の開発に取り組みはじめました。

ジェームズ・ワットでさえ蒸気機関は据え付け型として使うべきであり、自走式の蒸気機関車など無理だと思っていたそうです。

しかし「蒸気機関車」をあきらめきれなかった「元祖鉄ちゃん」がイギリスにはたくさんいました。

先の**トレヴィシック**は自らの機関車に「キャッチ・ミー・フー・キャン」（捕まえてごらん）というオシャレな名前を付けて試作車を走らせました。

ジョージ＆ロバート親子は、この「キャッチ・ミー・フー・キャン」を本気で追いかけます。彼らの試作車はワーテルローの戦いでウェリントンとともに戦ったプロイセンの英雄ブリュッヘル将軍にちなんで「ブリュッヘル号」と命名されました。

どうやらジョージはトレヴィシックのネーミングセンスを真似ることはできなかったようです。しかも「ブリュッヘル」のつづりを間違えて、「ブラッチャー号」になっていた始末――。

しかしジョージ親子にとっては名前など、どうでもよかったのです。

この試作機関車はトレヴィシックのものをはるかに上回るできばえでした。

数々の試運転を経て、彼らの蒸気機関車はいよいよ完成へと近づきます。

人類初の鉄道は港町リバプールと、新興工業都市マンチェスターを結ぶことになりました。

１８３０年9月15日、とうとうその日がやってきます。

それは歴史に残る「リバプール・マンチェスター鉄道」の開通日です。

【トレヴィシック】

Richard Trevithick

リチャード・トレヴィシック（1771－1833　イギリス）

実のところ、本当の「蒸気機関車の父」はこの人かもしれません。スティーブンソン親子に先駆けて蒸気機関車の試作品だけでなく、彼は蒸気自動車の試作品までつくっています。開発の途中には蒸気機関の実験で爆発事件を起こし、ジェームズ・ワットから警告を受けたというエピソードが残っています。

2 蒸気機関車のはじまりと固定資産

晴れの日に起こった死亡事件

「さっさと医者を呼べ！　グズグズするな！」

怒鳴り散らす係員の視線の先に、血まみれの男が横たわっています。無残にちぎれた下半身から赤黒い肉がのぞき、周りにできた血だまりが遠巻きに見ている人々を不安な気持ちにさせます。息も絶え絶えになった男の口からは、不気味なうめき声しか聞こえません。

そのうめき声さえ、いつ止まってしまうのか――。

結局、男はその日のうちに出血多量で死亡しました。

「なんてこった。こんな日に死亡事故が起こるなんて」

ひそひそと話し声が聞こえるその日は朝から祝砲が撃たれ、さっきまで音楽隊が演奏していたのです。

しかしお祝いムードはこの事故で一気にしぼんでしまいました。

*

蒸気機関車が初めて走る日、ウェリントン首相はじめ、大勢の政治家や地元の有力者たちが続々とリバプール駅に駆けつけました。一行は昼前にリバプールを出発、8両の蒸気機関車が連なってマンチェスターを目指します。途中、パークサイドにて給水・給炭のため停車。

不幸はそこで起こりました。

下車しないよう注意されたにもかかわらず、政治家数名が勝手に下車、歩いてウェリントン首相のもとへ向かいました。そこに機関車が急接近、慌てた元商務大臣ハッキスンがレールの上に転倒し、やってきたロケット号に右大腿部を轢かれてしまったのです。

ハッキスンは別の場所へ救急搬送されたものの出血多量で死亡。世界で初めての鉄

『リバプール・マンチェスター鉄道開通式』　ヘンリー・グリーン作

道死亡事故が起きたのは、世界で初めて蒸気機関車が走った日でした。暗いムードのなか、一行を乗せた蒸気機関車は終点のマンチェスターまで行きますが、マンチェスターではウェリントン首相めがけて反対派市民が煉瓦を投げつける始末。

さんざんな開通式、どさくさに紛れてかすんでしまいましたが、この日の主役はノーザンブリアン号を運転していたジョージ・スティーブンソンです。

晴れがましい主役の座を奪われた彼はどんな気持ちだったのでしょう。

おそらく「あの政治家の野郎……」とハッキスンを恨むことはなかったと思われます。この事故とは関係なく、ジョージは「仕事をやりとげた」充実感でいっぱいだったはず。

この日は「蒸気機関車の記念日」として歴史に刻まれ、ジョージ・スティーブンソンの名は「蒸気機関車の父」として後世に残ることになりました。

晴れの開通式に紛れ込んでいたスパイ

鉄道の開通式には、「わがままな政治家」のほか、他国からのスパイも紛れ込んでいた模様です。

彼らスパイは鉄道が「兵器」として使えるかどうか、偵察に来ていました。

開通式があった1830年といえば、ヨーロッパを席巻したナポレオンが失脚した直後。そのころヨーロッパの政治家や軍人たちは、「次の戦争がすぐ起こるにちがいない」と考えていました。

そんなタイミングで現れた蒸気機関車に軍関係者は強い関心を示しました。機関車を使えば兵士や食料、弾薬を運ぶ時間が大幅に短縮できます。将来敵国と決戦になりそうな場所に線路を引いておけば、戦争をかなり有利に運べるのはまちがいなさそうです。

機関車には商業の前に「**軍事利用**」が期待されていたのです。開通式の日、彼らの目に飛び込んできたのは、時速60キロメートル超の速度で疾走する蒸気機関車。ノーザンブリアン号はハッキスンを救うべく全速力でしたが、スパイたちは彼の生死など無関係に、その速度に驚愕しました。

「これは使える！」

彼らは急いで祖国に帰り、鉄道建設を急がせる役目を果たしました。戦争への貢献度合いを考えれば鉄道会社を国営にしてもよさそうなものですが、当時は長く続いたナポレオン戦争のせいで財政に余裕のない国々が多かったのです。ここイギリスでも鉄道事業は民間の鉄道会社によって開始されることになりました。

【軍事利用】
ヨーロッパの鉄道はそのかなりの部分が「戦争を念頭に置いて」路線計画が決められました。たとえばドイツではいまでも東西を走る鉄道が中心ですが、これはもともとフランスとの戦争をにらみ、パリの包囲を念頭に置いて建設されたことによるそうです。

少々意外なことに、産業革命時のイギリスにおいて「株式会社」の自由な設立は認められていません。

17世紀に暴落を起こした**南海泡沫会社事件（サウス・シー・バブル）**の影響で、政府は株式会社の設立を制限していました。株式会社は政府が認めた場合にのみ、設立できるものだったのです。

そんななかで例外的に許可をもらって設立されたのが運河会社です。石炭船を通す運河は公益性があるとして株式会社化が認められました。鉄道会社も同じく特例として認められました。

当時、炭鉱から工場へ石炭を運ぶ石炭船は、運河をゆったり馬に曳かれて進んでいました。

人の移動に用いる馬車だけでなく、石炭運搬にも馬が使われていたのです。さらには炭鉱の排水にも馬が使われていました。馬は生活のすぐ近くにいる存在でした。いまでも「馬力」という言葉が使われ、鉄道が最初「鉄の馬」と呼ばれたのも納得するところ。

馬が石炭船を曳く運河は冬は凍り、夏は干からびて船を通せないことがありました。

【南海泡沫会社事件
（サウス・シー・バブル）】

18世紀のイギリスで起こったバブル崩壊事件。財政悪化したイギリス政府は債務を減らし、財政危機を回避するためにサウスシー会社を設立、この怪しい会社の株価が急騰したことでバブルになりました。この「事件」では、あのアイザック・ニュートンも損失を被っています。

また馬が曳くスピードは人が歩くのと同じくらいであり、イライラして血圧が上がる商人が多かったようです。

ただ鉄道会社の登場以前、運河会社は数少ない「売買可能な株式」だったこともあって、イギリス中の人々から熱い視線を浴びるモテモテ状態でした。そこに突然現れた鉄道会社は運河会社にとって不倶戴天の敵、自らの顧客を奪うだけでなく、株主をも奪う存在だったのです。

鉄道はいったん敷設すれば冬でも夏でも輸送できるし、またスピードも速い。そして馬を飼うランニングコストもいりません。いいことずくめの鉄道によって打撃を受ける運河会社は、鉄道会社にさまざまな難癖をつけ、設立を妨害したようです。

しかしそんな反対派の抵抗もむなしく、鉄道は運河にとって代わる交通機関となっていきました。

鉄道会社が財務会計と管理会計の歴史を変えた

鉄道が、世の中を変える画期的な発明だったことはまちがいありません。しかしこの鉄の馬＝蒸気機関車には致命的な問題がありました――それは開業までの初期投資があまりにもデカいことです。

もともと「邪魔してやろう」と狙っている運河会社のせいで、土地の買収交渉や各種工事に多額の資金が必要になりました。またトンネルや陸橋など大がかりな工事も多く、新たな「蒸気機関車」を何両も走らせるとなれば車両代もかさみます。土地、レール、枕木、車両、駅舎、各種設備……鉄道会社はこうした「**固定資産（Fixed Assets）**」をすべて揃えないと事業をはじめられません。

鉄道を開業するには「どれだけの固定資産が必要なのか」について予算を含む事業計画をつくったうえで、必要となる巨額の資金を調達しなければなりません。

リバプール・マンチェスター鉄道開通の5年前、スティーブンソン親子はそれに先立つストックトン・ダーリントン鉄道を開通させています。スティーブンソン親子はここで技術面だけでなく「経営面」の試運転をしたあと、満を持してリバプール・マンチェスター鉄道という「本番」につなげていたわけです。

鉄道会社は、固定資産の割合が大きく、そして長期的に経営する必要があります。

東インド会社もそうでしたが、鉄道会社には公益性の観点から「政府の意向」が強く働きます。実際、リバプール・マンチェスター鉄道では、資金調達にあたっての負債の割合、運賃の決定方法など、さまざまな注文が政府から付けられました。

【固定資産（Fixed Assets）】

バランスシートの左側、資産の部をみると「流動資産」と「固定資産」が並んでいます。流動資産は「カネ」及びそれに近い性質をもつ資産、そして固定資産は「モノ」の性質をもつ資産です。有名な固定資産には建物、機械、車両、土地などがあります。

蒸気機関車は新たな「自走式交通手段」の出現にとどまらず、世界初「固定資産が多い株式会社の資金調達・運用」実験でもあったわけです。

もし技術的に蒸気機関車が完成されたとしても、それを「調達・運用」面から支える組織がなければ世に広がることはなかったでしょう。この点、イギリスにて設立された「鉄道会社」は十分にその役目を果たしました。その調達・運用の方法やノウハウはこれ以降の「財務会計」の歴史に大きな影響を与えます。また遠隔地に存在する駅や列車の運行ダイヤを管理するノウハウは「管理会計」に受け継がれていきました。その意味で鉄道会社こそは近代会計のルーツといえる存在です。

それにしても、この世界で初めての鉄道会社へ投資した株主はどんな人たちだったのでしょう？

彼らが買った鉄道株は上がったのでしょうか、それとも下がったのでしょうか？この株主たちの動向が世界経済と会計の運命を左右することになります。

3 画家も株主も興奮した鉄道狂時代

資金調達の苦労をいかに切り抜けるか？

ジョージ・スティーブンソンと同時代を生きたイギリスの有名画家**ターナー**。彼の名画「雨、蒸気、スピードーグレート・ウェスタン鉄道」が発表されたのは1844年です。ターナーは細かい線描を省き、思い切った色彩によって機関車の力強さを描きました。

この大胆な絵画が生まれた背景には、「写真」の登場という事情がありそうです。写真が登場する以前、人々は画家に「肖像画」を頼まなければ、ビジュアルの記録を残すことができませんでした。それが19世紀初め、写真の登場によって一変します。記録としてのビジュアルを残すだけなら、絵より写真のほうが正確に、手早く、かつ安

【ターナー】
ジョゼフ・マロード・ウィリアム・ターナー
Joseph Mallord William Turner
（1775－1851　イギリス）
イギリス・ロマン主義を代表する風景画家。

価にすみます。こうなると画家の仕事はカメラという名の精密機器に奪われかねません。写真の登場は画家たちに「自らの存在理由」の再検討を迫りました。

写真では表現できない絵とは何なのか？
われわれが絵を描く意味は何なのか？

当時一流の風景画家だったターナーが写真を意識しないはずがありません。彼は詳細描写よりも、あえて大胆なタッチで躍動感を表現することを選びました。この絵は〝動き〟を静止画で表現することに成功しています。

それまでの絵画は「静止画」がほとんどであり、「絵に躍動感をとじ込めた」この絵はその後の画家たちに強い影響を与えました。

この絵画に描かれた蒸気機関車には、実際には角度的に見えるはずのない赤い炎が描かれています。おそらくターナーは正確性よりも「心の眼に見えるもの」を優先させたのだと思います。

「雨、蒸気、スピード－グレート・ウェスタン鉄道」1844年　ターナー作

さて、ターナーがこの絵を描いた1844年ごろには、リバプール・マンチェスター鉄道の成功に刺激を受け、イギリスの各地で鉄道建設ラッシュが起こっています。ターナーの絵に表現されている躍動感と興奮は機関車だけでなく、そこに投資する人々に間にも広がっていました。

改めて述べますが、鉄道会社の最大の特徴は「固定資産」が多いことです。棚卸資産としての在庫がほとんど存在せず、固定資産を長期的に利用することで稼ぐ――運河会社も似たような特徴をもっていますが、鉄道会社はさらにその規模が大きいです。

このような「巨大な固定資産をもつ会社」は資金調達の方法を工夫しなければなりません。

東インド会社も巨大な船舶を有していましたが、それはあくまで香辛料や衣料品などを運ぶための道具であり、稼ぎは品々を売ることによって得られていました。彼らは航海1回終わるごとに大金が入ることから、それを見込んだ借入を行うことができます（「ヴェニスの商人」のアントーニオがそうでした）。

いっさい商品をもたず、日々の運賃収入しかない鉄道。しかもまだ登場したばかりで期待した収入が得られるかどうかわかりません。こんな状況で借入金に頼りすぎるのは危険です。

このあたりの事情は政府もよく理解していたようで、鉄道会社には借入可能額について厳しい制限が付けられました。それは借入（負債L）に頼りすぎることなく、株主（資本E）によって資金を調達しなさいというお達しです。

港町気質 vs 新興工業都市気質

借入に制限が付された鉄道会社は、先行する運河会社を押しのけ、なんとしても株主から資金を調達せねばなりません。経営者は鉄道が運河よりも効率よく石炭を運べること、石炭だけでなく人や荷物も運べること、これらを力説しつつ株主を募ります。

リバプール・マンチェスター鉄道の場合、両方の街の地元有力者たちが出資しています。彼らは新しい蒸気機関車について理解しつつ、「わが街への経済効果」を考えて投資を決めた「街の旦那衆」でした。

リバプール・マンチェスター鉄道の株主名簿をみると、興味深い事実がわかります。株主になった旦那衆はリバプールのほうがマンチェスターよりも多いのです。どうやらそこには港町と新興工業都市の「気質のちがい」があったようです。

どこの国でも「港町」にはおしゃれなイメージがあります。日本でいえば横浜や神戸がそう。

異国へ開かれた港町の商売人たちは進取の精神に富み、未知への投資についても積極的です。リバプールの商人たちも、「わが街にやってくる鉄道」へ興味をそそられたようです。

一方のマンチェスターはどちらかというと保守的な態度の商売人が多かったのです。新しい鉄道に投資するくらいなら、自分の工場への投資を拡大したほうがいい——そんな「労働を美徳」とする考え方は、オランダのカルヴァン派からイギリスのピューリタンへと受け継がれたプロテスタント的価値観の表れかもしれません。

きちんと帳簿を付け、ムダ遣いをせず、真面目に仕事に取り組む——勤勉・禁欲・正直の精神をもとにした経営は「大きな借入を行って、デカい投資をする」ことを好まなかったのでしょう。

彼らは内部留保を増やしつつ地道に工場拡大することを好みました。それはあたかも農民が自ら鍬を入れて土地を開拓していくようなもの。彼らは設備投資について借入をすることにも消極的でした。もちろん得体の知れない「鉄道」へ投資することもためらわれたにちがいありません。

新しい鉄道へ積極的に投資したリバプールと、それをためらった保守的なマンチェスター。

――結果として、金儲けに成功したのはリバプールの人々でした。

マネーマニア色を強めるストレンジャー株主

地道に工場へ再投資するマンチェスター商人を尻目に、鉄道会社株へ積極投資したリバプール商人たちはかなりの儲けを手にすることができました。

彼らの出資したリバプール・マンチェスター鉄道の経営は好調であり、毎年配当を出すだけでなく、株価もかなり値上がりしたからです。これによって「鉄道株」は注目を集め、「鉄道株は儲かる！」という噂でイギリス中がもちきりになりました。

19世紀のイギリスでは「鉄道株は儲かる！」を合言葉とする「鉄道マニア」が現れました。日本で「鉄道マニア」といえば「鉄っちゃん（鉄道ファン）」のことですが、元祖イギリスの「鉄道マニア（Railway Mania）」は鉄道株で一儲けをもくろむ人のことをいいます。

イギリス全土で鉄道の建設が進み、雨後の竹の子のように鉄道会社が設立されていったころ、はじめは沿線付近の旦那衆が株主になりました。彼らは利殖目的だけでなく、「わが地域のため」という社会貢献の気持ちもあって出資したのです。

しかし鉄道会社について「儲かるぞ！」と評判が広がるうち、敷設される地域と関係なく、遠方だろうが何だろうが、単純に「株で儲けたい」株主が増えてきます。

19世紀初めに登場した「写真」が絵画の世界を変貌させたように、「蒸気機関車」の登場は株主の裾野を広げました。株主はヴェネツィアの「家族・親族」からフィレンツェの「仲間」を経て、オランダで誕生した「ストレンジャー株主」へと進化してきました。

そしてここイギリスにて、ストレンジャー株主は、きわめて「マネーマニア」度の高い存在になっていったのです。

株式会社自由化によって一歩進んだ会計

続々と建設される鉄道、合併しながら巨大化する鉄道会社、そこへ群がるマネーマニア度の高いストレンジャー株主。その「疾走」はもう誰にも止められません。

ターナーが蒸気機関車の絵を発表した1844年、大きな鉄道関係のニュースが話題になりました。

それはこの年、いくつかの鉄道会社で社長を務める**ジョージ・ハドソン**が3社の鉄道会社を合併させ、ミッドランド鉄道を成立させたというのです。

【ジョージ・ハドソン】
George Hudson
(around 1800－1871　イギリス)
数々の鉄道会社に投資し、ミッドランド鉄道を成立させた元祖「鉄道王」。

初めての鉄道が走ってから10年あまり、すでにできあがったいくつかの路線を相互乗り入れさせ、ついでに会社も一つにしてしまおうと鉄道会社の合併がはじまっていました。

その中心にいたのがジョージ・ハドソンです。彼は鉄道会社各社の社長となり、あっという間に全イギリス路線の4分の1以上を支配する「鉄道王」になりました。

「ジョージ・ハドソンが経営すると業績が上がり、配当が上がり、株価も上がる」こんな噂が広がり、彼が社長になるとの噂だけでその会社の株が上がりました。

――ところがこの鉄道王、かなりの食わせ者でした。

彼の高配当は、いわゆる出資金詐欺によってもたらされていたのです。

新規の鉄道建設で金を集めながら、それを既存路線の配当へ充当するのが彼の手口。出資金と儲けは分けねばなりませんが、ジョージ・ハドソンはそれを無視して、新規の出資金を別の会社の利益として配当していました。彼はヨーク市の市長まで務めた人物ですが、晩年は詐欺師の汚名を着せられました。

熱狂する株式市場のなか、鉄道会社は株主の期待に応えねばなりません。それは儲けを増やし、株主に配当を出すことにほかなりません。毎年着実に儲けを計上し、それを株主へ配当する――簡単に聞こえますが、鉄道会社にとって毎年「儲け」を出すことはそれほど簡単ではありません。とくに開業して間もなくの時期は投資がかさむため、なかなか「儲け」が出にくいのです。

だからといってジョージ・ハドソンのように「ルール違反」で儲けを出せば糾弾されます。

そこで鉄道会社は一計を案じました。こうなれば「新しいルール」をつくってしまおう、と。

リバプール・マンチェスター鉄道と他社との合併の末に誕生したロンドン・バーミンガム鉄道、そしてターナーが描いたグレート・ウェスタン鉄道の2社は、「減価償却」という新ルールを採用しました。

「減価償却」の登場は会計の歴史にとって画期的な出来事です。それは絵画界における「写真」の登場に匹敵するほどに。

4 19世紀の鉄道会社からはじまった「利益」

鉄道会社から一般化した減価償却

株式会社がいまだ一般的でなかったころ。しかも事業が見たこともない「鉄道」。ここに出資する株主はさぞや勇気が必要だったことでしょう。

しかしリバプール・マンチェスター鉄道に投資したチャレンジャーたちが毎年配当を手にするのを見た人々は「じゃあ、私も」と急いで追いかけます。

こうした「マネーマニア」度の高い株主に対し、鉄道会社は「配当」を払わねばなりません。

バランスシートの右側的にいえば、会社は銀行から借入したときは支払利息を払い、株主から出資を受けたときは「配当」を払います。「株主の期待に応えるべく配当を出そう！」。そう考える経営者ですが、ここでひとつ問題があります。

それは鉄道会社の場合、あまりにも固定資産への投資が大きく、この支出を家計簿的に処理してしまうと、「投資した期は赤字」になります。反対に「投資がない期は黒字」。これだと「いつの時期に株主だったか」で不公平が生じます。これはどうも具合が悪い。

もっと儲けを「平準化」し、安定的に配当できる方法はないものか？——鉄道会社の経営者たちは考えました。

地主を説得して土地を取得し、トンネルや切り通しの工事を行い、レールや枕木そして駅舎を準備し、機関車と客車を製造する……開業時には莫大な支出がかかります。これを「支出ベース」で計上するのではなく、「数期に分けて費用計上」すればいいのではないか——彼らはそんなことを思い付きました。

これを可能にする斬新な会計処理が「減価償却」です。

減価償却のしくみ

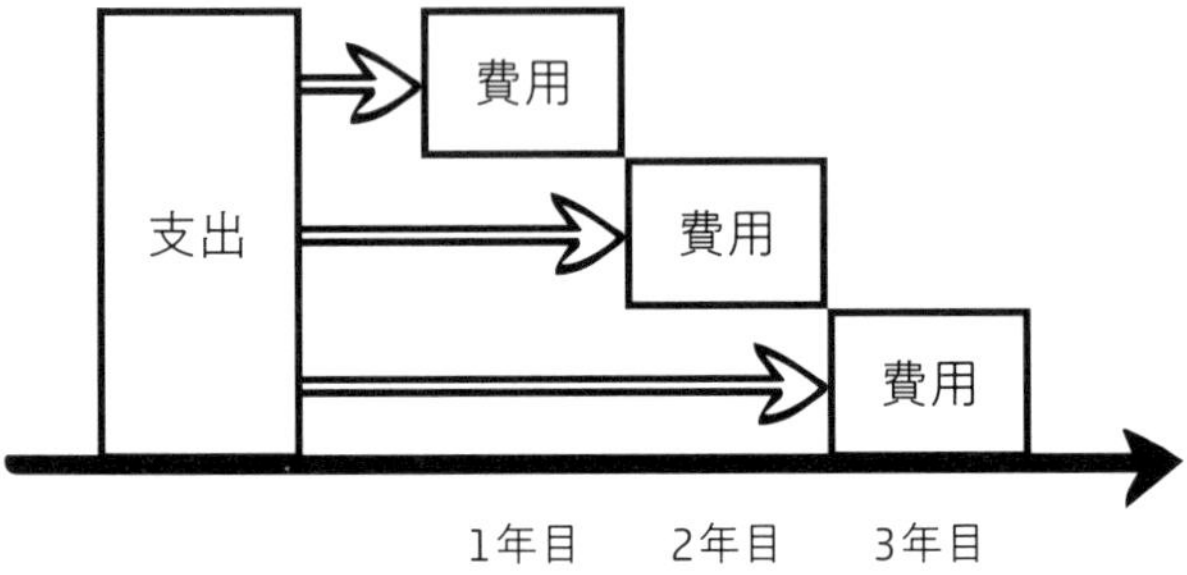

たとえば蒸気機関車をつくるのにかかる巨額の支出は全額「支出した期」に負担させるのではなく、そこから数年かけて「費用」として負担させる。そんな「減価償却」によって費用が**平準化**されます。これによって巨額の固定資産投資をしても「儲け＝利益」が出やすくなります。減価償却によって「設備投資をしても株主に配当できる」ようになりました。

減価償却らしき手続きはそれまでも行われていましたが、理論付けしたうえでこれを正式に採用したのは鉄道会社が初めてです。彼らは「機関車は長期的に使用するものだから、長期的に費用計上するのが合理的である」という理屈をこしらえました。

これはたしかに一理あります。それまでの馬車と比べて蒸気機関車は長期にわたって使用することができます。長期にわたって使用できるからこそ、そこに大金を払えるわけです。

かくして「固定資産は減価償却する」という、私たちに馴染みのある手続きがはじまりました。

【平準化】
平準化とは「毎年同じような利益を出したい」という経営者願望のことです。株主へ安定的に配当して喜ばせるためには、毎年の利益を安定的に計上しなければなりません。それには費用計上も各期のばらつきを少なくしたほうが望ましいわけです。そのために減価償却はうってつけの方法でした。

200年かけて進化した「利益」の歴史

「減価償却」の登場は、数百年の会計史のなかでも重要なターニングポイントだったように思います。

それはイタリアでの簿記の誕生に匹敵するかもしれません。なぜなら減価償却の誕生によって、会計上の儲けは収支から離れ、「利益」というかたちで計算されるようになったからです。

もともと会計は「お金の計算」からはじまっています。なんだかんだ言っても会計はゼニ勘定が原点なのです。それは「収入－支出＝収支」が儲けの計算の〝基本〟であるということです。

その収支計算から離れ、儲けの計算が「収益－費用＝利益」という小難しい体系へ「進化」するキッカケは、鉄道会社による減価償却の採用だったように思います。

産業革命による固定資産の増加
←
減価償却の登場
←
利益計算の登場

産業革命以降の会計の歴史は、家計簿的な「収入・支出」計算から離れていく歴史といえます。

「収入・支出」から離れ、いかに業績を適切に表現する「収益・費用」の計算を行うか――これが企業会計の進化の歴史です。

この進化は機関車が登場した約200年前から、いままでずっと続いています。

減価償却ができるなら「将来の支出を前倒しして数期の費用に配分する」こともできるはず（＝**引当金**）。あるいは前払費用、未収収益といった、「収入・支出」を「収益・費用」へ配分する計算も行うべきではないか。長期工事で受け取る「将来の収入」を前の期間に収益として配分する工事進行基準だって認められるぞ――こうした「利益」への進化は止まることなく、のちの世に登場する時価会計や減損会計まで突っ走っていきます。

こうした収支から利益への進化を「現金主義会計から発生主義会計への移行」といいます。

現金主義会計　：　収入　－　支出　＝　純収入
発生主義会計　：　収益　－　費用　＝　利益

21世紀の現在、儲けの計算は発生主義会計フレームワーク「収益－費用＝利益」に

【引当金】
減価償却が「すでに行われた支出をあとから費用計上する」方法なら、引当金は「先に見込まれる支出を早めに費用計上しておく」方法です。つまり減価償却と引当金は支出と費用の前後関係が逆になっているわけです。よく聞く引当金には退職給付引当金があります。

よって計算されます。これを計算するのが損益計算書（P/L；Profit & Loss Statement）です。

それまで商人たちにとって「儲け」といえば金庫の金が増えることでしたが、発生主義会計によってそうではなくなります。発生主義会計によれば「利益」という儲けは損益計算書の「紙の上」で計算されます。

ターナーが「1枚の絵に躍動感をとじ込めた」ように、新たな会計は損益計算書に利益という名の儲けをとじ込めることに成功しました。

ウソつきは泥棒のはじまり、発生主義は粉飾のはじまり

19世紀イギリスの鉄道会社はとんでもなく「革新的」な存在でした。利益を出すために「自らルールをつくってしまった」というのですから。

革新はときに悪役を生み出します。鉄道王ジョージ・ハドソンは会社の出資金を別の会社に流用するという**粉飾**を行いました。

かつて東インド会社は「ずさんな経理」レベルで粉飾を行いましたが、彼が行ったのは「悪意をもった粉飾」です。そこには発生主義会計によって「粉飾しやすい」環境になっていた事実があります。

【粉飾】
粉飾とは「見かけの利益を増やす」ことをいいます。つまり儲けである利益を大きく見せるわけです。この反対に、税金を払いたくないなどの理由で利益を小さく見せるのが逆粉飾です。

利益を操作するダーティー・アローケーション

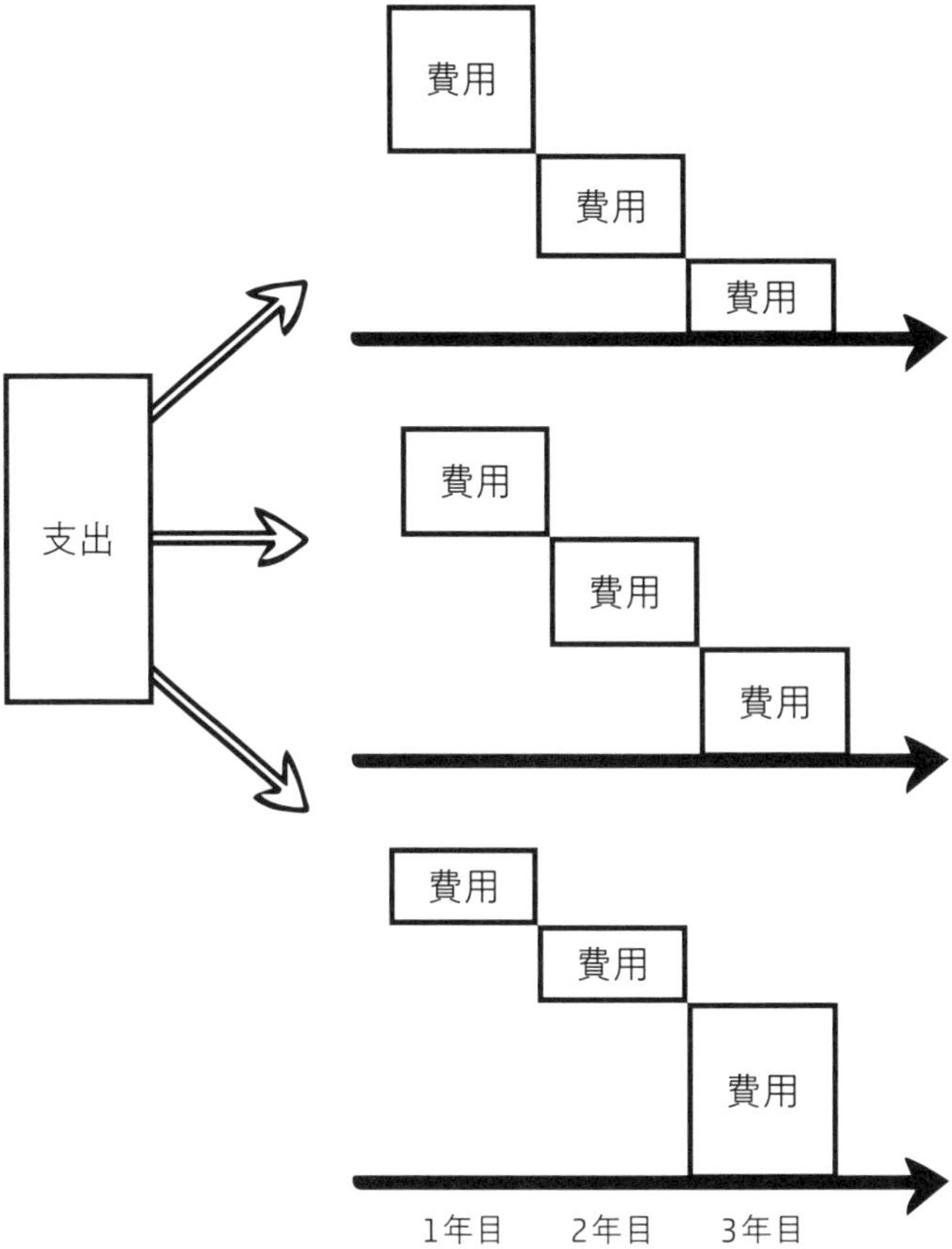

配分(アロケーション)を
変えれば利益が変わる!

発生主義会計では「収入・支出」をどの期間の「収益・費用」に配分（allocation）するかを決める際に、どうしても「人為的な操作」が入ります。そこでは利益を操作する「悪意をもった配分」が混じることが避けられません。収入・支出がfact（事実）であるなら、収益・費用で計算される利益は一種のfiction（架空）なのです。

そんな〝ダーティー・アロケーション（疑惑の配分）〟はその後もさまざまな時代にも繰り返されます。

21世紀になって「不適切会計」が発覚した日本の東芝は、「将来に受け取る工事収入を、早めに計上する」操作を行いました。どうせ粉飾するなら、鉄道会社のように「新たな会計処理を生み出す」ところまで突き抜ければ〝功労者〟になれたかもしれません。既存ルールの枠内で数字をごまかしたジョージ・ハドソンと東芝は、残念ながら歴史に汚名を残す「小悪党」で終わりました。

発生主義会計による「利益」計算は、ときに悪意を含みつつ、時代とともに「進化」していきます。減価償却から引当金、工事進行基準……いろいろと利益の計算を進化させるうち、収支と利益はだんだん一致しなくなります。もちろんそれは当然です、わざわざ不一致にしているのが「利益」なのですから。

そしてとうとう**「黒字倒産」**のようなことが起こりはじめます。これは「利益はあるがカネはない」ことから起こります。

黒字倒産が起こるようになると株主は心配で夜も眠れません。

イギリスの鉄道会社だけでなく、イギリス人株主からかなりの投資資金が流れたアメリカにもかなりの「悪党」がおりました。無理な建設計画で出資を募ったり、出資金を集めておいてトンズラするひどい輩もいたようです。イギリスからアメリカへ蒸気機関車が渡り、資金も渡り、悪い奴も渡る――そこではどんなドラマが起こったのでしょう？

彼らの活躍は次章以降でお話しするとして、本章の最後に発生主義会計によって誕生した「決算書の体系」について確認しておきましょう。

発生主義会計では「2本の決算書」が基本形です。まずは毎期の「利益」を計算する損益計算書。これは収入・支出を「進化」させた「収益・費用」によって利益を計算します。

もうひとつが毎期末の財政状態を表すバランスシート（貸借対照表）です。

損益計算書と貸借対照表は「原因と結果」の関係にあり、損益計算書で「利益」が出ればバランスシートの資産が増え、反対に「損失」が出れば、バランスシートの資産が減ります。

【黒字倒産】
損益計算書が黒字であるからといって、キャッシュフローも黒字とは限りません。黒字倒産は「損益計算書は黒字だが、キャッシュは赤字」の場合に起こります。会社が潰れるのは「払うべきときにカネがない」ときなのです。

キャッシュ計算が進化した「利益」

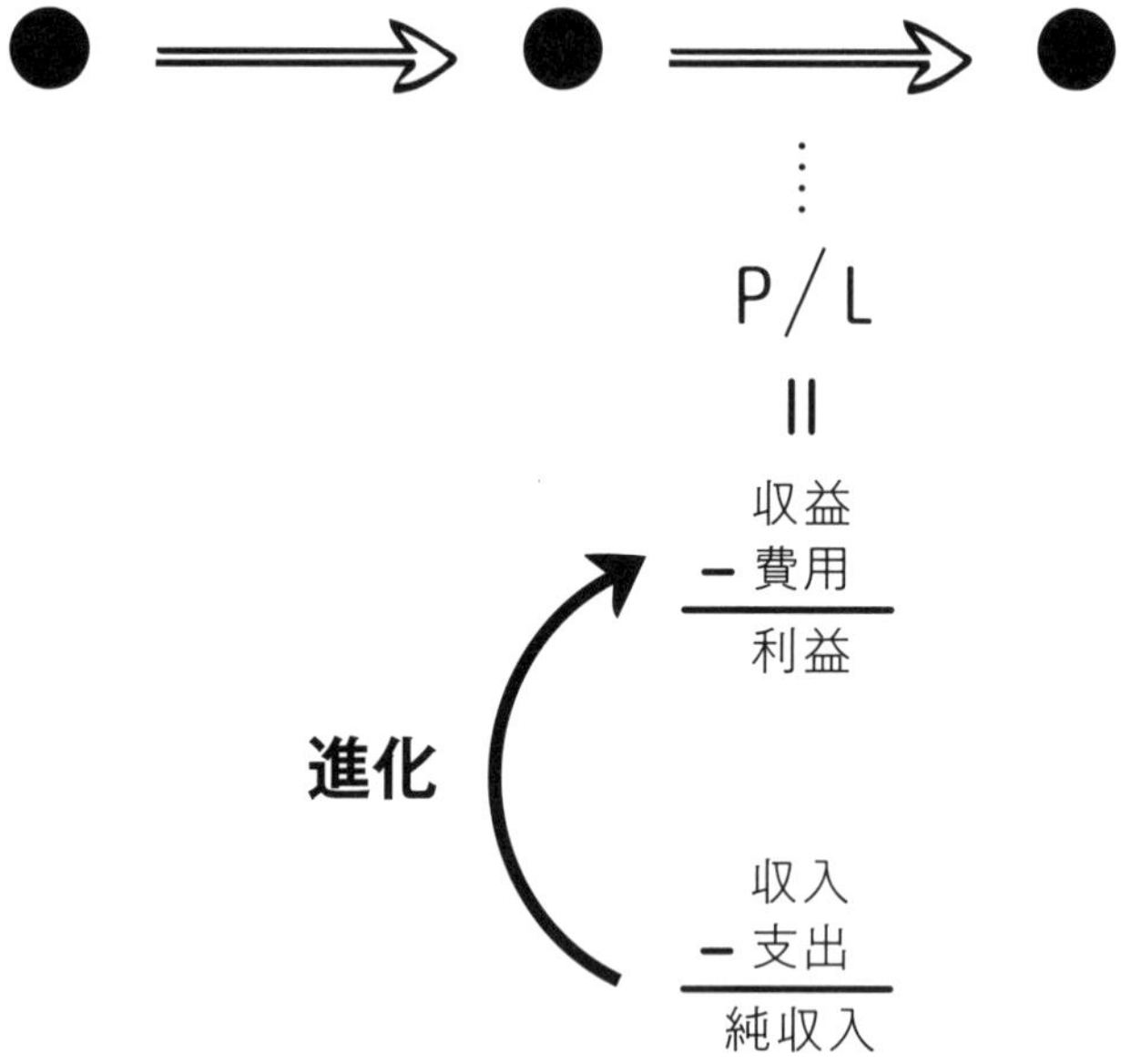

「人のため」に仕事をした丘の上の男

イタリアからオランダにかけて「自らの記録」として発展してきた会計は、本章の舞台イギリスにおいて重要な転換期を迎えました。

「株主」の存在が大きくなった鉄道会社では、彼らへ配当を払うために発生主義会計という新体系を採用します。もともと「自分のため」に付けていた帳簿が、株主という「他人のため」の決算書へと進化しはじめたわけです。

ここから会計の主人公は「自分（＝経営者）」から「他人（＝株主）」へと少しずつ変化をはじめます。それは決算書が「自分のため」というより「株主のため」につくられるようになっていくプロセスです。

こうした「他人への報告」は、次章のアメリカにおいてさらなる進化を遂げることになります。

父親の手伝いをしながら機械いじりを学んだジョージ・スティーブンソン。

学校にも行かない無学の身ながら、炭鉱のプラグマンからエンジンマンへと出世、とうとう歴史に残る発明を成し遂げました。彼は息子のロバートと一緒に蒸気機関車を開発、鉄道がイギリスや世界へ広がるうえで多大な貢献をしました。

この親子のおかげで人類は、馬に頼ることなく、燃料の力で移動する方法を手にしたのです。

自走式の蒸気機関車はイギリスで花開いた産業革命の輝かしい到達点。そして鉄道は、会計の歴史をも動かしました。蒸気機関車がこの世に登場していなければ、減価償却そして利益計算が登場するのは相当遅れていたことでしょう。

ジョージ・スティーブンソンは技術者として「人のためになる」発明についてずっと考えていました。若いときには炭鉱で深く掘り進む者たちのために「ランプ」をつくっています。

彼は他の技術者たちとぶつかることも多かったようですが、基本的に「人のため」になることを考えていたため、誰からも好かれる人物でした。

*

誰かのために働き、そして誰からも愛された人生。

仕事を引退した晩年のジョージは田舎に引っ越し、庭いじりなどをして過ごしました。

近くのタプトンの丘にのぼると、線路を走る蒸気機関車が見えます。

彼はよくその丘で蒸気機関車を眺めていたそうです。時の過ぎゆくまま、ぼんやりと。
父親のこと、息子のこと、そして自分の歩んだ長い道のりを振り返りながら。
そんな彼の姿が丘の上に見えなくなったのは1848年8月12日。
ジョージ・スティーブンソン死去。
その知らせを聞いたイギリス中の人々、世界中の鉄道関係者が彼の死を悼みました。

「機関車好きの老いぼれ（The hool on the hill）がいなくなっただけさ」

きっと彼は天国で恥ずかしそうに微笑んでいたことでしょう。
その姿が見えなくなった丘の上、機関車の操縦士が先輩に向かって鳴らした汽笛が「ピィーッ」と響きます。

第5章

20世紀アメリカ ｜投資家革命｜

19世紀、テムズ川に着いた蒸気船

Steamship arrived in the Thames

(19th century)

1849年、ジョージ・スティーブンソンが亡くなった翌年のリバプール。

これから乗り込むオンボロ蒸気船を見ながら、「これじゃ生きてたどり着けないかもな」と苦笑する男ひとり。

故郷アイルランドを離れ、アメリカへ渡るべく中継地点のリバプールまでやってきた彼。その目に映るのは痩せこけたアイルランド人の群れ、群れ、群れ。

ほとんどは貧乏であり、なけなしの金を握りしめてリバプールの港までやってきています。彼らには愛する故郷を捨ててでも新天地アメリカへ赴かねばならない理由がありました。

その理由とは何なのか？

物語の舞台は彼ら移民が目指す新大陸アメリカへと移ります。

1　西の新大陸へ、海を渡った移民と投資マネー

リバプール港から新大陸へ旅立つ1人の若者

アイルランド人が新天地を目指したのは「ジャガイモ飢饉」のせいでした。ジャガイモが黒く腐る病気が流行して起こった飢饉は、アイルランド人にとって死活問題でした。長い間イギリスのプロテスタントと対立したアイルランドのカトリック教徒は厳しく弾圧された末に土地を奪われ、荒れ果てた西の地へ追いやられました。彼らにとって頼みの綱は、痩せた土地でも育つジャガイモだけ。そのジャガイモが採れないとなっては、新大陸アメリカを目指すしかありません。

これから新大陸を目指すパトリックもそんなアイルランド人のひとりでした。ただ

若い彼は、逃げのびるというよりは「新大陸で一発当ててやる」と野心満々で船に乗り込みます。

彼の意気込みとはうらはらに、アメリカへの航海はひどいありさまでした。船内にぎっしり詰め込まれた乗客はコレラや赤痢、天然痘などの伝染病にかかり、船内で次々と亡くなります。

やっとのことで船はボストンへ着港しました。幸いにも元気で到着したパトリック。彼はこの旅路でめぐりあったアイルランド女性と結婚、1男3女に恵まれます。幸せな家庭をつくれたものの、アメリカでの生活は楽ではありません。

移民が急増したボストンではアイルランド人排斥運動が起こり、職を見つけるのにもひと苦労。彼は酒場の樽つくりなどで、なんとか家族を養いました。

結局、移民1世のパトリックは金も名声も手にすることなく、コレラにかかって36歳の若さで亡くなりました。

そんな亡き父の期待を背負った息子、移民2世の「パトリック・ジョセフ（PJ）」は父の期待を背負いながら、かなりの成功を収めました。酒好きのアイリッシュ相手に酒場商売で儲けつつ、移民のまとめ役として政治家にもなりました。この2代目はアイルランド移民のなかでは相当の成功を収めたといえるでしょう。

父から息子への期待はだんだん高まっていきます。

ＰＪの息子、３代目は「ジョセフ・パトリック」とひっくり返して命名されました。パトリックというアイルランド風の名前を隠し、ジョセフを目立たせるためです。３代目ジョセフは小さなころからみんなに「ジョー」と呼ばれました。このジョーはトントン拍子に出世階段を駆け上り、実業家としても政治家としても大成功しました。

そして満を持して期待の４代目。ジョーの息子はとうとうアメリカの頂点にまで登りつめました――それがアメリカでもっとも有名な大統領の１人、ジョン・フィッツジェラルド・ケネディ（ＪＦＫ）です。

１８４９年、リバプールからボストンに渡った曾祖父から４代目、ＪＦＫはアイルランド・カトリック初の大統領になりました。

ただ、本章の主人公はＪＦＫではありません。彼のお父さん、３代目の「ジョー」です。

ジョセフ・パトリック・ケネディ、通称ジョー。彼は会計史に深いつながりをもつ人物です。

稀代の大悪党ジョー、本当に大統領になりたかったのは息子ではなく父親のほうだったのです。

【ジョセフ・パトリック・ケネディ】
Joseph Patrick Kennedy
（1888－1969　アメリカ）
政治家、実業家。初代ＳＥＣ長官であり、ジョン・Ｆ・ケネディの父。

「晩鐘」の夫婦が神に感謝するわけ

歴史というのは意外なキッカケで動きます。

それは思ったとおりの方向ではなく、「まさか」の方へと進むことも多いようです。

イギリスの場合、木材不足から使いはじめた「石炭」がまさかの産業革命を生みました。

この石炭に代わり19世紀の歴史を動かしたのは「ジャガイモ」です。19世紀半ばに発生したジャガイモ飢饉によって、ヨーロッパ各地からアメリカへ向けて移民が大量に海を渡りました。

もともとジャガイモは16世紀にインカ帝国を滅ぼしたスペインによってヨーロッパへ運ばれました。

寒冷地でも丈夫に育つことから少しずつヨーロッパにも広がります。

スペイン人は現地の「papa（パパ）」という名を伝えましたが、これはローマ法王と同じになるため「patata（パタタ）」と呼ぶようになり、これが英語圏で「poteto（ポテト）」になりました。

ジャガイモが登場する以前、ヨーロッパには地下茎の先に育つ食用作物はありません。そのため「毒があるんじゃないか」と敬遠したり、法律で食べることを禁止する例まであったようです。

しかし、豊かな収穫をもたらすジャガイモは少しずつ市民の間に浸透します。ジャガイモは貧者のパンと呼ばれるように、育ちやすく栄養価も高いので貧しい人々にたいへん重宝されました。

これをもっとも早く取り入れたのが貧しいアイルランドでした。一方、もっとも普及が遅れたのがフランスです。料理についてプライドの高いフランスははじめ「貧者のパン」に見向きもしませんでしたが、少しずつ市民に浸透していきます。

ちょうどこのころに描かれたのがフランスの画家ミレーの「晩鐘」です。

この絵には従来の宗教画にはない、農民たちのささやかな日常と幸せが描かれています。

教会から鳴り響く晩鐘に仕事の手を休めて祈りを捧げる農民夫婦。うしろの景色は明るいのに、彼らの足元に

Column

フランスで食べられないフレンチフライの謎

私たちはマクドナルドなどファストフードで出てくるポテトのことを「フレンチフライ」と呼びます。しかしフレンチフライはフランスの名産ではありません。フランスはむしろポテトを敬遠した国です。ポテトフライが美味しい国といえばベルギーです。それが「フレンチフライ」になってしまったのはどうやらアメリカ人が「フランスの食べ物と誤解した」ことが原因のようです。

「晩鐘」1859年　ジャン＝フランソワ・ミレー作

は暗い陰がたちこめています。畑で栽培しているのはジャガイモ。手押し車には売り物のジャガイモが載せられ、足元には自分たち用と思われる分が少々。

この絵に描かれているとおり、最初は敬遠したフランス農家もジャガイモを栽培しています。

ミレーが「晩鐘」を発表したのは1859年ですので、すでにジャガイモ飢饉が去ったあとです。つらい飢饉の記憶が残るこの夫婦、おそらく「平凡な日常」に感謝しつつ祈りを捧げているのでしょう。

「説明する&聞く」のが会計と監査のルーツ

貧しさからアメリカを目指す人々がいた一方、19世紀後半のイギリスからは金持ちの投資マネーもまたアメリカへと向かいます。

産業革命で裕福になった産業家、あるいは鉄道株で一儲けした金持ちが、次なる儲け先を求め熱い視線を送ったのが新大陸アメリカ。そこでは鉄道会社や製造業の会社が次々と立ち上がっていました。

そこへ投資を検討するイギリス人ですが、問題は投資先の財務情報が手に入らないことです。

「あの会社、儲かりそうなのか？」「潰れないだろうな？」「株は上がりそうか？」

そんなふうにアメリカへの投資話に身を乗り出す人々の多いこと多いこと。それを横目に見ながら、「この人たちに情報提供すれば儲かるぞ」と一儲けをたくらんだのが会計士（Accountant）です。

イギリスでは鉄道会社ブームのあと、株式会社の設立が解禁されていきます。株式会社は基本的に「自由」に設立できるようになっていくのですが、当然のように放漫経営で潰れる会社もありました。もともと会計士はそんな破産処理を仕事とする「処理人」として誕生してきました。会社に会計士の姿が見えると「危ないのでは？」と噂が立つので、彼らはこそこそと姿を隠して顧問先を訪れていたそうです。法律に基づく大切な仕事とはいえ、破産という「死亡処理」だけではあまりに暗い。もっと明るい仕事を求めていた会計士に最高のニュービジネスがありました。それが監査（Audit）です。

監査は会社が「死亡しないように」財務の健康状態をチェックする仕事です。鉄道会社の監査は当初株主が行っていましたが、経理が難解になるにつれ専門家たる会計士に白羽の矢が立ちました。

ちなみに会計のことを英語でAccountingといいますが、これはもともとAccount for＝「説明する」からきています。バランスシートの右側に出資してくれた株主らに対

【監査】
会計が説明であり、監査はそれを聞く機能であることはわかったとして、問題は監査にかかるコストを誰が負担するのかということです。パブリックサービスとして国が負担するという考えもありますが、わが国では「監査を受ける会社が負担する」ことになっています。これを監査人から見れば、被監査会社はお客さんでもあるわけです。ここに「厳しい監査がやりにくい」事情があります。

説明する&聞く

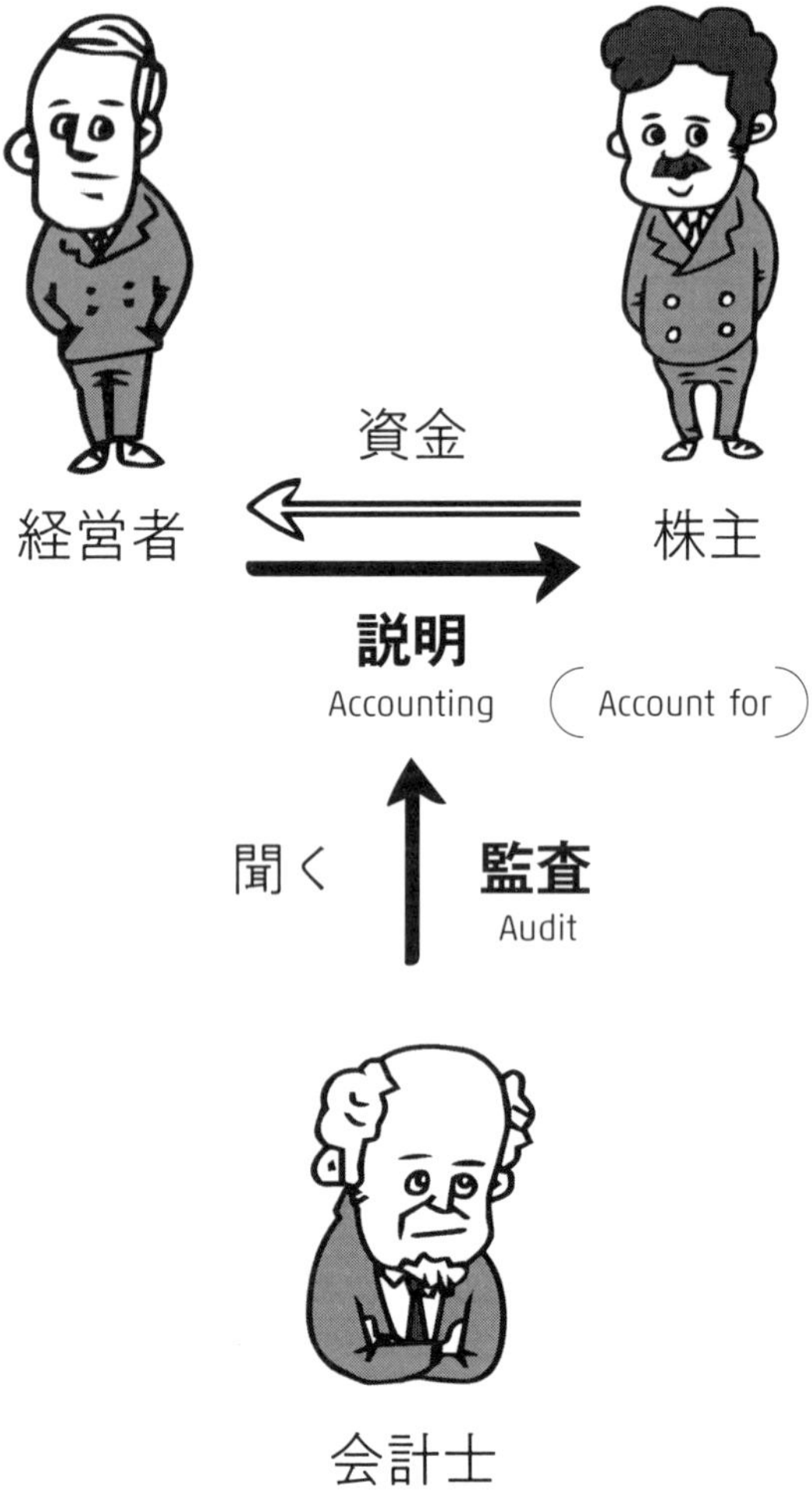

して、儲かったかどうかの結果を説明するのが会計というわけです。

ただ、決算書が正しく作成されていないと説明にはなりません。まちがいや粉飾した結果しか説明されないのであれば、資金提供者は安心して金を出せません。

ここで正しく決算が行われたかをチェックするのが監査なのです。監査のことを英語でAuditといいますが、これはラテン語のAudir＝「聞く」から派生した言葉です。監査（Audit）はオーディオ（Audio）と同じく「聞く」という意味です。

経営者は資金調達先に対して結果を「説明」し、それを会計士が監査で「聞く（＝チェックする）」という関係になります。

イギリス投資マネーの番人としてアメリカへ渡った会計士

先に登場した「グレート・ウェスタン鉄道」の計算書類には監査人の署名とともに「W・W・デロイト、会計士」の署名があります。このサインをしたウィリアム・ウェルチ・デロイトは１８４５年、27歳でロンドンに会計事務所を設立した若き会計士です。他にもプライス、ウォーターハウス、トウシュ、ピート、マーウィック、ミッチェルといった専門家たちがイギリスで会計事務所を設立しました。

当時ロンドンのシティには２００を超える会計事務所があったといいます。

有名な鉄道会社の監査にもかかわっているということで、若い会計士にも箔が付き、彼らは仕事を増やしていきます。潰れた会社の破産処理に加えて鉄道会社やその他会社の監査を行うようになりました。

こうして、破産処理から監査へと業務を広げていった会計事務所にとって、イギリスからアメリカへの投資ブームはとんでもない〝追い風〟になりました。イギリスの投資マネーがアメリカへ向かうようになると、アメリカにある投資先会社の経営チェックが必要です。資料を取り寄せるだけでなく、アメリカへ出張する機会も増えていった彼らはやがてアメリカに拠点を置くようになります。

19世紀末、イギリスの主な会計事務所はボストンやニューヨークに次々と事務所を開設していきます。のちに合併してデロイト・トウシュ、プライスウォーターハウスクーパース、KPMGというビッグ・ファームとなっていった彼らは、イギリスの小さな会計事務所からアメリカ進出を経て、大規模になっていたのです。

アメリカへの投資マネーとともにイギリスからアメリカへ渡った若き会計士たち――まだ彼らは、「大統領のお父さん」によって自分の運命が大きく左右されるとは、知るよしもありません。

2 崩壊前夜、ニューヨーク・ラプソディ

アメリカ鉄道会社へ流れ込む投資資金

アメリカの鉄道建設にはイギリスはじめヨーロッパ諸国からの資金が提供されました。

アメリカの鉄道は、決してイギリスのモノマネではありません。「ボギー台車」といわれる可動式の台車開発によって車両の大型化が可能になり、長旅に耐えられる快適な車両空間が生まれました。

また長時間の鉄道旅行を行う乗客に向け、途中駅で食事を提供するレストランも登場します。

多くのレストランが「1回限り」の客に手抜き料理を出しているなか、フレッド・

ハーヴィはその逆を行く「高級な食事を駅で提供する」レストランをはじめました。店員には容姿端麗の若い女性ばかりを揃えたこともあり、彼のレストラン「ハーヴィ・ハウス」は大人気となりました。

ハーヴィ・ハウスのウェイトレス「ハーヴィ・ガールズ」は全米中の注目を集め、東海岸の金持ちが大陸横断鉄道で中西部を旅するブームをつくりました。

またハーヴィは鉄道車内で食事を提供する食堂車もはじめました。このアイデアマン、ハーヴィおじさんこそはレストランチェーンの父であり、また「乗り物で食事を提供する」サービスのパイオニアかもしれません。

各地にモノを運ぶ物流業、遠隔地でも注文ができるカタログ販売、駅のレストラン……広大なアメリカに鉄道網が広がるにつれ、こうした新しいビジネスが立ち上がってきました。

鉄道は単に輸送の手段にとどまらず、さまざまなニュービジネスを牽引する存在であったわけです。それは紛れもなく19世紀アメリカの花形産業でした。

実のところ鉄道会社のおかげで証券取引所が発展したともいえます。19世紀の後半、公開株の半分以上が鉄道株であり、証券取引所は鉄道会社のために存在しているようなものでした。

ここまで読んでもらえば、「イギリスやヨーロッパの投資マネーがアメリカに流れ込み、アメリカで鉄道建設ラッシュが起こった」ことを理解してもらえたと思います。

この流れを頭の中におけば、すぐにバランスシートが読めるようになります。なぜなら「鉄道マネーのカネの流れ」と「バランスシートをめぐるカネの流れ」はそっくりだからです。

鉄道業ではイギリスなどからアメリカに投資資金が流れました。アメリカはバランスシートの右側で資金の調達を行うわけです。次にアメリカはその資金を鉄道事業へ投資します。鉄道は東部から西部へと建設が進みました。

バランスシートでいえば、右側（東）で調達した資金を左側（西）で運用したわけです。

この運用の投資・回収がうまくいって利益が出れば、右側の出資者に利息配当が支払われます。

以上のように、バランスシートを読むときは「イギリスの金がアメリカの鉄道へ」を「右の調達から左の運用へ」と重ねてみてください。もう道に迷わないと思います。

バランスシートと世界地図

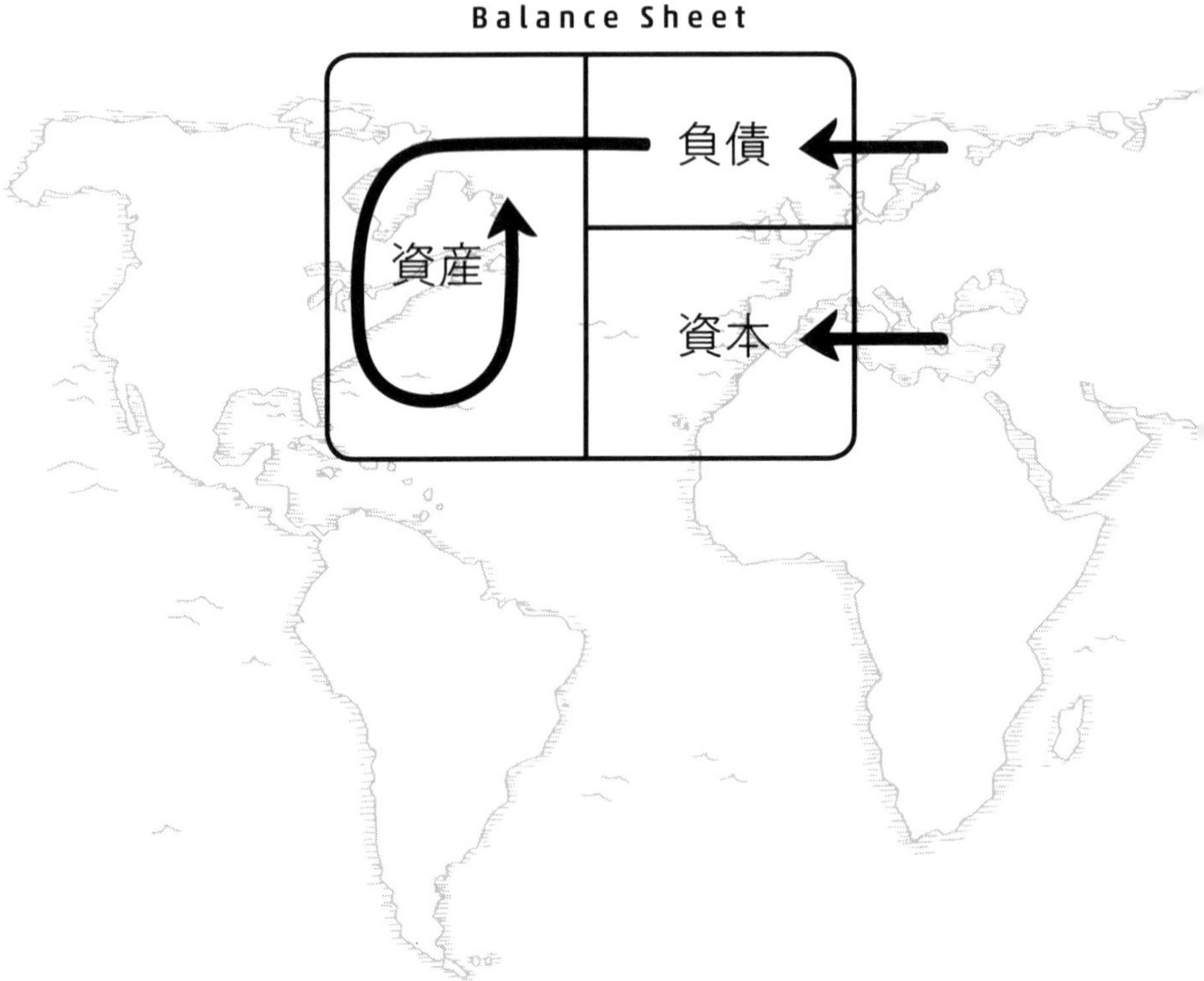

19世紀末、大西洋をはさんだ経営分析ブーム

アメリカ鉄道会社の経営者は、株式による資金調達（E）よりも社債や借入金による調達（L）を好みました。それゆえ鉄道会社の**自己資本比率**は低く、つねに倒産の危険がつきまといます。

イギリスの資金提供者がおそれるのは投資先の会社が儲からないこと、あるいは潰れることです。彼らはそんな事態に遭遇せぬよう、決算書を読む勉強をはじめました。そんな事情もあって、19世紀後半には「経営分析」ブームが起こっています。

とくに会社の安全性を測ろうとする「安全性分析（流動性分析）」に関心が集まったようです。人々はバランスシートをもとに流動比率（流動資産÷流動負債）を計算しました。

決算書の比率分析は20世紀に入ってからますます流行し、さまざまな財務比率が登場してきました。決算書から経営を読む「経営分析」の誕生です。

ただ流動比率をはじめとする比率分析から経営状態を見抜くことはなかなか難しかったようです。なぜなら、もともと決算書が正しく作成されていないケースも多かったからです。ウソっぱちの決算書をどれだけ緻密に分析しても、正しい結論は導き出せません。

【自己資本比率】
バランスシートの右側において自己資本（資本＋利益剰余金）がどれくらいあるかを示す比率。これが高い場合には負債が小さく、また低い場合には負債が大きい。つまり自己資本比率は負債比率と裏腹の関係になっています。

そんな「人が信用できない時代」の名残が、流動比率でよく言われる「200％以上が望ましい」という格言です。この高すぎる数字は「たとえウソがまじっていても200％あれば大丈夫だろう」という、「人を信用しない」時代の名残のようです。

イギリスからアメリカに進出した会計事務所が「経営分析」ブームに一役買いました。彼らが書いた経営分析本をイギリスやアメリカの投資家、産業家、金持ちなどが読んでいました。おそらくその本の最後には事務所の広告が出ていたはずです。「正しい決算と監査をお望みなら、どうぞ私どもへ」と。

人々が経営分析を学びたがった背景には、鉄道会社の経営破綻が増えていたことがあります。

一気に路線を拡大したアメリカの鉄道会社には、明らかに急成長のひずみが出てきました。乱立された鉄道会社は価格競争を繰り広げた挙げ句、かなり財務体質を悪化させ、さらには悪徳経営者の経理不正も横行したようです。

そのことを考えると、当時、鉄道会社へ投資するのは、一発当たれば儲けが大きい代わり、潰れてしまえばおしまいというハイリスク・ハイリターンの行為でした。

ここでニューヨーク証券取引所は、鉄道会社に決算書の正しい作成と公開を要請しますが、鉄道会社はこれを無視します。結局、19世紀の末だけでも数百社の鉄道会社が破産し、株主に損害を与えました。

バランスシートと流動比率

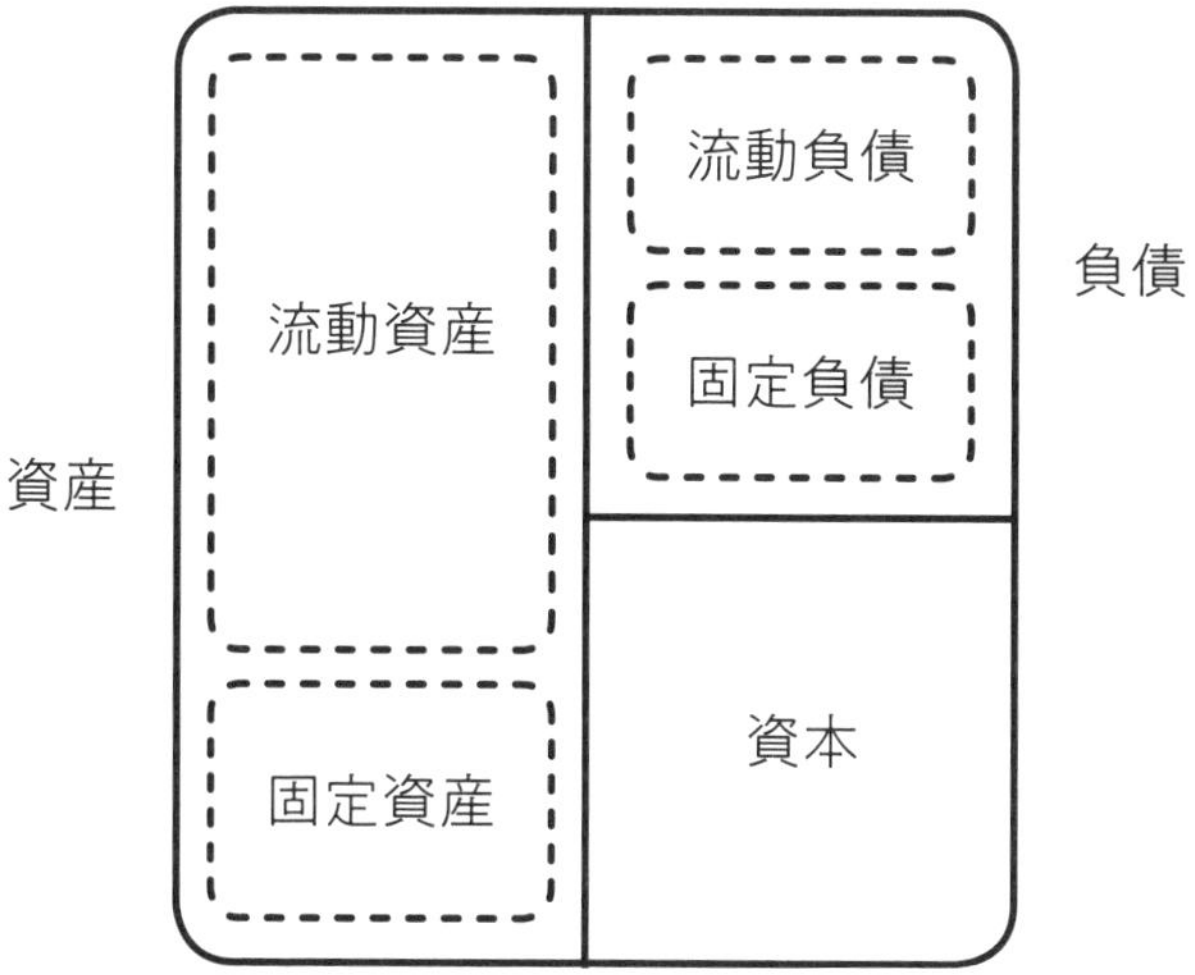

$$流動比率\ (\%) = \frac{流動資産}{流動負債}$$

バランスシートの読める荒くれ男

多くの鉄道会社が消えていく荒っぽい時代、1888年にジョセフ・パトリック・ケネディ（ジョー）はアイリッシュの移民3世として生まれました。アイリッシュではなく「アメリカ人」としての活躍を息子に期待する両親は、カトリックの上級学校ではなくボストンのラテン学校にジョーを通わせます。成績は芳しくなかったようですが、政治家だった父親のゴリ後押し（？）もあってハーバード大学に入学。

ハーバード卒業後は、やはり父親の後押しで州の銀行検査官の職につきます。このとき、銀行を検査する仕事上の必要があって、バランスシートの読み方や経営分析、信用評価などについて学んだようです。

ここでバランスシートについて学んだことは、彼にとって大きな武器になりました。おそらくこの時代、決算書の読み方などを勉強するのは真面目な投資家や専門家くらいで、「切った張った」のビジネス最前線で活躍する人々の中では「ごく少数」にすぎない存在だったからです。

それだけではありません。ジョーはバランスシートの読み方など「表の勉強」だけではなく、銀行検査官の仕事を通じて、さまざまな会社の〝裏情報〟をしっかりと仕入れました。

表のスキルに、裏の秘密情報――この2つがあれば無敵です。ジョーは危ない企業の情報をつかみつつ、情報操作を行って株価を動かし、**インサイダー取引**で大儲けしたようです。

こうなるともう止まりません。銀行検査官の仕事を1年で辞めたジョーは、次に証券会社の株式取引部門に就職。ここでさらに大がかりなインサイダー取引を行った模様です。

ちなみにこのころ、インサイダー取引は法律で禁じられていません。それを止めるものは本人の良心だけでした。そんなわけで証券市場はインサイダー含め不正取引やインチキ、ごまかしがうごめく場所だったのです。この時期、アメリカの富のうち相当量がインサイダー取引で蓄積されたことはまちがいありません。

ジョーは「プール（共同購入）」と呼ばれる手口を得意としていました。これはシンジケートをつくって会員に株を購入させ、株価を操作するものです。仲間内の購入で株価をつり上げ、一般の購入者を誘い込んだところで高値で売却。彼は会社から頼まれて株価を操作することもあったようです。まさにやりたい放題――。

1919年に施行された禁酒法も彼にとっては、よだれが出そうな儲けのチャンス

【インサイダー取引】
上場企業の経営者にとって、もっとも注意が必要な取引。業務上知りえた重要情報をもとに株式を売買して儲ける行為は禁止されています。これが行われると情報を知らない投資家があまりに不利な状況に置かれ、証券市場に対する信頼を失わせかねないからです。

でした。もともと父親が酒屋をやっていたこともあり、アイリッシュで酒のルートに強いジョーは密売に首を突っ込みます。禁酒法下では海外の蒸留所からじゃんじゃん酒を買い、これを密売ルートに流しました。

1920年代、ジョーが訪れたニューヨークの熱狂

裏情報をつかむ、ニセ情報で攪乱する、密造酒で儲ける……アル・カポネ顔負けの野心家ジョーは「儲けるのは簡単だ、取り締まる法律ができる前にそれをやればいい」と名言を吐いています。

ジョー・ケネディの人生にはつねにアイリッシュ移民の影がつきまといます。ボストンはアイリッシュ系移民が多く、そのため彼らへの差別が強い地域でした。ジャガイモ飢饉で痩せこけた移民たちは数日分の生活費しか持たずにやってきます。彼らはアイリッシュ同士で助け合いました。不潔で狭い住居に同居して暮らすアイリッシュたち。その憂さ晴らしはもっぱら酒場でした。

夜な夜な酒場に集まっては騒ぎ、ときに真面目な話をする彼ら。そこからリーダーが選ばれ、自分たちの意見を代弁する政治家として票が託されます。ジョーの父親ＰＪは絵に描いたような「酒屋兼政治家」でした。息子のジョーもそれを引き継いだ「商

売人兼政治家」の道を突っ走ります。力をもつには金と権力を握るしかない――ジョーのあくなき金への執念と上昇志向はアイルランド移民が虐げられ、貧しく暮らしていたことの裏返しなのかもしれません。

1926年、羽振りがよくなったジョーはボストンからニューヨークへと住居を移します。

そのころ、ニューヨークの株式市場は熱狂に包まれていました。当時のマーケットでは鉄道会社だけでなく製造業の各社、ラジオ会社や通信会社などの新産業の会社が人々の注目を集めています。

第一次世界大戦の勝利もあり、ジョーがニューヨークに引っ越した1920年代のアメリカ経済は絶好調でした。キラキラと輝く時代に人々は酔いしれ、株式市場の株価は上がり続けます。一部には上がりすぎを心配する声もありましたが、「まだまだ行ける！」の声にかき消されました。

株式市場から聞こえる強気の声、もう誰も引き返せなくなっていました。

ウォール街に面するニューヨーク証券取引所の外観

この時期、かなりの財産を蓄えたジョーは、さらなる儲けを目指して映画業界に目を付けます。映画界に人脈をつくり、美しい女優との関係を深めていくジョー。映画界は彼にとって、とても心地良い場所だったようです。

「ハリウッドにはバランスシートを理解できる奴が誰もいない、だから魅力的なんだ」

3 大悪党ジョー、まさかのSEC初代長官に就任

1929年10月24日、暗黒の木曜日

もともとアメリカに渡ったイギリスからのピルグリム・ファーザーズは、プロテスタントの禁欲・勤勉の精神のもとで「労働」を大切にする文化をもちます。しかしアメリカのプロテスタントであるＷＡＳＰたちは労働にとどまらず、株などの金融取引で「稼ぐ」ことも大好きになってしまったようです。

アメリカではプロテスタントもカトリックもユダヤも関係なく、「稼ぐことが大好き」とばかりに証券市場への投資にのめり込みました。宗教のカベを越え、人々の欲望をのみ込みながら上がり続ける株式市場。

しかしとうとう「その日」がやってきます。

──1929年10月24日の木曜日、歴史に残る大恐慌のはじまりです。

その日の朝の寄付は意外にも穏やかでした。しかし10時半になって様子が一変、売り物が急増して株価が暴落しはじめます。


あまりの売り物の多さに、株価を知らせる**ティッカー**テープの情報が午後1時の段階で92分遅れました。株価がわからず不安になった群衆がウォール街に押し寄せ、治安維持のために400名の警官隊が出動する騒ぎが起こりました。

これが「暗黒の木曜日」といわれる暴落です。しかし暴落はこの日だけで終わりませんでした。


週が明けて10月29日火曜日、先週をはるかに超える暴落が発生、人々のかすかな望みを打ち砕きます。

この日は取引開始の直後から株価が急落、取引開始後の30分だけで通常1日分の商いが成立しました。あまりに売り物が多いことから午後の取引が開始されると同時に取引が停止されました。

この1週間だけで失われたのは時価総額にして300億ドル。信用取引で株を買っていた人は追い証が払えずに破産し、自殺者が多数出ました。この暴落が株式市場に残した爪痕は相当に深く、株価が1929年の水準に戻ったのは1951年のことです。


【ティッカー】

大恐慌時代の株価は紙テープに文字列を流して株価を表示させる方式がとられていました。それに使われるのがティッカー・マシンです。大恐慌のときは手入力が追いつかず、実際の株価がティッカーで表示されるまでにかなりの時間がかかったようです。

ただ、暴落したのはあくまでティッカーで表示される「株価」であり、倉庫の中の食べ物や衣類がその日に消滅したわけではありません。子どもは腹を空かして泣いているのに、倉庫の中にはモノが余っている―― この矛盾をどう解釈し、解決すべきなのか？ 経済学者は新たな問題に直面しました。

その中から**ジョン・メイナード・ケインズ**は従来の経済学とは異なる「有効需要」をもとにした新たな学説（マクロ経済学）を立ち上げます。

また会計の専門家も、この株価の暴落について「何が原因だったのか？」そして「どうすればこんな事態を避けられるのか？」について考えはじめました。

経済、会計、そのほかあらゆる分野の専門家が不況から脱出するための方法を探りました。

またすべてのアメリカ人は、この難局を切り抜けるのにふさわしいリーダーについても考えねばなりませんでした。すぐそこに次の大統領選挙が迫っていたからです。

泥棒を捕まえるには泥棒が一番

大統領選挙の有力候補**フランクリン・ルーズベルト**が各地を回るために用意された特別な列車「ルーズベルト・スペシャル」に、ジョーの姿がありました。

大暴落でも空売りで大儲けしたジョーは「次なる野心」を胸に抱いて、ルーズベル

【ジョン・メイナード・ケインズ】
John Maynard Keynes
（1883－1946 イギリス）
経済学者。『雇用・利子および貨幣の一般理論』を発表し、マクロ経済学の祖と呼ばれる。

ト陣営に多額の献金を行い、この列車に招待されたのです。

勝負師のジョーにとって大統領選挙という「賭け」に勝つのは造作もないことでした。応援したルーズベルトは大統領選挙に大勝し、第32代アメリカ合衆国大統領の座につきました。


続々と新政府の要職が決まっていくなか、しかしジョーにはお声がかかりません。

「どんな役職がもらえるのか」と、しびれをきらすジョー。

ルーズベルトもかなり困ったことでしょう。ジョーの悪党ぶりは有名であり、その取り扱いをまちがうと政権にとって大きな打撃となります。

ルーズベルトはアイルランド大使を打診したものの、ジョーはこれを「その程度か」と拒絶したようです。処遇に困ったルーズベルトは、誰も考えつかなかった役職をジョーに用意しました――それが「SEC（Securities and Exchange Commission：アメリカ証券取引委員会）初代長官」のポストです。


「おい、冗談だろ、ジョーが不正を取り締まるSECの長官だって！」

この「まさか」の人事にはマーケット関係者だけでなく、世論からも大きな反響がありました。SECは「いかさまカジノ」まがいの取引が横行するマーケットを公正

【フランクリン・ルーズベルト】
フランクリン・デラノ・ルーズベルト
Franklin Delano Roosevelt
（1882－1945　アメリカ）
第32代アメリカ合衆国大統領。ニューディール政策を行い、第二次世界大戦に参戦した。

で透明な場へと変えるべく、新設された組織です。なぜそこにジョー・ケネディが、と人々の驚愕も無理からぬところ。マスコミもこぞってルーズベルトに問いただします。しかし腹をくくったルーズベルトは動じません。

「泥棒を捕まえるには、泥棒が一番なんだ」

ルーズベルト大統領は不況から脱け出すべく、ニューディール政策の数々を立案・実行していきますが、そのなかでも金融・証券市場改革は目玉のひとつでした。

政府規制に反対していた金融関係者の反対を押し切り、2つの改革が断行されました。

そのひとつが商業銀行と投資銀行のあいだに一線を引く**グラス＝スティーガル法**です。破綻銀行の多くが預金を株式投資していた反省から、預金と投資の間にファイアー・ウォールがもうけられました。

もうひとつが会計制度の改革です。それまでの自主性を重んじる姿勢のもとで株主への情報提供は十分とはいえず、また粉飾まがいのインチキ決算も多々行われていました。このままでは証券市場の信頼性を取り戻すことはできません。

そこで証券取引所で株式を公開している会社には、厳しい財務報告の体制が義務付けられることになりました。さらにはインサイダー取引や株価操縦の禁止など、公正

【グラス＝スティーガル法】

アメリカの法案は作成に尽力した功労者に敬意を表して、その人名が通称とされることがあります。この法案は民主党上院議員で元財務長官のカーター・グラスと、民主党下院議員ヘンリー・B・スティーガルにちなんで命名されました。

で透明な証券取引ルールがもうけられました。

これらを定めたのが証券法（Securities Act of 1933）と証券取引法（Securities Exchange Act of 1934）です。こうした一連の新制度の指導・監督を行うべく新設されたのがSECです。ジョーはそのトップに任命されました。

結論から先にいえば、ジョーはSEC長官の仕事をとてもうまくやりとげました。彼の経験に基づく読みは仕事を進めるうえで大きな武器になりました。

彼の部下だったSEC職員は言います。ジョーはティッカーの株価を見るだけで「誰かがプール（共同購入）をやっている」と言い当て、摘発に向かうとそのとおりだったと。

部下を驚愕させたジョーは空売り規制にも乗り出します。彼はそれが際限なく株価を下げることを知っていました。ジョーは昔の悪友たちを説得しながら、新たなルールを次々と導入していきます。彼らと折り合いをつける役目として、ジョー以上の人物は存在しませんでした。

また彼は報道陣の扱い方にすぐれており、新聞記者たちに酒やネクタイを贈りつつ、個人的に親密な関係を築きます。マスコミを味方に付け

ワシントンDCにある証券取引委員会（SEC）本部

たことでSECの仕事をうまく進めていったジョー。

その実力は彼を嫌っていたマスコミも認めたようで、13カ月の在任期間を終えたときは彼の仕事ぶりに賞賛の声が上がりました。彼が辞任するとのニュースが流れた日にはウォール街の株価が下がったほどです。

小悪党はルールの枠内でごまかしをはたらきます。悪党は新たなルールをこしらえます。そして本物の大悪党はルールを動かして人気者になってしまうのです。

投資家保護のためのディスクロージャー制度

ジョーがSEC長官を務めたころから、会計制度はクリーンな方向へと前進をはじめました。そこでできあがった「公開企業の会計制度」の根幹は次の3つです

①経営者はルールに基づいて正しく決算書を作成すること
②正しく作成されたかどうかについては監査を受けること
③決算書を投資家に対してディスクローズすること

まず、証券市場に株式を公開している会社は、ルールに基づいて正しく決算書を作

成しなければなりません。そのためには社会的に認められた「会計ルール」が必要になります。この社会的な会計ルールづくりがはじまりました。

次に、決算書が正しく作成されたかどうかについて専門家の監査を受けること。すでに監査を受けている会社もありましたが、その内容などは必ずしも統一されていませんでした。そこで監査の内容や監査人の資格要件など、監査にかかわるさまざまな環境整備が行われました。

この「①決算書を作成する」＋「②監査のチェック」という会計の基本パターンに加え、大恐慌後に強化されたのが「③ディスクロージャー ＝ 投資家保護」の新しい考え方です。

もともと決算書といえば、株主と債権者（銀行など）のために作成・報告されるものでした。

それはあくまで資金提供者に対する「プライベート」な作成・報告です。しかし決算書の報告先をそこに限定してしまうと「これから株を買おうと考えている人」には情報が提供されません。

証券市場を活発にしていくためには、初心者がどんどん参入し、安心して株を買える仕組みをつくることが必要です。そうでないと新たな株主は増えず、株価が上がりません。

そこで大恐慌後に成立した証券法・証券取引法は、「将来、株主・債権者になる可能性がある人」まで保護することにしました。潜在投資家つまり「見込み客」まで大切にする姿勢をみせたわけです。

新規の見込み客でも安心して入れるマーケットを作る――これが「投資家保護」の考え方です。ここで「投資家（Investor）」とは「現時点の株主・債権者」だけでなく「潜在的株主・債権者」を含むようになりました。

ここで「投資家」という言葉について改めて説明しておきましょう。

バランスシートでいえば右側の負債（L）と資本（E）に資金を提供する人をあわせて投資家ということがあります。これを「狭義の投資家」としましょう。

大恐慌後につくられた新制度は、それにとどまらず、投資家の範囲をさらに拡大しました。現在の資金提供者だけでなく「潜在的な資金提供者（株主・債権者）」を含んで「広義の投資家」と定義したわけです。

潜在株主・債権者を含む「広義の投資家」を保護しようとするなら、決算書は「ディスクローズ（情報公開）」しなくてはなりません。

本来プライベートな性格の決算書を、広義の投資家のためにディスクローズする――そんな「パブリック革命」が大恐慌後の制度改革にて行われました。

株主と投資家のちがい

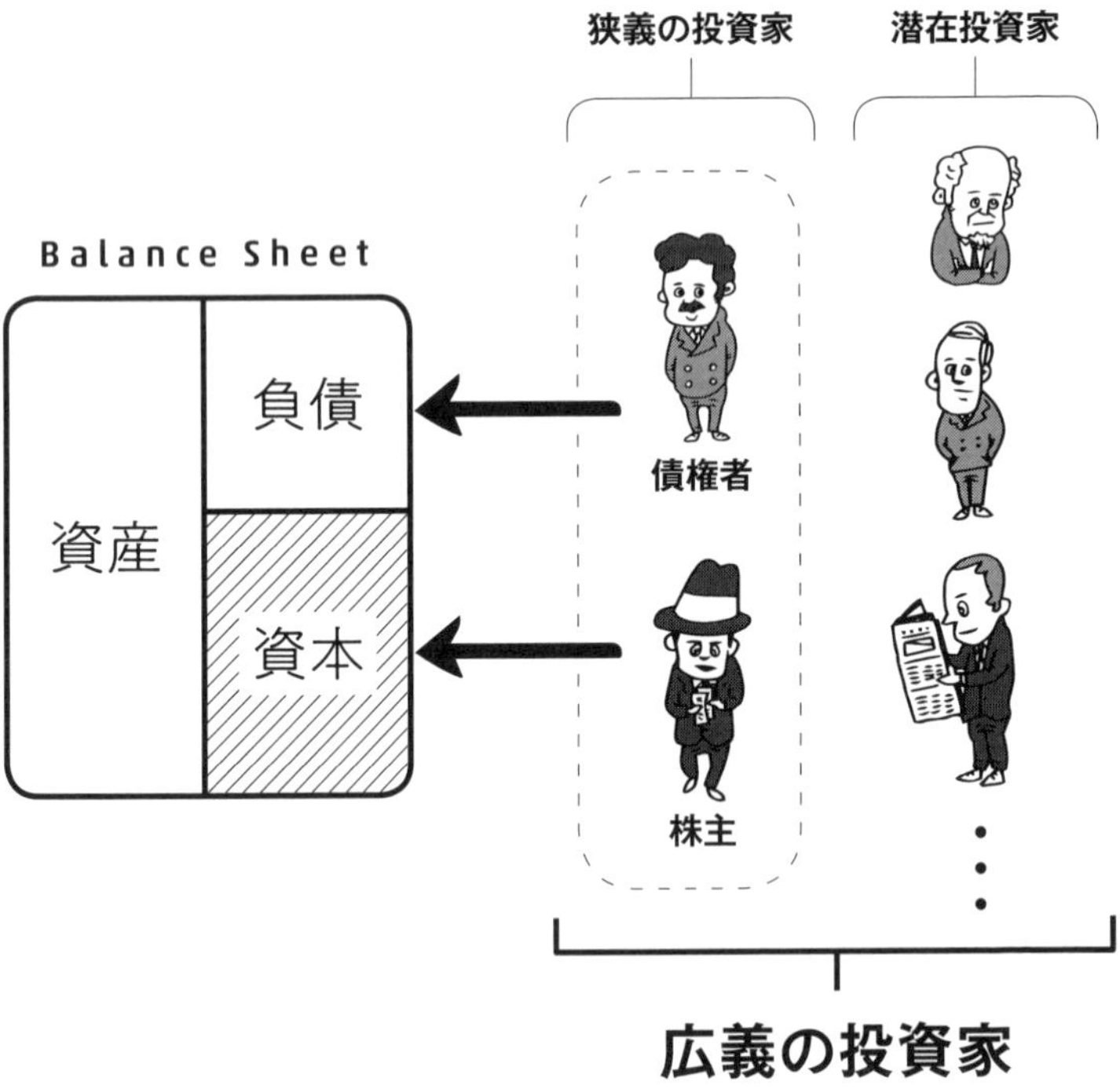

4 パブリックとプライベートの大きな分かれ目

パブリックとプライベート、いずれの道を歩むべきか？

株式を公開するパブリック・カンパニーに監査やディスクロージャーの義務を負わせ、潜在的株主を含む投資家を保護するパブリック革命。

この財務会計における新たな革命は、アメリカから他の国へと広がっていきました。自社の株式を公開すると所有者は巨額の株式公開益が手に入ります。これが**株式公開**の最大のメリットであることはまちがいありません。

その反面で、株式公開のデメリットは「パブリックな責任＝社会的責任を負う」ことです。

株式を公開することは、見ず知らずの他人から資金を調達するという行為です。株

【株式公開】
未上場会社の株式を証券市場において売買可能な状態にすること。公募・売出しによって株式を新規に公開することから新規公開とも呼ばれます。英語ではＩＰＯ（Initial Public Offering）、業界関係者は「アイピーオー」と発音することが多いです。

式の場合は「元本を保証せずに見ず知らずの他人から大金を集める」ことになるわけで、これは社会的にとても責任が重い行為です。もしそんな会社が金を持ち逃げしたり粉飾したりすれば、それはその会社だけの問題ですまず、株式市場全体の信頼性が損なわれます。

そのことから株式を公開した会社は社会的に「キチンとした経営と会計報告」が求められるのです。

国によってもレベルはちがいますが、株式を公開した「パブリック・カンパニー」に対する規制はかなり厳しいです。厳格なルールを適用した決算を四半期ごとに行い、会計士の監査を受け、しっかりした**内部統制**の体制までつくらねばなりません。

こうした公開企業としての果たさねばならない義務が厳しくなるにつれ、「株式を公開すべきか否か」を経営者は考えるようになります。

家族・仲間・ストレンジャー株主からの出資（E）と借入（L）だけで資金調達をすませるプライベート・カンパニーであれば、彼らへの決算報告を行えば足ります。

しかし取引所に株式を公開するパブリック・カンパニーになれば、潜在株主を含む投資家へのオープンな情報公開（＝ディスクロージャー）を行わねばなりません。

ここで投資家に公開されるレポートをアメリカではアニュアルレポート、日本では

【内部統制】

ミスや不正を防ぐための内部的な仕組みのこと。警察や監査といった外部的な抑止力ではなく、会社が自ら内部的にミス・不正を防ぐ仕組みを構築するのが特徴。人間のいるところ、必ずミスや不正は起こるので、継続的に取り組むことがなにより大切です。

有価証券報告書といいますが、それをご覧いただければ相当くわしい内容が書かれているることがわかります。つまり会社から見れば、相当の労力を費やして作成しているわけです。

経営者は会社の株式を公開すれば公開益が懐に入り、またその後の資金調達もしやすくなります。会社の知名度も上がることから採用もやりやすくなります。しかしその反面、株式を公開すれば厳しいディスクロージャー・監査などの義務を負うことになります。

イタリアのコジモ・ディ・メディチが父親から銀行業を引き継ぐにあたって「できるだけ公衆の目に付かぬところで商売をせよ（Stay out of Public Eye）」と注意されてから500年、マーケットをめぐる状況は大きく変化しました。株式を公開したパブリックな会社は、それなりの社会的責任を果たさねばなりません。「公衆の目に付かぬところで」悪さでもしようものなら、とんでもない社会的制裁を受けます。

パブリック・カンパニーへの社会的責任は止まるところを知らず、最近では**エンロン事件**に端を発したSOX法（サーベンス・オクスレー法）による内部統制強化なども登場しています。

【エンロン事件】

2001年に起こった大粉飾事件。同様の粉飾が他社でも見られたことから当時のジョージ・W・ブッシュ政権をゆるがす事態になりました。この反省から企業改革法を求める声が高まり、それがSOX法（内部統制法）につながっていきます。

パブリックとプライベート、いずれの道を歩むべきか？

パブリック・カンパニーが情報公開を求められる決算書は、もはやイタリア商人の家計簿とは似ても似つかぬ大げさなものになりました。

大企業における経理業務は中世イタリアとはちがって「ひとり」だけでこなすことはできません。現代の経理部では分業体制によってその業務を行っています。

またそれを規制するルールもどんどん複雑なものになっていきます。パブリック革命によってそれぞれの国は「社会的に認められたルール」をつくる必要が出てきました。

経理を個々の会社の自由に任せていてはミスや不正がなくならぬゆえ、社会的なルールをつくったうえで専門家による監査もさせる。こうした一連のパブリック革命のもと、アメリカでつくられたのがU.S.GAAP（ユー・エス・ギャップと発音）です。ここでGAAPはGenerally Accepted Accounting Principles、つまり「公正妥当と認められた会計原則」の意味です。

アメリカの証券取引所に株式を上場させる会社はこのUS基準にしたがって決算書を作成・報告しなければなりません。それぞれの国は自国の会計原則をもっており、アメリカはユーエスギャップ、イギリスはユーケイギャップ、日本の会計原則はジャパニーズギャップです。

次にルール通りに正しく決算書が作成されているかどうかを監査する役割がアメリカの場合、ＣＰＡ（Certified Public Accountant）です。ここでＣＰＡのＰがPublicであることに注目してください。


大恐慌後のアメリカの会計制度改革において、社会的責任を含む「Public」は重要キーワードだったといえるでしょう。

ところがこの言葉に日本語の適訳が存在しないのです。私たちは彼らのいうパブリック・カンパニーを「公開会社」とか「上場会社」と呼びますが、これはPublicの訳としてどうもピンときません。無理やり「公共」と訳すと、パブリック・カンパニーは国営企業か元国営企業の意味になってしまいそうです。


そう考えると、私たち日本人は「Public」意識が希薄なのかもしれません。それよりはるかに「Private」な村意識が強いのです。だからなのか「なんで監査なんか受けなきゃいけないんだ」とか、「なんでインサイダー取引がだめなんだ」とか、「内部統制なんてめんどくさいことやめちまえ」といった声が後を絶ちません。

インサイダー規制は、会社が「パブリック」だからダメなのです。パブリック・カンパニーは経営者の私物ではないのだから、私的利益誘導をしてはなりません。また他人様の金を預かっているのだから、それをなくさないように内部統制を整えることは当然なのです。

ＰＲは王様の仕事、ＩＲは社長の仕事

オードリー・ヘップバーン主演の映画「ローマの休日」にて、彼女が王女の身分を隠してグレゴリー・ペック演じる新聞記者と話をする際、「お父上の職業は？」と聞かれるシーンがあります。

そこで彼女の答えは「Public Relation」。なるほどＰＲはたしかに王様の仕事です。これを「広報」と訳してしまった日本では、やがてＰＲは「売り込み」を意味することが多くなりました。

「ローマの休日」風にいえば、Investor Relationは経理の仕事ではありません。ただ決算書をつくって報告するのではなく、まだ見ぬ「投資家」と良き関係を築くとなれば、これは社長の仕事です。

パブリック・リレーションは王様の仕事であり、インベスター・リレーションは社長の仕事と理解すべきでしょう。

最近の会社はウェブサイトにて「株主／投資家の皆さまへ」と区別して表現してい

ることが多く、「株主」と「投資家」がちがうものであると認識しているようです。「株主」へ決算報告を行うのであれば直接にメールで送ればすみます。

しかし「これから株を買うかもしれない」投資家にも情報を伝える場合には、誰もがどこでも見られるような形式でディスクローズせねばなりません。

近年はどの国でもインターネットを通じたディスクロージャー体制の充実に力を入れており、アメリカではEDGAR（Electronic Data Gathering, Analysis, and Retrieval system）、日本ではEDINET（Electronic Disclosure for Investors' NETwork）のサイトを見れば、無料で各社のアニュアルレポート／有価証券報告書を閲覧することができます。

この点、プライベート・カンパニーの決算書は原則として直接入手しか方法がありません。

株主や債権者（銀行）であれば会社から決算書を見せてもらえますが、そうではない部外者は決算書を見ることができないのです。

またプライベート・カンパニー、いわゆる中小企業の場合、もし決算書を入手できたとしても、それを読むには少々の注意が必要です。なぜなら中小企業の決算書はパブリック・カンパニーとは異なるルールによって作成されており、また監査を受けていないことがほとんどです。ということは、決算書に書かれている数字を信用していいのかどうか、そこから疑わねばなりません。

細かい点はさておき、ここではパブリック・カンパニーとプライベート・カンパニーでは決算書のルール、信頼性などが大きく異なることを知っておきましょう。

ボロ船でやってきたアイリッシュの子孫の凱旋

「ジョーが言うならしょうがない」

悪党たちも従ったおかげで株価操作や共同購入は減り、マーケットの信頼性は向上しました。一連の会計改革は会社にかなりの負担を強いるものでしたが、投資家保護もしっかりと根を下ろしはじめました。

証券取引法、ディスクロージャー、ＣＰＡによる監査制度——これら一連の改革をスタートさせたＳＥＣ初代長官のジョーはこの職を退任後、１９３８年にイギリス大使に任命されました。

祖父がリバプールからオンボロ蒸気船に乗ってアメリカに来てから90年、とうとうその孫は「豪華蒸気船」に乗ってイギリスへ戻ったわけです。

アイルランド人にとって「イギリス大使」の職は特別の意味をもちます。３代目にして祖父パトリックの「新大陸で一発当てる」夢はとうとう叶いました。しかし話はそれで終わりません。

イギリス大使の任期を終えたジョーはそのあと政界から引退し、危ないビジネスから縁を切って身ぎれいになるようつとめます。彼は自分の息子を大統領にすることを考えはじめたようです。

「どうかこの息子をよろしく」

息子をあちこちに連れ回しはじめたジョー。

とうとう4代目の息子はアメリカ初となるカトリック系の大統領となりました。

ただ、そこからの不幸な物語は多くの方がご存じのとおりです。絶大な人気を誇ったJFKは凶弾に倒れ死亡しました。兄の後を追って大統領を目指した弟のボビーも暗殺されるなど、ケネディ一族には不幸が続きます。

波乱の晩年を過ごしたジョーは家族に見守られながら1969年、静かに息を引き取りました。

終わってみればあっという間の儚い人生。しかしジョーの時代からはじまったパブリック革命はしっかり根を下ろしました。

投資家保護はアメリカの長い伝統となり、投資家が安心して出資できるマーケットづくりが行われています。いつしかアメリカは世界で最も優れた会計基準と監査制度をもつ国であると賞賛されるようになりました。それは世界各国のディスクロージャー制度のお手本となりました。

あなたが行った改革（Revolution）のおかげで世界中に「初心者でも参加しやすい」株式市場ができあがりました。それによって株式市場は活発になり、経済は豊かになりました。

ああ、それからリーマン・ショックのときも、最近では仮想通貨取引で問題が起こった際も、ＳＥＣの後輩たちは市場の番人としてキッチリ仕事をしてくれています。

あなたがよい一歩を踏み出してくれたおかげです。サンキュー、ジョー。

ハーバード大学在学中の息子と会うジョー・ケネディ（1938年1月5日）

第6章

21世紀グローバル国際革命

ベンツ・パテント・モトールヴァーゲン
Benz Patent Motorwagen
(1886-1893)

１９４１年、港町リバプールは見るも無残なありさまです。

初めての鉄道に歓声が沸き、新大陸を目指す移民で賑わったこの街に次々と爆弾が投下されます。空襲警報が鳴るたび避難所に逃げ込む市民たち。

夜の闇に紛れて飛んでくるのはドイツの爆撃機。

第二次世界大戦においてドイツはイギリス空爆を開始、ロンドンはじめ主要都市が攻撃を受けました。

リバプールには造船所などの軍事拠点があったことから重点目標とされたようです。

リバプール市民たちは怒りに震えながら空を見上げます。

１００年前、蒸気機関車の開通を祝う祝砲が撃たれた、その空を。

1 自動車にのめり込んだ機関車運転士の息子

ドイツ戦闘機に搭載されたDBエンジン

リバプールで鉄道が開通した日から、敵機の爆弾が降ってきた日まで100年と少々。

この間に「鉄道→自動車→飛行機」と、人々の移動手段には劇的な進化がありました。これらの登場によってビジネスは飛躍的に発展し、人々の生活はとても便利になりました。

しかし「不幸なことに」これらによって大量殺戮兵器が誕生し、市民たちが戦火に巻き込まれることになったのです。

機関車も、自動車やトラックも、そして飛行機も、すべて戦争において兵器として使われました。とくに20世紀にはこれらの性能が上がったことで、戦場の死傷者が激増する悲劇を招きました。

なかでも第二次世界大戦はひどいものでした。ウォール街の暴落に端を発した世界大恐慌によって経済がどん底に落ちたドイツのヒトラーが再軍備を進めたことが不幸のはじまり。工業力の高いドイツは兵器開発を進め、ナチス航空隊はまたたく間にヨーロッパ随一の実力をもつまでになります。

第二次世界大戦の序盤からドイツ空軍は快進撃を続け、勢いに乗ってイギリスへの本土攻撃を企てます。ここでリバプールはじめイギリスの主要都市が空襲にあいました。

このときイギリスを攻撃したドイツ戦闘機には「DB」ネームのエンジンが搭載されていました。

DBは「ダイムラー・ベンツ」の略です。「B」ことカール・ベンツは世界でもっとも早く小型エンジンを搭載した自動車をつくった「自動車の父」として知られています。

ここは少々時計の針を戻し、ベンツがまだ小さかったころの悲しい物語からはじめましょう。

機関車運転士の息子カール、自動車づくりを目指す

イギリスでターナーが描いた機関車の絵が話題になった1844年。
ドイツのカールスルーエに、念願の蒸気機関車がやってきました。
その走りを一目見ようとやってきた人々は、機関車が疾走するスピードに驚いて歓声を上げます。人々の歓声と視線の先には、誇らしげに機関車を運転するヨハンの姿がありました。

誰もが憧れる蒸気機関車の運転士だったヨハン。彼の悲劇はある日の運転中、突然やってきました。

係員のミスで列車が脱線、ヨハンは同僚と一緒に力の限りを尽くして機関車をレールへ戻しますが、彼はそのときひいた風邪がもとで肺炎を起こし、36歳で返らぬ人となったのです。

かくしてヨハンの息子、**カール・ベンツ**は2歳にして父親を亡くしました。

父の姿は覚えていませんが、カールも蒸気機関車が大好きで、小さなころはずっと機関車の絵を描いていました。彼は父の背中を追いかけるようにして蒸気機関車の製造工場へ就職しますが、やがて自動車づくりへの夢を膨らませるようになります。

【カール・ベンツ】
カール・フリードリヒ・ベンツ
Karl Friedrich Benz
（1844－1929　ドイツ）
小型の内燃機関を搭載した自動車を世界でもっとも早くつくり上げた技術者。「自動車の父」と呼ばれる。

「いつか自動車をつくりたい」

夢の実現に向けて一歩を踏み出したカールですが、それはあまりに険しい茨の道でした。

試作品の自動車を完成させるまでにたいへんな苦労があり、その後も難問が残っていました。それが「街の人々の反対」です。

信じられないことに、世界で初めて自動車を開発した「わが街のヒーロー」に対し、街の人々は罵声を浴びせ、誹謗中傷していました。馬車しか見たことがない市民にとって「新しすぎる」自動車は目ざわりでしかなかったようです。

うるさい騒音と吐き出される煙、子どもは「魔女の車だ！」と騒ぎ立て、老人たちは役所に駆け込み「早くやめさせろ」と苦情を言います。こうした騒動によって、カールの自動車は役所から路上走行を制限されてしまいました。

試作車が完成したのに街を試走させてもらえない窮地、それを救ったのは「まさか」の人物でした。

＊

せっかくの可能性を、どうして寄ってたかって潰そうとするのでしょう。まったく理解できない、我慢ができない。

彼の夢は私が守ってみせます――ベルタは静かに決意を固めました。

彼女は15歳の長男と13歳の次男に声をかけます。

「夏休みの旅行に連れていってあげましょう。ただ、お父さんには内緒ですよ」

ある日の早朝、3人はこっそり父の自動車に乗り込みエンジンをかけます。目指すは約200キロ離れたベルタの実家があるプフォルツハイム。これが世界初「自動車長距離ドライブ」のはじまりです。


朝、カールが目覚めると家族が誰もいません。ガレージにあるはずの自動車もありません。

「やられた」


追いかけても間に合わないと父が悟ったころ、3人は順調なドライブの最中でした。しかし急な坂道の上りに差し掛かったところで車が止まってしまいます。車には急坂を想定したギアが付いていませんでした。

長男と母が後ろから押し、次男がハンドルを握ってなんとか坂道を登ります。

その先もチェーンの不調、燃料のつまりなどが発生しますが、3人は鍛冶屋に寄って修理してもらいながら旅を続けます。道中、人がジロジロと見てきますが3人は気にしません。

あたりが暗闇に包まれはじめたころ、はるか向こうに目的地プフォルツハイムの灯りが見えました。

彼らは歓声を上げながら坂道を下り、プフォルツハイムの街に飛び込みます。汗だく、埃まみれ、油まみれ、3人はぐったりしながらも最高の気分でカールに到着の電報を送りました。

この電報を受け取ったカールは胸をなで下ろしつつ、「この脱走者たちをひそかに誇らしく思った」そうです。

この無謀なドライブによって、貴重な改善点がいくつか見つかりました。カールはさっそく自動車に上り坂用ギアを付けるなど改善を施します。改良された自動車はこのあとミュンヘン産業博覧会で金メダルを獲得するなど、少しずつ人々に知られた存在になっていきます。

妻と2人の息子は、くじけそうになった父親の夢を見事守ってみせました。

世界初の内燃機関で走行するクルマ、ベンツの「パテント・モトールヴァーゲン」

バランスシートの右側に苦しめられたカール・ベンツ

それでも自動車はじわじわとしか売れませんでした。祖国のドイツあるいはイギリスでは依然として「魔女の車」への抵抗が強かったようです。

「つくれば必ず売れる」つまり「投資が確実に回収できる」のなら、その投資に対する調達を「負債（L）」によって行うことができます。しかし「つくっても売れない」つまり「投資が回収できるかどうか不明」であれば、調達を負債に頼るのは危険です。なぜなら返済できないおそれがあるからです。

この場合は返済義務のない資本（E）による調達のほうが望ましいのです。カールも自動車の開発にあたり、借入ではなく資本で調達すべきであることを理解していました。

彼は自動車づくりの夢に賛同してくれる出資者「仲間（Company）」を探します。出資者を見つけてもまだ安心できません。資本への出資は返済義務がない代わりに、経営に口を出されるからです。カールは会社の経営をめぐって出資者仲間とのトラブルに悩まされ続けました。

妻の実家に金の無心に行ったり、裁判所に財産を差し押さえられたり、仲間のはずの出資者に会社を追い出されたり……カールは気の毒なほど「バランスシートの右側」について苦労しています。

思い起こせば、商人はそれぞれの時代、それぞれの場所でいろいろなリスクを抱えていました。

イタリアの商人は、盗賊に襲われるリスクを抱えていました。

イギリス鉄道会社の経営者は、巨額の設備投資資金が調達できないリスクを抱えていました。

これに対しカール・ベンツは「投資が回収できないかもしれない」リスクを抱えていたのです。

カールの会社は何度となく見舞われた仲間割れや資金繰りのピンチを乗り切り、やっと安定的に自動車を生産・販売できるようになりました。

もともと技術力には自信のあったカール、それを支える資金面の問題をクリアしたことで一気に自動車づくりが進みます。

ちょうどそのころ120キロメートル離れたシュツットガルトの街で、カールと同じく自動車開発に取り組んでいたのが**ゴットリープ・ダイムラー**です。このライバルは、第一次世界大戦の敗戦で多額の賠償金を背負わされたドイツ国家の事情もあって業務提携を実施、1926年に合併して「ダイムラー・ベンツ」となりました。

その後、ドイツ経済の牽引役として順調に発展したダイムラー・ベンツですが、そ

【ゴットリープ・ダイムラー】

ゴットリープ・ダイムラーの経営するダイムラー社のディーラーをしていたユダヤ系ドイツ人エミール・イェリネックの娘の名がメルセデスです。イェリネックは「ダイムラー」の硬い響きよりも「メルセデス」名を好んだようです。ダイムラーはこのメルセデスを商標登録しました。

の高い技術力ゆえに第二次世界大戦に深く巻き込まれます。ベンツファンのヒトラーによって同社は兵器製造を命じられ、航空機向けにＤＢエンジンを供給させられました。このＤＢエンジン搭載の戦闘機がイギリスを空爆したことは、すでに説明したとおりです。

なぜ高性能ＤＢエンジン搭載のドイツ空軍は敗れたか？

さて、ここで少し視点を変えてみたいと思います。

優秀なＤＢエンジンを搭載したドイツ機は、なぜ敗れたのでしょうか？

ドイツ空軍が有する戦闘機・爆撃機の性能は、決してイギリスに劣っていたわけではありません。数のうえでもイギリスをはるかに上回る数の戦闘機を有しており、戦前にはドイツ有利の声も多かったのです。

ちなみにこの戦争の直前、ロンドン駐在のアメリカ大使だったジョー・ケネディは「イギリスは沈没するでしょう」と悲観的な意見をワシントンに送り、ルーズベルト大統領を激怒させています。

こうした不利の予想を跳ね返してドイツ空軍を敗ったイギリスの勝利の裏には、秘密兵器「レーダー」の存在がありました。イギリスはレーダーを開発、配置することでドイツ機の来襲をいちはやく察知でき、早めの対応を行うことができたのです。レーダーの開発と活用にかけて、イギリスはドイツの上を行っていました。ドイツは兵器開発には熱心でも、レーダーについてはその使い道を甘くみていました。

この両国の態度は「情報の活用」というテーマでとらえることができます。兵器の物理的な性能だけを頼って戦うのではなく、さまざまな情報を味方に付け、敵よりも「情報」で優位に立つことで勝利を得る――これは20世紀後半の「情報化社会」になると、どこの国も企業も口にすることですが、そのはしりがこの戦争だったように思います。

「情報」が有効な武器となるためには、それを支える「通信技術」が必要です。その通信技術が初めて採用されたのはイギリスの鉄道会社でした。ここからイギリスは19世紀、世界の覇権を手にしはじめるのです。

2 海運とITで覇権を握ったイギリスのグローバル戦略

電線によって絞首刑になった男

ロンドンから29キロメートル離れた街スラウで殺人事件が発生。
被害者は初老の女性。犯人とみられる交際相手の男性が現場から逃走。
この容疑者はスラウ駅から、パディントン駅行きの列車に乗車。

あわただしくその情報がもたらされたのは1845年の元日です。
ちょうど前の年にターナーが見事な絵で表現した、その鉄道にて事件が発生しました。
スラウ駅の駅員はここでパディントン駅へ向け、容疑者情報を電報で送ります。

「クエーカー教徒風の服装で、裾の長い褐色のコート着用、前から2番目の1等車最後部に乗車」

電報を受信したパディントン駅の鉄道警察は、列車到着後ただちに容疑者の尾行を開始、まもなく犯人のジョン・タウエルを逮捕しました。

彼はコップに青酸カリを入れて愛人を毒殺していました。その後、現場を立ち去り鉄道に乗車して逃走を図ったのです。

彼にとって残念だったのは逃走のために「グレート・ウェスタン鉄道」を使ってしまったこと。他の手段を使えば逃げ切れたかもしれません。なぜならこの鉄道ではもっとも早く「電信」が導入されていたからです。

彼は裁判にかけられ、絞首刑となりました。

この逮捕劇は「電線が犯人の首を縛った」という見出しでニュースになったのです。

＊

この事件が話題になったころ、まだ「電信」は一般的ではありませんでした。

犯人の特徴を到着駅に電報で伝えることで犯人逮捕——世間を驚かせたこのニュー

スによって「電信」はその実力をいかんなく示しました。

この電気式の通信はイギリスの鉄道とともに誕生しています。

機関車を運行させる鉄道会社にとって「電信」はどうしても欲しい技術でした。

初期の蒸気機関車はブレーキが甘かったこともあり、追突や脱線の事故が多発していました。

列車の運行数が増えると、前の列車が故障したり脱線した場合に追突が起こるのです。これを避けるためには、運行の安全やトラブル発生を「駅同士で交信」することが必要です。

鉄道事故を避けるために、鉄道会社にとって電信はノドから手が出るほど欲しい技術だったのです。

有線通信から無線、そしてレーダーへ

駅と駅を結ぶ電信の技術は、イギリス人のクックとホ

Column

信号機の誕生

鉄道事故を防ぐためにイギリスの鉄道ではお馴染み「赤と青の信号機」が登場しました。これ以前のグレート・ウェスタン鉄道では、「ボール型の信号機」が使われています。ボールが上部にあれば「進め」を示すボール型信号機はアメリカにも広がりました。「ハイ・ボール＝出発進行」の合図は、「さあ飲もう!」の掛け声と共に飲まれるウイスキーのソーダ割りの名称にもなっています。

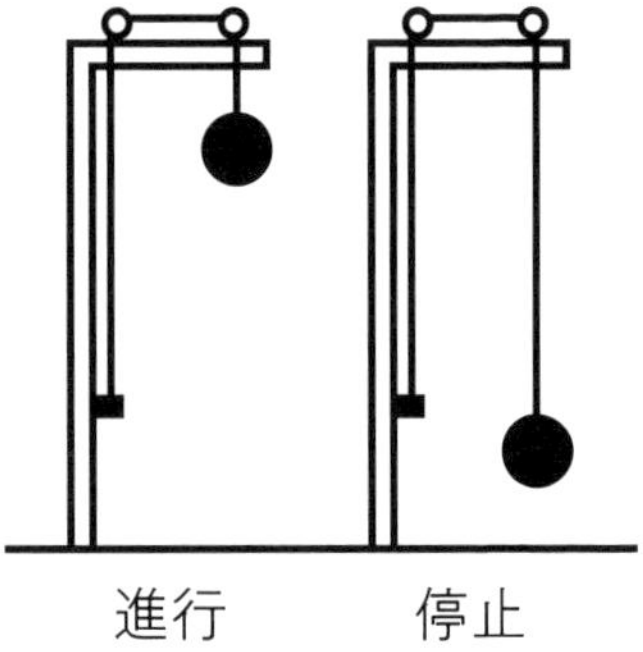

イートストーンが開発し、鉄道会社に売り込みました。いくつかの鉄道で電信のデモが行われましたが、そのデモにはジョージ・スティーブンソンの息子、ロバート・スティーブンソンも立ち会っています。

結局、電信はグレート・ウェスタン鉄道に導入されました。グレート・ウェスタン鉄道は先の減価償却といい、この電信といい、かなり「新しいもの好き」の会社だったようです。

鉄道会社は電信を利用することで安全かつ効率的に列車を運行することができます。まもなくクック＆ホイートストーンのシステムに代わって、モールスの**「モールス信号」**が用いられるようになると、さらに通信できる情報量が増加しました。

この通信ネットワークの拡大は飛躍的に進みます。イギリス国内の通信網が拡大するだけでなくイギリスと新大陸を結ぶ大西洋横断ケーブルが引かれました。

有線通信に続き、19世紀の後半になると電磁波を用いた無線通信も登場、これによって航海中の船舶とも通信が可能になり、航海の安全が高まりました。さらに20世紀に入ると無線通信がラジオ、テレビに活用されていくほか、イギリスでは軍事用「レーダー」の開発も進みます。

イギリスで「レーダー」開発がはじまったのは第一次世界大戦のあとです。

【モールス信号】

符号の短点を「トン」、長点を「ツー」と表現するため、日本では「トンツー」とも呼ばれています。短点と長点の組み合わせだけで通信できる単純な符号であることから、無線・音響・発光信号など幅広く活用されています。

第一次大戦でドイツから空襲をうけたロンドン市民らは、初めて経験する「空から降ってくる爆弾」に恐怖と怒りを感じました。イギリスはこの体験から、「どうすれば敵機襲来に対応できるか」について、あらゆる角度から検討を重ねたのです。

その対策のひとつが「殺人光線」でした。来襲するドイツ機を強力なレーザービームで破壊する——そんなSF的アイデアが真面目に検討されたようです。

この開発を打診されたのが国立物理学研究所のジェームズ・ワットの子孫であるワトソン＝ワットはこのアイデアを「ばかばかしい」と一笑に付しました。しかし彼は「敵機を無線で探知することならできるかもしれない」と研究開発に乗り出したのです。**ロバート・ワトソン＝ワット**です。

電波を送信して航空機に反射させ、その反響をとらえて位置を測る——ワトソン＝ワットの実験は見事に成功し、この技術がレーダー（radar: radio detecting and ranging）になりました。

第二次大戦においてイギリスの街はかなりの空爆を受けたものの、レーダーによってDBエンジン搭載のナチス戦闘機の攻撃を少なく食い止めることに成功しました。

【ロバート・ワトソン＝ワット】

ロバート・アレクサンダー・ワトソン＝ワット

Robert Alexander Watson-Watt

（1892–1973　イギリス）

防空レーダーを発明。第二次世界大戦で連合国側に導入された。

イギリスを繁栄させた三角貿易

有線、無線、レーダー……鉄道の登場によって電気通信が生まれたイギリスでは、その技術進歩もあって一気呵成に通信網が拡大しました。

20世紀の後半になるとネットワークでコンピューターをつなぎ、情報を細かくパケット化して流し、到着先で再構築する技も開発されます。このインターネット技術によって私たちは、メール、情報検索、金融取引までをネットワーク上で行えるようになりました。

こうしてみると、鉄道から新たに工業化と情報化の「2つの流れ」が登場したことがわかります。

ひとつが蒸気機関車から自動車、航空機へと広がった乗り物の「工業化」です。

もうひとつが駅間の交信からはじまって無線、インターネットへ広がった「情報化」です。

鉄道を起点にした「工業化」と「情報化」の長いレールが再び一つに交わった20世紀後半、ヒトとモノは短時間で移動できるようになり、カネと情報は距離を超えて瞬時に決済・通信できるようになりました。こうして私たちはとうとう「グローバル」という名の新世界へと到着するのです。

イギリス三角貿易

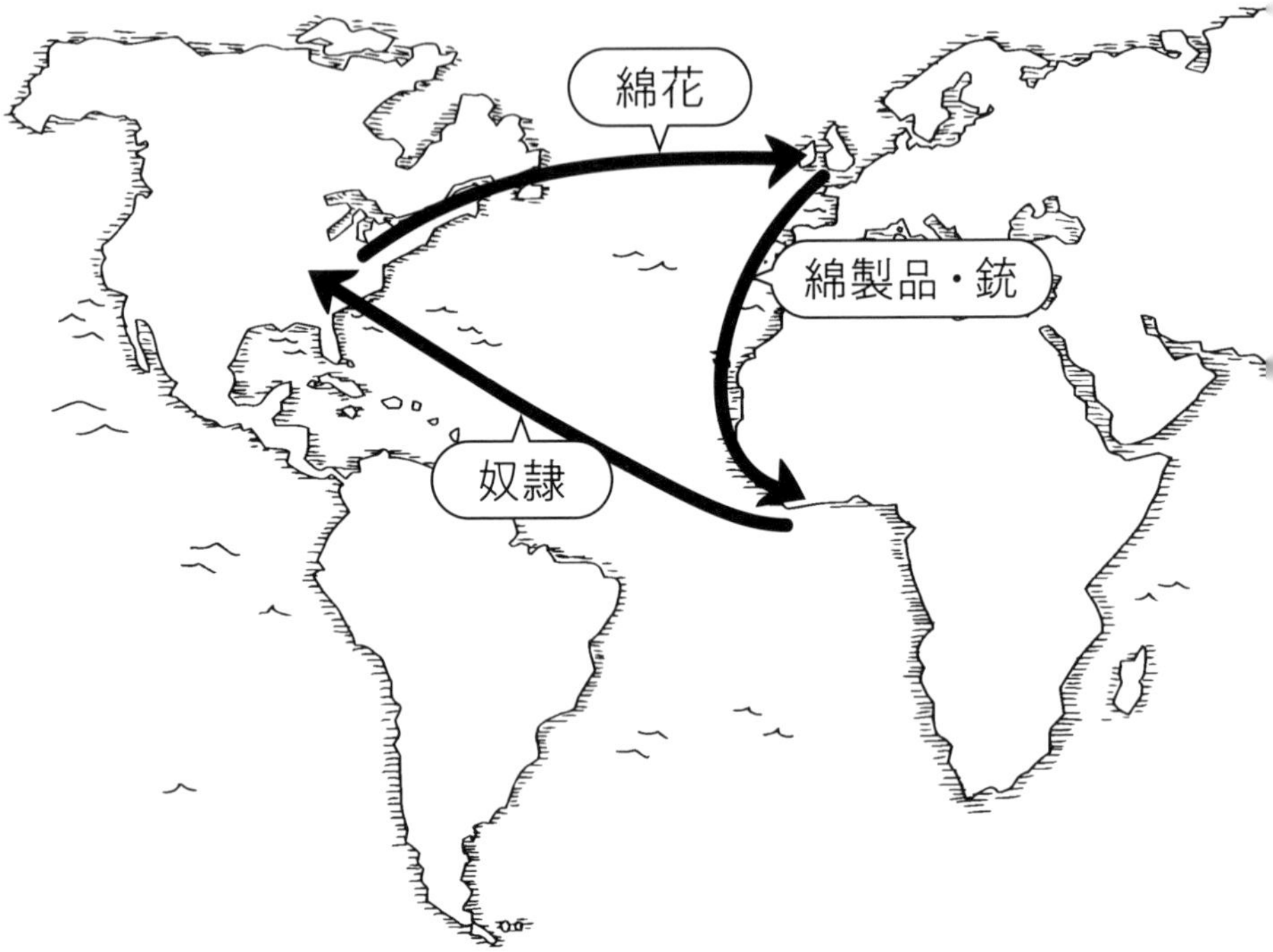

リバプール・マンチェスター鉄道が現れた1830年から、インターネットによるグローバル化が進むまでの「200年足らず」の間にグローバル世界の覇権は劇的に変化しています。

19世紀、「グローバルな繁栄」を享受していた国といえばイギリスでした。その成功は産業革命の一言で語られることが多いですが、それだけが理由ではありません。

産業革命によってマンチェスターの綿工場が機械化に成功したことはよく知られています。しかしイギリスは緯度が高い寒冷地のため、原料となる綿花栽培ができません。そこで彼らは「他の場所から安く仕入れる」ことを考えます。その栽培地にはアメリカ南部などが選ばれました。ここにアフリカから奴隷を運んで生産コストを下げ、最終的にイギリスの機械化された工場で綿衣料を完成させる――こうした「三角貿易」体制ができあがりました。

アフリカから奴隷をアメリカ南部へ運び、そこで採れた綿花をイギリスへ運び、綿製品や銃をアフリカへ運ぶ。このような三角貿易は、イギリスがこの地域の海上航路を支配していたことで可能になりました。

大型蒸気船とそれを活用した海運ネットワークが三角貿易体制を支えていたわけです。

この海運の要といえる港がリバプールでした。リバプールは黒人奴隷をアメリカに運ぶ中継地であり、またマンチェスターで製造された綿製品を各地に運ぶ出発点でもありました。ここは長きにわたって海運・造船の要所であったゆえ、ナチスドイツから真っ先に狙われたのです。

1990年代に現れたキーワード「グローバル」

三角貿易体制を維持するため、イギリスは蒸気船、港湾設備などの開発整備に投資を行います。

それに加え、19世紀には通信ネットワークの拡大についても大金を投じました。大西洋の海底ケーブルの設置や大西洋横断無線通信など、イギリスは通信網の整備に力を入れます。

こうしてイギリスは大西洋をはさんでモノと情報の両方を運ぶネットワークを構築しました。この電信ネットワークを用いることで貿易代金の決済を行うことができます。これはイタリア・バンコのネットワーク・サービスからレベルが上がった、「通信ネットワークを利用した決済サービス」です。

世界に先駆けて通信ネットワークを構築したことで、イギリスの懐には莫大な手数料が入るようになりました。便利なネットワークを最初に構築した者は儲かる——それが歴史の教訓です。

イギリスが完成させた海路と通信ネットワークはイギリスとアメリカの距離を縮めました。

移民、資金、情報、そして強欲、さまざまなものが大西洋を渡ります。その後、通信ネットワークはヨーロッパやアジア諸国などへも拡大し、それによって世界中がつながっていきました。やがてインターネットが登場すると世界のグローバル化は一気に進みます。

ここまで「グローバル」という言葉を用いてきましたが、これが「国際」の意味で使われるようになったのは１９９０年代になってからです。それまで「国際」といえば「インターナショナル」でした。

インターネットが登場し、ベルリンの壁が崩壊した１９９０年代から突然「グローバル」というキーワードが使われはじめたように思います。

グローバルのもととなる「グローブ」とはもともと地球のことです。これが転じてグローバルは「ひとつ」という意味で用いられます。国と国をつなぐインターナショナルではなく、われわれはもはや「ひとつ」である――グローバルにはそんな意味が込められています。

1995年に発売されたウィンドウズ95から人々はパソコンをインターネットにつなぎはじめました。

1997年にはバラバラだった世界の航空会社がアライアンスを組みました。

1998年にはヨーロッパに域内統一通貨ユーロが導入されました。

これら90年代の出来事はすべて「つながり」を超えて「ひとつ」になろうとする動きです。そんな1990年代、あるドイツの超有名企業が「グローバル」へ向けて一歩を踏み出しました――あのダイムラー・ベンツです。

第一次大戦の壊滅的なダメージからも立ち直り、自動車業界では世界に誇る高級自動車メーカーになったダイムラー・ベンツは90年代に大きな決断をしました。それがドイツ企業初となる、ニューヨーク証券取引所への上場です。

3 金融資本市場のグローバル化と国際会計基準

ドイツ基準では黒字でも、アメリカ基準では赤字だったダイムラー・ベンツ

１９９０年代、すでにダイムラー・ベンツは世界中の顧客に愛されるグローバル・ブランドでした。その自動車は世界中で販売されていましたが、彼らは「調達」のグローバル化も目指したのです。

ドイツ証券取引所に上場していたダイムラー・ベンツは、アメリカでの資金調達を目指してニューヨーク証券取引所への上場を計画しました。

このダイムラー・ベンツのニューヨーク上場にあたって、ちょっとした「事件」が起こりました。

ドイツの会計ルールでは黒字だった同社が、アメリカの会計ルールで計算し直したところ赤字になったのです。「国によって会計ルールがちがう」事実については、会計専門家はもちろん、多くのビジネス関係者が承知していました。それでもダイムラー・ベンツほどの会社が「ドイツで黒字↓アメリカで赤字」だった事実は経済界にかなりの衝撃を与えました。

当時、アメリカの会計基準であるＵＳギャップ（U.S.GAAP）は「世界でもっとも質の高い会計ルール」の呼び声が高かったのです。それだけにこの事件によって「ドイツの会計基準は甘いんじゃないか？」との噂まで流れました。

この事件が起こった１９９３年といえば、ちょうどグローバル化が進みはじめたころです。会計界にも「各国の会計ルールをつなげる」ことを超えて、「ひとつの会計ルール」をつくろうとする動きが勢いを増してきていました。

ところで、ベンツ社の歩みをみると「バランスシート右下の出資者」が大きく変化した事実がわかります。もともとカール・ベンツが設立した小さな会社には、家族や知り合いが出資していました。会社の規模が大きくなるにつれ、出資者が増えていきます。すると彼の株式所有割合は減り、彼の会社ではなくなっていきます。

ちなみに彼は「ベンツ社」を一度追い出されています。自分の名の付いた会社を追われるとはさぞや無念だったと思いますが、急成長で株主が増えた会社では珍しくない事態です。

その後、ダイムラーと合併してダイムラー・ベンツになり、ドイツ証券取引所に上場すると会社はパブリックな存在になります。さらにダイムラー・ベンツはグローバル化の波の中でニューヨーク証券取引所への上場を行いました。こうなるとアメリカ、そして世界中の投資家が出資するようになります。

ＩＴの発展によってやってきたグローバル時代、投資は国をまたいで行われます。つまり投資家＝インベスターは海外投資家＝グローバル・インベスターとなるわけです。

このようにグローバルな投資が行われる時代には、会計ルールもグローバル化すべきである――そんな声に押されて「会計基準の国際化」の歩みがはじまります。

国際会計基準をめぐるアメリカとイギリスの覇権争い

イギリスが19世紀に足がかりをつくった通信網は20世紀になってさらなる発展をみせ、株式市場をはじめとする金融資本市場のグローバル化が加速しました。

銀行取引、保険、株式投資などあらゆる金融分野の取引がネット上で行われるようになりました。もはや金融の世界に国境がなくなったかのような状況です。

そんな「国境なき投資」が行われる時代にもかかわらず、国によって会計ルールがちがうのは不便で仕方ありません。ダイムラー・ベンツのように「ドイツで黒字」なのに「アメリカで赤字」だと、投資家はどちらを信じていいのかわかりません。

グローバルな投資家を保護するためには、パブリック・カンパニーの会計ルールを世界的に統一化したほうがいい――こうして登場してきたのが**「国際会計基準」**です。

世界に「ひとつ」の会計ルールをつくるのは、そう簡単ではありませんでした。

1970年代からはじまった国際会計基準IAS(International Accounting Standards)の「総論」には誰もが賛成するものの、「各論」の進行についてはなかなか話がまとまりません。どの国も当然のことながら、相手との駆け引きを通じて「自国にとって有利なルール」を望むからです。

駆け引きの中心にいたのはアメリカとイギリスです。国

国際会計基準とは?

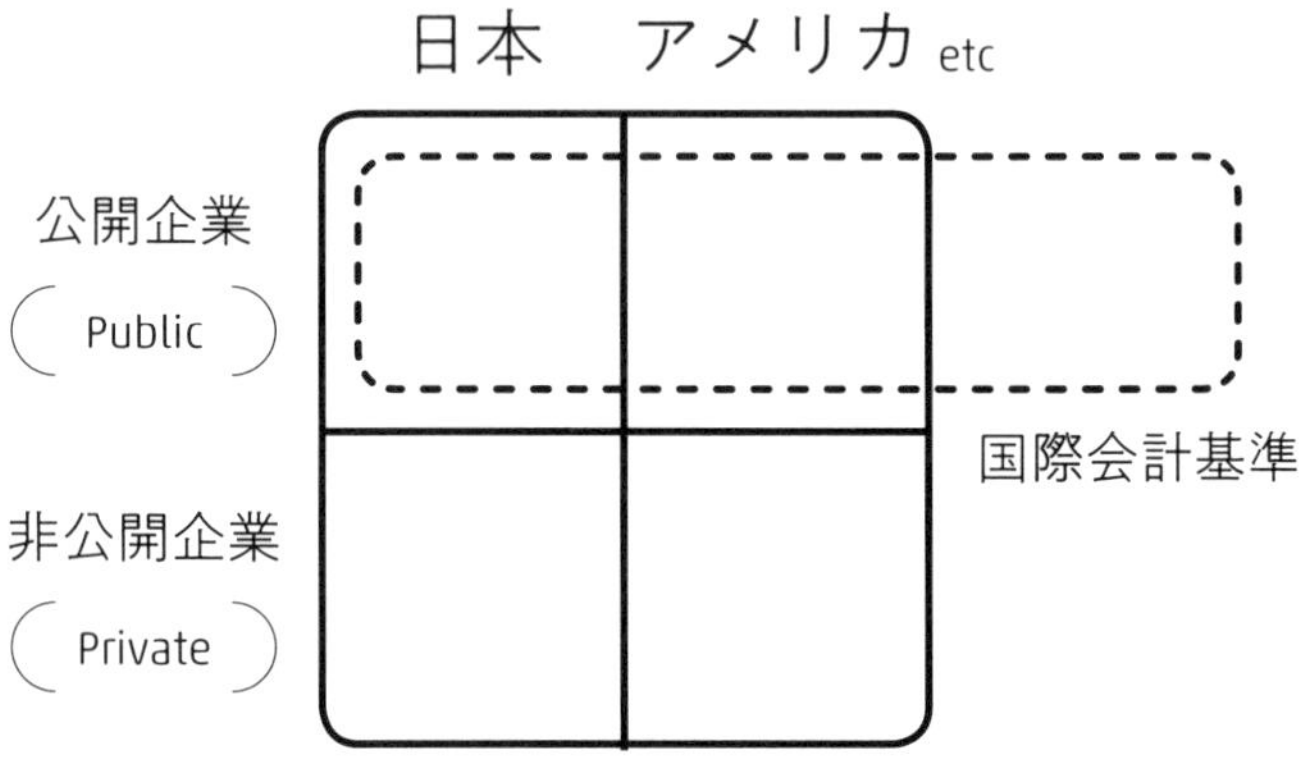

際化の動きがはじまった当初、アメリカとイギリスは比較的仲良くしていましたが、本格的な作業が進むにつれ、両国の思惑のちがいが表面化してきました。「世界で一番質の良いルールは俺たちのものだ」と自信たっぷりのアメリカに対し、「こちらこそ新時代にふさわしいルールだ」と譲らないイギリス。両国の溝はなかなか埋まりません。

アメリカは自国が誇る〝自称・世界一〟の会計ルールUSギャップをもとに国際会計基準を支配しようとします。これに対してイギリスはEUや同盟国に呼びかけ、IFRS（International Financial Reporting Standards：イファース）という新たな陣営を形成しました。

このアメリカ vs イギリスの主導争い、あえてたとえるなら「俺様ジャイアン・アメリカのUSギャップ vs 新たに人気者の座を狙うスネ夫・イギリスのIFRS」といったところ。

この争い、意外なかたちで決着が付きました。なんとアメリカが「IFRSを受け入れる」宣言を出したのです。「まさか、あのジャイアンが！」と世界中が驚きました。

しかし、したたかなアメリカは表面上「IFRSを受け入れます」としおらしい顔をしながら、腹の中で「裏でIFRSを牛耳ろう」と考えていました。表面的には

【国際会計基準】

投資が国際的に行われるのだから会計基準も国際化すべきというところまではもっともな話なのです。ただ会計ルールは税額を決める基準にもなります。その場合、投資家への情報提供と税金支払いの利害調整目的は簡単には一致しません。これをどう調整するかはきわめて頭の痛い問題といえます。

ＵＳギャップを捨ててＩＦＲＳを取り入れるとしながら、ＩＦＲＳをアメリカ流にしてしまおうという「名を捨てて実を取る」戦略です。

イギリスはこれをのむしかありません。しかしこれによってＩＦＲＳに「アメリカ流」の思考が持ち込まれることになってしまいました。

ＩＦＲＳをめぐるイギリスとアメリカの調整はいまなお続けられています。この先、アメリカとイギリスの双方が納得するＩＦＲＳが完成するかどうか、それは現時点ではわかりません。

さてここで優柔不断な「のび太・日本」はジャイアンとスネ夫にはさまれて右往左往。現在のところ日本の公開企業は、以下の３つの「いずれか」の会計ルールによって決算を行っています。

日本基準（のび太基準）／ＵＳギャップ（ジャイアン基準）／ＩＦＲＳ（スネ夫基準）

会計５００年をめぐる主人公の変化

世界で「ひとつ」の会計ルールが「国際会計基準」であるのはいいとして、元々ＩＡＳ（International Accounting Standards）だったものが発展してＩＦＲＳ（International Financial Reporting Standards）へと変わっています。

このどちらも日本語で「国際会計基準」と訳されるので日本人は気が付きませんが、以前の「A：Accounting＝会計」から「R：Reporting＝報告」へと言葉が変化していることがわかります。

「会計」から「報告」へ――これは決してネーミングだけの問題ではありません。その裏側にはかなり大きな変化があります。

一番重要なのは、会計をめぐる「主人公の変化」です。

中世イタリアで簿記がはじまってからオランダ東インド会社の時代まで、会計といえばその主人公は「自分」つまり経営者本人でした。会計は「自らの儲けを明らかにする」ために存在していたのです。

しかしイギリス産業革命で蒸気機関車が登場したあたりから少しずつ変化が起こります。

ストレンジャー株主から大規模な資金調達を行う鉄道会社では、「株主のために」監査を導入しつつ、しっかりした財務報告を行わねばなりません。

続いてアメリカの大恐慌をキッカケに広義の「投資家保護」が掲げられると、ＣＰＡによる監査を含むディスクロージャー制度がつくられました。こうしてイギリスからアメリカへ、しっかりした財務報告の伝統がつくられていったのです。

最後にグローバル・インベスターが登場するようになると、投資家に役立つ情報を提供することが会計の目的になっていきました。ここにおいて主人公は自分ではなく、情報を受け取る投資家になっていたのです。

つまり500年の歴史の中で、会計は「自分のため」から、株主・投資家といった「他人のため」に行われるよう変化したというわけです。

もちろん会計の基本は「経営活動の記録・計算・説明」であり、その限りにおいて「自分のため」に行っていることは当然です。しかしイギリスからアメリカ、そしてグローバルの歴史を見ると、少しずつ「投資家」への情報提供が重視されていることがわかります。

こうした転換は、いくつかの会計ルールに重大な変更をもたらしています。たとえば資産評価をめぐる「原価主義から時価主義」への転換です。

資産評価をめぐる「原価 vs 時価」の争い

資産評価における「原価 vs 時価」の争いはカトリック vs プロ

原価と時価のちがい

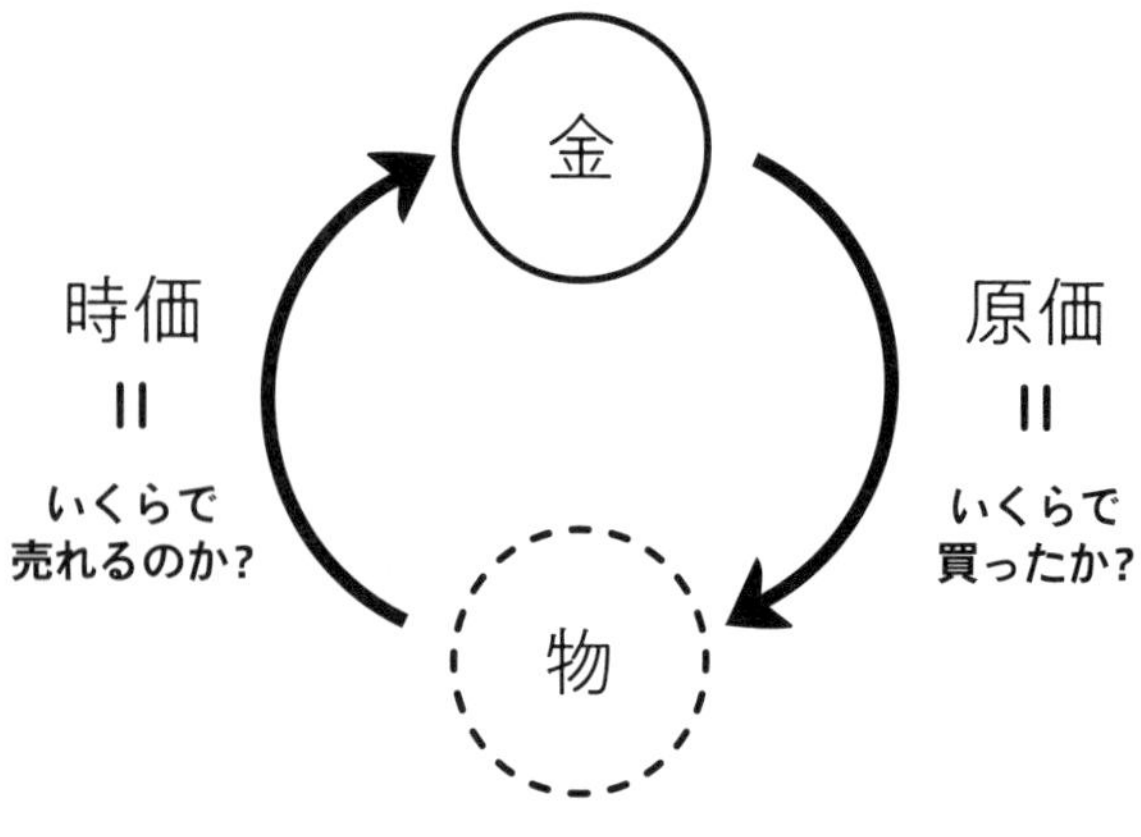

テスタントの争いのごとく、なかなか決着が付きません。当事者以外、対立の本質がよくわからないところも似ています。

古きイタリアにさかのぼれば、商人が帳簿を付け、儲けを明らかにするのは「儲けの分配」を行うためでした。帳簿で計算された儲け（利益）は、株主への配当や国へ税金を支払う基準になります。利益は会社に関係する人々（＝利害関係者）の利害を調整する役割を果たすわけです。

利害を調整するうえで、資金の裏付けのない利益は嫌われます。架空利益からは配当も税金も払えません。よって利害調整を大切にするルールでは**「原価」**による資産評価が好まれ、分配できない評価益を計上する時価主義は嫌われます。

それに対し、ジョー・ケネディ以降の投資家保護が強くなってきてから登場した新タイプのルールでは、投資家への「情報提供」が何より優先されます。この場合、資産の現状をよりよく表現する**「時価」**で評価するのが望ましいのです。

――以上のように、会計の目的を「自分たちの利害調整」に置くか「投資家への情報提供」に置くかによって、望ましいルールがちがってきます。

さて話を国際会計に戻します。主導権をめぐって争うアメリカとイギリスですが、実はこの両国はともに時価主義愛好です。ということはこの先、国際ルールは原価主義から時価主義の方向へ進んでいくことはまちがいありません。すでにその流れがはじ

【原価と時価】

たとえば「宝石店に強盗が入りました」というニュースで被害金額として報じられるのは「売ったらいくらか」の値札金額、つまり時価です。宝石店の利益率が高いとするなら、それを仕入れたときの原価はもっと低いはず。ということは本当の被害金額は原価相当額かもしれません。

まっています。

これが長年「原価主義愛好」だった日本に困惑と混乱をもたらしています。

日本は明治維新以来、会計ルールづくりにあたってドイツをお手本としてきました。時価好きのアメリカ・イギリスに対し、ドイツと日本は歴史的に原価主義愛好が強い国です。

「時価主義好き・米英 vs 原価主義好き・独日」という図式の背景には米英両国が「工業から金融業への産業シフト」を推し進めたことと大いに関係しています。これに対し独日はともに製造業が強いモノづくり愛好国です。

建物や機械を多く用いる製造業では、それらを「原価」評価しつつ減価償却を行います。一方の金融業では固定資産が少なく、資産のほとんどは金融資産のため「時価」評価のほうが馴染みます。

製造業では「利益」こそが重要であり、それを計算する損益計算書が重視されます。これに対し金融業では利益より、時価評価された「バランスシート」のほうが重視されます。

現在、日本の公開企業には「3つの会計ルール」があることはすでに説明しました。「日本基準（のび太基準）／USギャップ（ジャイアン基準）／IFRS（スネ夫基準）」

です。

この3つはすべて最近の米英流「投資家への情報提供重視」の流れを汲んでつくられていますが、そのなかでも「日本基準→USギャップ→IFRS」の順に〝時価主義愛好〟が強まっていきます。

こうした時価主義愛好・バランスシート重視の流れは止められそうにありません。それにしてもイギリスIFRSの「フェア・バリュー（時価）好き」には驚きを通り越して、感動すら覚えます。

有価証券ならわかりますが、ときに建物ですら「フェア・バリュー」で評価すべきとは、さすがロンドン大火のあと木造建築を禁じて「石造り建築」を進めた国。たしかに石造りの建物は年月の経過によって価値が上がることがあります。それは木造建築文化だった日本人にはなかなか理解できないところであります。

Column

会計基準国際化をめぐる混乱

現時点で日本の公開企業は「日本基準・IFRS・US基準」の3つのうち、いずれかを選択して決算書をつくり、報告することになります。重要なことはこのうちどれを採用するかによって決算の結果が変わってくるということです。また、会計基準を変更した場合にも決算数字に影響が及びます。

決算数値を読む場合には「どの会計基準を採用しているか」にも注意しなければなりません。過渡期だから仕方ないとはいえ、かなり面倒くさいことになっています。

4 増えるM&Aとキャッシュフロー計算書

ゴッホの「ひまわり」に流入した日本の投資マネー

「人は失敗から学べない生き物なのか」

そんなことを思ってしまうほど、歴史には何度となく「バブル」が発生しています。
古くは17世紀オランダで発生したチューリップ・バブル。
20世紀前半にはアメリカの株式市場でバブルが発生し、大恐慌が起こりました。
20世紀後半の日本では、株と土地の価格が暴騰するバブルがありました。
ちょうど日本がバブルに沸いたころ、アメリカ経済は不調だったこともあり、日本企業の「エンパイアステートビル買収」をはじめ「日本がアメリカを買う」派手な話題がたくさんありました。

そのなかで世界中を驚かせたのが、「安田火災（現損保ジャパン）、ゴッホのひまわりを58億円で落札」というニュースです。

1枚の絵に58億円――これは当時の絵画オークション金額としては史上最高額です。絵画オークションに日本企業の名が登場するのも珍しく、これは日本の景気の良さを世界に見せつけるニュースになりました。


このバブルのころ、日本の就職活動では銀行・証券・保険といった金融業界の会社が学生に大人気でした。

業績好調な金融機関は、競うように新卒学生を大量採用しました。私もその世代の人間ですが、やはり同級生の多くが金融機関に就職しています。当時の就職活動において人気だったのは流通やメーカーより断然「金融」でした。

「金融の仕事が一番面白くて給料も高い」。イタリアのメディチ家以来、ずっと銀行は商業・工業などの商売を行う者たちを助ける「縁の下の力もち」でしたが、バブルの日本では明らかに風向きが変わっていました。

この「金融重視」の流れは、当時景気の悪かったアメリカにも引き継がれ、思い切った金融改革が行われていきます。大恐慌後の１９３３年に施行されたグラス＝スティー

「ひまわり」1888-1890年　ヴィンセント・ファン・ゴッホ作

ガル法でつくられた商業銀行と投資銀行の間の壁を１９９９年に撤廃、これによって「あらゆる業務を行える」巨大金融機関が誕生します。

この流れによって資本市場のグローバル化が加速されるとともに、投資をめぐる新たな動きがはじまりました。日本のバブルは１９９０年代半ばに崩壊しますが、アメリカやヨーロッパ各国ではグローバルな金融ビジネスが台頭し、製造業からマネーを世界的に動かす金融業への産業シフトが進みはじめるのです。

こうした欧米金融機関の台頭とともに、資本市場にはいくつかの注目すべき変化がありました。

たとえば「ファンド」と「Ｍ＆Ａ」の増加です。

新たに登場した株主「ファンド」

「ファンド」という言葉を耳にする機会が増えました。もともとは「基金」の意味ですが、最近は「多くの人から預かった資金をプロが運用する」投資信託などに幅広く用いられています。

ファンドは、投資される会社からみれば、バランスシート右下に登場する「株主」です。

個人株主ではなく法人株主でもない、「ファンド株主」の存在感はますます大きくなっています。

金融機関の後ろ盾もあって、続々と誕生してきたファンド。その内容はさまざまですが、会社経営に強烈な影響を及ぼしはじめました。

もともとストレンジャー株主の誕生以来、株主のマネーマニア度は高まる一方でしたが、最近のファンドは儲けに貪欲なだけでなく、経営に直接口出しすることが増えています。黙って配当や株の値上がりを待つのではなく、議決権を行使、ときに経営者を交代させることまで行う**「物言う株主（＝アクティビティ・ファンド）」**が世界的に存在感を増しています。

ファンドは基本的に出資者の代理人なので、出資者に対してリターンを稼がねばなりません。彼らは「儲かる」と判断すれば株式のほか、あらゆる資産の投資に参入してきます。不動産、自然資源、そして最近では絵画のオークションにも登場しているようです。

もともとイタリアでは出資者は家族や仲間でした。彼らは出資者でありながら経営者でもありました。

しかしオランダ、イギリスで登場した株式会社ではストレンジャー株主が増え、所

【物言う株主（＝アクティビティ・ファンド）】

近年の株主総会ではアクティビストが経営陣に配当、人事などの提案を突きつけるケースが増えています。それもあって日本企業の株主総会はきわめてディフェンシブ（防衛的）に開催されており、想定問答集が年々分厚くなっています。株主総会の運営担当者は胃が痛くなる思いをしているケースが多いようです。

有と経営が一致しなくなります。また株主のマネーマニア度がぐんぐん上がります。

そして20世紀にはグローバルな投資家として、さらにマネーマニア度の高い「ファンド」が登場してきました。資本市場のグローバル化に伴って、ファンドは世界の「儲け先」を求めて飛び回っています。


ファンド株主の登場は、会社の経営や会計ルールにも影響を与えています。

まず基本的に、他人の資金を「代理人」として運用するファンドは委託者に対して結果を出さねばなりなりません。そのため投資に対するリターンの「投資効率＝利回り」にこだわります。出資先への精神的な応援より、具体的な数値を求める傾向が強くなるのは当然のことです。

その利回りの測定はどちらかといえば短期的測定が好まれ、決算は1年に1回では足りず、半期決算や四半期決算が好まれます。

キャッシュフローへの原点回帰

「先生、教えてほしいんです。エビなんとかって、知ってます？」

知人の経営者からそんな電話がかかってきたのは１９９０年代後半のこと。

いきなり「エビ」について知っているかと尋ねられ、私は面食らいました。

ヨーロッパ系テレコム会社の日本支社で取締役を務める彼は、なんでも親会社から突然に「これからは拠点の評価を『エビなんとか』で行う」と告げられたそうです。くわしく聞いてみるとそれは「EBITDA」のことでした。「イービットディーエー」と発音するので、会計オンチの彼には「エビ」と聞こえてしまったのですね。

1990年代の後半、EBITDA（通称エビ）は多数のグローバル企業で使われていました。

簡単にいえば、このエビは「利益＝earnings」、つまり1年の儲けのことです。注目すべきはその「Earnings Before Interest, Taxes, Depreciation, & Amortization」の名が示すとおり「利息・税金・減価償却費・償却費」控除前で計算した利益であることです。

なぜ、これらを引く前の利益を計算するのかといえば、「利息・税金・減価償却費・償却費」の各項目は国によって金額のちがいが大きいからです。

利息や税金は国の経済状態や税法によって大きく金額がちがいます。また各種償却費もその国の会計ルール次第で金額が変わってきます。これらの項目を除くことによって、「その会社本来の儲け」を表現できる——そんな考えがこの指標の背景にありま

バランスシートの右下にファンドが登場

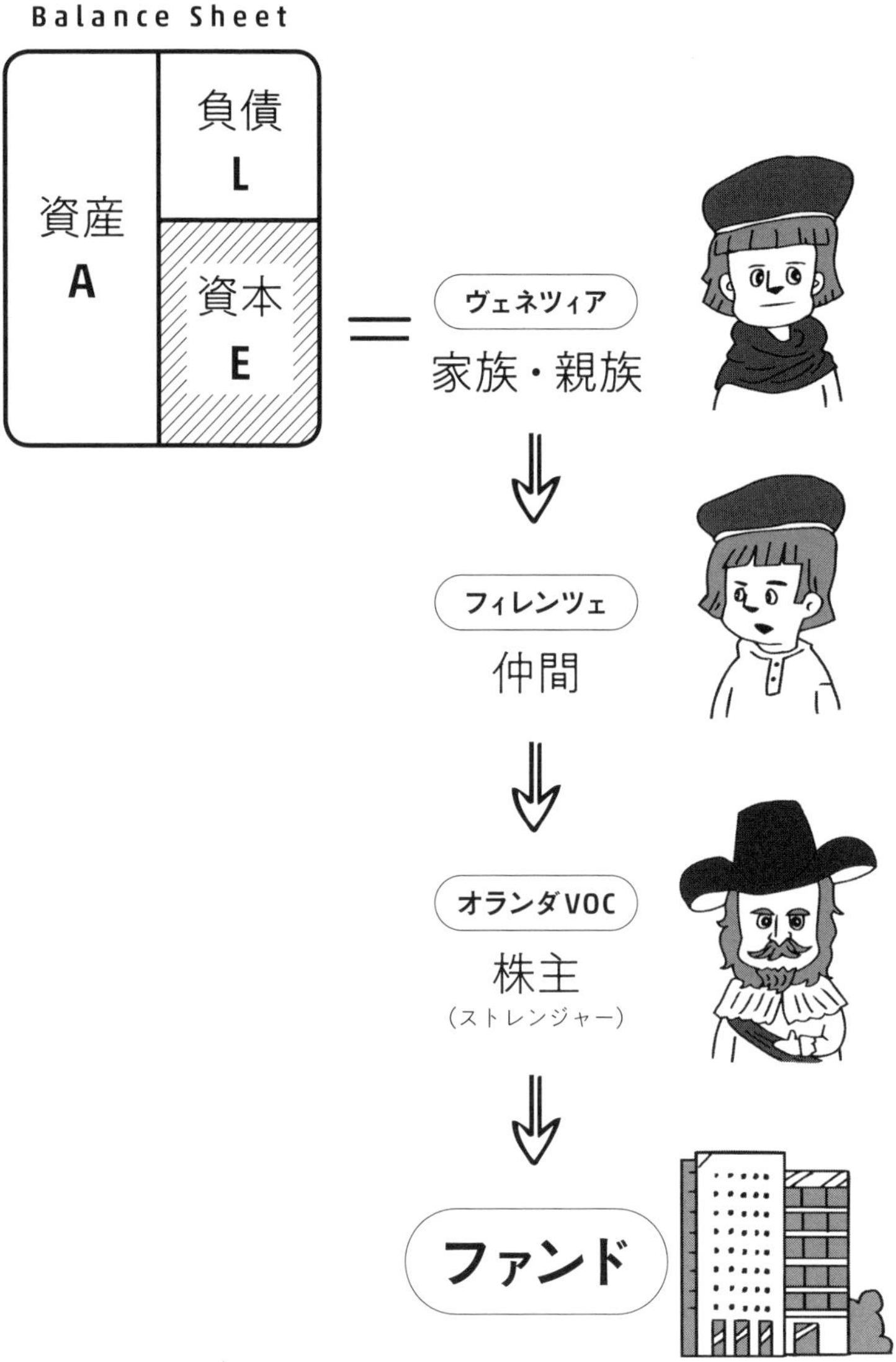

す。

EBITDAが１９９０年代から増加したM＆A取引において注目されるようになったのは、それが「キャッシュに近い」利益であるからです。M＆Aにおいて重視されるのは各国発生主義会計の複雑怪奇なルールで計算される利益ではなく、「どれだけ金を稼いだか」というキャッシュです。つまりEBITDAの登場は、M＆Aの増加に伴う「キャッシュへの回帰現象」でもあったのです。

この「キャッシュへの回帰現象」は各国の会計基準、そして国際会計基準でも意識されました。

これまでのバランスシート＆損益計算書の２本立てに加え、ニューフェースとなる「３つめの決算書」が付け加えられることになりました——それが「キャッシュフロー計算書（C/S：Cashflow Statement)」です。

キャッシュフロー計算書はその名が示すとおり1年間のキャッシュのプラス・マイナスつまり収入・支出を表します。簡単にいえば小遣い帳や家計簿のような、きわめて原始的な収支計算です。

この〝新人〟の登場によって決算書は「バランスシート＆損益計算書＆キャッシュフロー計算書」の３本立てとなりました。

　ここでキャッシュフロー計算書の位置付けについては注意が必要です。

　キャッシュフロー計算書を「会計基準の国際化に伴って新たに登場したもの」と理解している方が多いようです。それは間違いではありませんが、少々表面的な理解にすぎるかもしれません。歴史をみればわかるとおり、19世紀初めの鉄道会社からはじまったキャッシュから利益への「進化」が、200年ぶりにキャッシュへ「回帰」しているのです。

　発生主義の名のもと、どんどん難しく、ややこしくしていった「利益」を久しぶりに家計簿的なものに戻そうとする会計の「原点回帰」がキャッシュ・フロー計算書だということです。

自動車と通信をつくった功労者たちの晩年

　蒸気機関車からはじまった乗り物の歴史は、自動車そして飛行機へと続きました。また鉄道会社の駅と駅を結んだ電信は、いまやインターネットで世界をひとつにつなぎました。

　あっというまに進んだ工業化と情報化の歴史。

　その長い道のりは1830年、リバプールで開通式を迎えた蒸気機関車からはじまっています。

3つの決算書

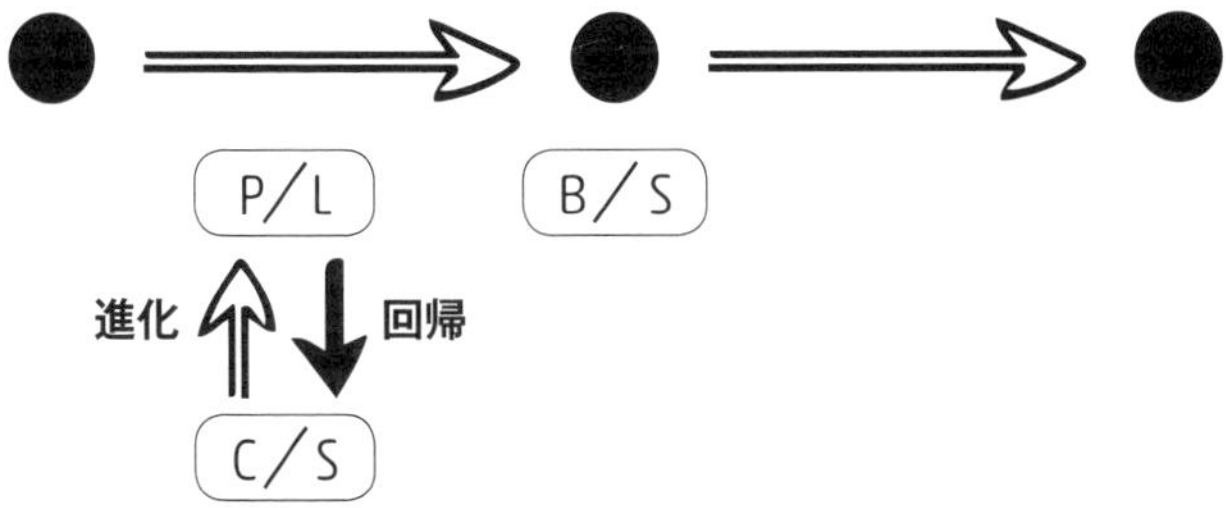

この200年の間に企業の資金調達は巨大化・グローバル化し、バランスシート右下に登場する出資者は大きく変わりました。

ファンドを含む投資家のグローバル化によって国際会計基準が登場、そこでは工業から金融業への産業シフトによって「時価主義」が採用されるようになってきました。

しかし急ぎすぎたグローバル化に、2008年のリーマン・ショックでストップがかかりました。ここで暴落した時価を「フェア・バリュー」と呼べるのか？　投資家に対し、どんな「報告」を行えばいいのか？——これからも「投資家保護」への挑戦の歴史はまだまだ続きます。

最後に、本章で紹介した「功労者」たちの晩年をご紹介しましょう。

1925年、ミュンヘンで行われた「自動車誕生40周年記念」の祝賀会に81歳白髪のカール・ベンツの姿がありました。最初につくった3輪型の自動車に乗って出席です。ただ老齢で運転はできないため、息子のオイゲンがハンドルを握って町を走りました。

カールは街中の人々から大歓声を浴びました。もうこの親子に罵声を飛ばす者は誰もいません。

カールは晩餐会でも人々の中心であり、「自動車界のジョージ・スティーブンソン」と讃えられました。残念ながらこの晴れがましい式典のあとカールの体調は悪くなり、1929年4月、84歳の生涯を終えました。

半年後に起こったニューヨークの大暴落、そして大恐慌をカールが見ることはありませんでした。そのあと自分の会社がヒトラーに巻き込まれていくことも知りません。もしかしたらカールの死は神様から彼への「不幸を見なくてすむように」という配慮だったのかもしれません。

カール・ベンツにとって自動車と家族に囲まれた人生は十分に満足いくものだったことでしょう。

そしてもうひとり、レーダーを開発して被害を減らし、ドイツのイギリス侵略を防いだワトソン＝ワット。彼はその功績が認められて国王からナイトの爵位を授与されました。第二次大戦後はいくつかの省庁で顧問を務めたのち、カナダに移住します。

そんな彼ですがカナダで自動車を運転中、レーダーガンによる速度違反の取り締まりで捕まりました。

Slow Downを命じられたワトソン＝ワットは思わずこうつぶやいたそうです。

「恩を仇で返された」

第2部のおわりに

第2部が終わりました。インターネットと国際会計基準が登場する現代まで一気に進む旅でしたが、皆さん、乗り物酔いはありませんか？

イギリスの産業革命を引っ張った「蒸気機関」ですが、本書でいえば蒸気機関車と蒸気船を登場させたところが「真の社会変革」だったように思います。

蒸気機関車や蒸気船の登場は通信網の発展と相まってイギリスに大きな繁栄をもたらしました。

第2部の隠れ主役である「乗り物」の変化はそれで終わらず、自動車へと続きました。乗り物の登場と発展につれて会社

の資金調達はどんどん巨額になっていきました。この変化が会計制度の変革をもたらしたのです。

この流れの中で、もともと「自分のため」に行われていた会計が、「他人のため」に行われるようになりました。それが財務会計の歴史です。

続けて第3部では、その流れをいまいちど「自分＝経営者のために」引き戻そうとする運動が登場します。それが管理会計とファイナンスです。

第3部

管理会計とファイナンス

3つの名曲

ディキシー Dixie

聖者の行進 When the Saints Go Marching in

イエスタデイ Yesterday

Par

第7章

19世紀アメリカ ―標準革命―

オリジナル「ディキシーランド」ジャズ・バンド
The Original Dixieland Jazz Band
(1916-1924)

19世紀のニューオーリンズ、小さな質屋の軒先には埃をかぶった楽器が置かれています。

コルネット、トロンボーン、クラリネット、そのどれもが使い古されてボロボロです。

これらは敗走した南北戦争に負けた南軍のバンド奏者が金に困って売っていったもの。この街ではそんな楽器があちこちで売られていました。おかげでこの街の人々は、みんな安く楽器を手に入れることができたのです。

アメリカでもっとも暑いこの街に夕暮れが迫るころ、今日も彼らの奏でる音楽が聞こえてきます。

耳を澄ませば聞こえてくる軽快なジャズの響き——。

1 南北戦争から大陸横断鉄道へ

南北戦争で登場した2つの新兵器

「さあ、われわれが取り戻した『ディキシー』を聴こうじゃないか」

冗談交じり、珍しい笑顔でスピーチしたのはリンカーン大統領。

これを合図にバンドが曲の演奏をはじめました。ホワイトハウスに集まった人々は勝利の余韻を噛みしめながら、その曲に耳を傾けます。

それはリー将軍の降伏が伝えられ、南北戦争の終結が見えた1865年4月10日のことでした。

リンカーンが愛したといわれる名曲「ディキシー」はもともと北部の歌でしたが、南北戦争中は南軍兵士たちがこれを〝横取り〟して愛唱しました。この曲の影響もあって、ニューオーリンズをはじめとする南部地域一帯は「ディキシーランド」と呼ばれるようになったそうです。

農場で黒人奴隷を働かせたいディキシー（南部）と奴隷制廃止を訴える北部が対立、南北戦争がはじまったのは1861年のことでした。戦いはすぐ終わるだろうという大方の予想に反して4年もの長期戦になり、多数の死傷者を出す悲惨なものとなりました。

この戦争についていえば、産業革命は完全に「裏目」に出ました。新しい技術や機械によって多くの死傷者を出したからです。

南北戦争において登場した〝新兵器〟のひとつが鉄道です。北軍は開戦後ただちに別々の会社の線路をつなげて移動可能な状況をつくり、兵士や物資の輸送を行いました。リンカーンは鉄道の実力を十分に理解しており、これを積極的に活用しました。これによって戦場が広範囲に拡大してしまったのです。

そして「命中率の高い銃」の登場も見逃せません。皮肉なことに銃の多くはアメリカの〝国産〟でした。アメリカの工場にて大量に生産された高性能の銃が同じアメリカ人の命を数多く奪いました。

鉄道と銃―― これはアメリカの19世紀を理解するうえで、とても重要なカギとなります。

おっと忘れてはいけないのが冒頭の**コルネット**。

鉄道・銃・コルネット―― この3つがアメリカを「世界の主役」へと導きます。

大陸横断鉄道の開通式で「空振り」したスタンフォード

大好きな「ディキシー」を楽しみながらご満悦のリンカーン大統領でしたが、彼がこの曲を聴くのはそれが最後になりました。式典のすぐあと、彼は凶弾に倒れてしまったからです。そのこともあり、アメリカ人の間には南北戦争のつらい記憶が消えずにずっと残りました。

その重苦しい空気を振り払うかのようなニュースが全米を駆け巡ったのは南北戦争が終わってから4年後の1869年5月10日。

アメリカ国民が待ちに待った大陸横断鉄道がとうとう開通するというのです。鉄道の本家イギリスはじめヨーロッパでは決してお目にかかれない長距離鉄道の完成です。

晴れの祝典に向けて、東西からやってきた機関車が向き合うように止まっています。

【コルネット】
トランペットより少し小型で丸みを帯びた形状の楽器。ジョー・オリヴァーも若き日のルイ・アームストロングもコルネットを得意としていました。奏法自体はトランペットとそう変わらないため、両方を演奏する奏者が多かったようです。

ちょうどその間にいるのが今日の主役、**リーランド・スタンフォード**。

大きな拍手を浴びるスタンフォードの手には銀のハンマーが握られています。これは東と西から延びてきたレールをつなぐ、最後の犬釘を打ち込むためのもの。お祝いの犬釘には黄金製のスパイクが用意されました。

あとはスタンフォードがゴールデン・スパイクを打ち込めば、東のユニオン・パシフィック鉄道と西のセントラル・パシフィック鉄道が結ばれます。

さあ、全米が待ち望む記念すべき一打を振り下ろしたスタンフォード！

しかし、なんとその一打は空振りに終わりました。なんともしまらない幕開けですが、それでもしっかりと「D-O-N-E」の4文字は、電報によって全米に伝えられたのです。

大陸横断鉄道の開通はアメリカ人にとって特別の意味をもっていました。南北戦争の悪夢が記憶に残るなか、この鉄道はアメリカが「ひとつになる」象徴だったのです。開通した知らせを受けた各地では祝砲が放たれ、あちこちの教会では祝いの鐘が打ち鳴らされました。

さて、開通式で派手に空振りしたスタンフォードはもともとニューヨーク生まれの

【リーランド・スタンフォード】
Leland Stanford
（1824－1893　アメリカ）
セントラル・パシフィック鉄道社長を務めたあと、カリフォルニア州知事に。スタンフォード大学創設者。

「最後の犬釘」1869年　トーマス・ヒル作

エリート弁護士です。彼はゴールドラッシュに沸くカリフォルニアにやってきたのち、雑貨屋の商売などを経て政治の世界へも足を踏み入れ、やがてセントラル・パシフィック鉄道の社長、そしてカリフォルニア州知事へと出世していきました。同じくこの地で財をなしたクロッカー、ハンチントン、ホプキンスとともに、この4人は「ビッグ・フォー」と呼ばれています。

ビッグ・フォーのおかげで完成した大陸横断鉄道の開通式、そこに「いるはずの男」の姿がありません。

「いなかった男」の名は**セオドア・ジュッダ**。彼はこの大陸横断鉄道の企画をリンカーンに訴え、実現させた功労者です。そんな彼の姿が開通式になかったのはどういうわけでしょう？

結論からいえば、大陸横断鉄道の功労者ジュッダはビッグ・フォーによって鉄道会社から「追い出されて」いました。彼は「仲間」だと思っていたビッグ・フォーから、会社を放り出されてしまったのです。

愕然とするジュッダですが、どうにもなりません。スタンフォードらは「資本の論理」というハンマーによって、ジュッダの夢を打ち砕きました。こちらのほうは空振りすることなく、確実に。

【セオドア・ジュッダ】
セオドア・D・ジュッダ
Theodore Dehone Judah
（1826－1863　アメリカ）
鉄道投資家。セントラル・パシフィック鉄道を計画した。

「連結決算」はアメリカの鉄道会社からはじまった

同じ鉄道でもイギリスとアメリカにひかれた線路には大きな差があります。イギリスの鉄道は直線が多く、アメリカの鉄道は曲がりくねって進むのです。どうやらそのちがいは「人件費と土地代」のコスト構造によるものでした。

イギリスの場合、土地代が高いことからできる限り「直線ルート」を目指そうとします。低い山や丘があれば削って道を通し、高い山があればトンネルをぶち抜きます。もちろんそのための人件費や火薬代などはかかるわけですが、土地代に比べれば安い、ということだったのです。

これに対し、土地代の安いアメリカは「山があれば避けて」通ることから、くねくねと湾曲した道のりになるのです。アメリカの場合、気になるのは人件費のほうです。アメリカの鉄道では人件費をできるだけ低く抑えたいことから移民労働者を多く使いました。

「線路は続くよ、どこまでも」という曲がありますが、これはもともとアイルランド移民が鉄道建設現場で口ずさんでいた曲です。オリジナル曲名は「I've Been Working on the Railroad」つまり「私は鉄道建設現場で働いている」。

当時、多くのアイルランド移民が鉄道建設や炭鉱をはじめとする建設現場で働いていました。過酷な労働現場において労働者たちはこのような〝ハンマーソング〟と呼ばれる労働歌を歌いながら仕事したそうです。

それは苦しさを紛らわし、そしてリズムをとって事故を防止するための歌でした。

大陸横断鉄道が完成して以降、東と西そして北と南、アメリカ全土に続々と鉄道が建設されていきます。

それらの線路はやがて「つながって」いきました。線路の「連結」は、レールに「標準」サイズがあったことで可能になりました。

各社のレールサイズがバラバラではつなげませんが、ジョージ・スティーブンソンが使用した「標準」サイズのレールがアメリカでも使用されたことで連結できるようになったのです。

そのうち鉄道会社は線路をつなげるだけでなく、会社そのものを「合併」する例も出てきました。経営を傾かせた鉄道会社が他社に「買収」されはじめたのです。

ユニオン・パシフィック鉄道の建設現場（1868年、アメリカ）

鉄道会社そのものがつながるようになると、決算書も「つなぐ」ことが考えられるようになります。

19世紀の末、アメリカの鉄道会社にて初めて「連結決算」が登場しました。

連結とはその言葉からしてすでに鉄道の香りが漂っていますが、本当に鉄道会社からはじまっていたのです。

鉄道の「つながり」がもたらした同質的都市の同時発生現象

立地調査から資金の調達、建設工事……鉄道は「開通するまで」の苦労がとても大きい事業です。

苦労はそれで終わりません。「開通してから」も難しい問題が次々と現れます。運行ダイヤの作成、安全の確保、駅間の通信……こ

Column

標準時間

鉄道会社に導入された「標準」はレールだけではありません。アメリカの鉄道会社は「標準時間」を採用しました。鉄道の登場以前、それぞれの都市は太陽の高さを基準に自ら時間を決めていたため、各都市の時計が微妙にちがっていました。このズレは鉄道運行の妨げになり、事故の原因になります。そこでイギリスの鉄道会社がすでに採用していたグリニッジ標準時を参考に、1883年、時差を含む「4つの地域別の標準時間」がアメリカの鉄道に導入されたのです。これによって運行ダイヤが作成しやすくなり、事故も大幅に減りました。

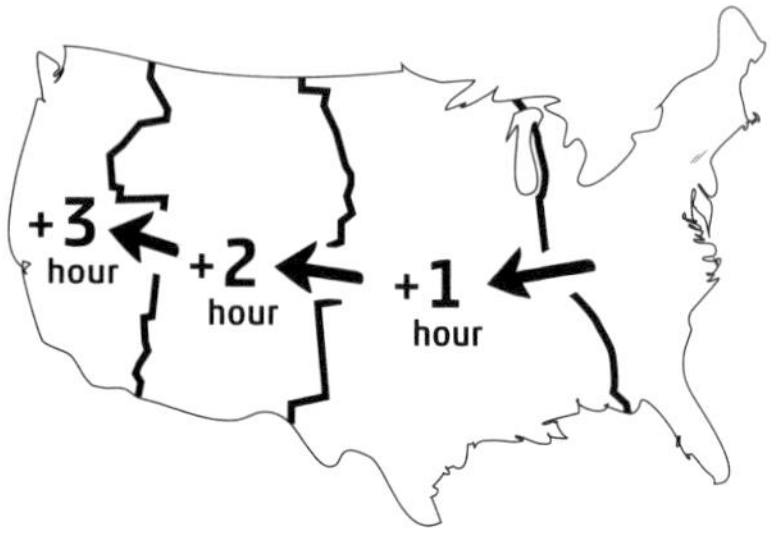

れらをすべてクリアしながら儲けねばならない鉄道経営は、すこぶる難易度の高い仕事です。しかもアメリカの鉄道会社は、ヨーロッパとは比較にならないほどの規模でそれを行わねばなりません。

鉄道会社はその複雑な管理を行うために「**管区**」を設定しました。これは路線をいくつかのエリアに区切り、そこに責任者を置いて管理する方法です。広いエリアを管区に「分ける」ことで管区ごとの収益性（原価・売上）を明らかにでき、また管区長の仕事と責任を明確にすることができます。

「分ける」ことで「分かる」ようになる——管区の成功はこののち、他の製造業へも影響を与えます。

「標準（Standard）」レールによって線路と会社をつないで連結する一方、広いエリアを管区に「分ける（Segment）」ことで管理した鉄道会社。これがうまくいったことで19世紀後半にはアメリカ中に鉄道が広がりました。

この一気の路線拡大が、アメリカにおいて新たな文化を生みました——それが「同質的な都市が同時に発生する」現象です。これはヨーロッパではみられませんでした。ヨーロッパの国々や都市は古い歴史と伝統にもとづく「それぞれの顔」をもっています。また貴族・平民などの市民の間に階級もあります。

【管区】
管区は日本の電鉄会社でも採用されています。日本の場合、すべての駅に駅長がいるわけではありません。「管区長」が複数の駅を統括することになります。

【管理会計】
英語では「マネジメント・アカウンティング」で、日本語に直訳すれば「経営会計」となるところですが、なぜか「管理会計」と翻訳されました。

しかしアメリカはちがいました。移民たちが「ヨーイドン」で国のしくみをつくったアメリカには面倒くさい階級がありません。鉄道によって同時期に都市ができあがり、似たような人たちが住み、同じような生活を営むのが19世紀アメリカ都市の特徴だったのです。

必然的にモノを売ろうとする製造業は「同質の製品を大量生産する」方向へ向かいます。そこでは職人気質の残るヨーロッパの製造業とは異なる手法がとられました。

製造現場からはじまった革新は工場の原価計算（Cost Accounting）の改革を経て、**管理会計（Management Accounting）**という新ジャンルを誕生させます。

もともと中世イタリアにおいて「自分のため」に行われた会計は、東インド会社のオランダ、産業革命のイギリス、投資家保護のアメリカへ進む

財務会計と管理会計

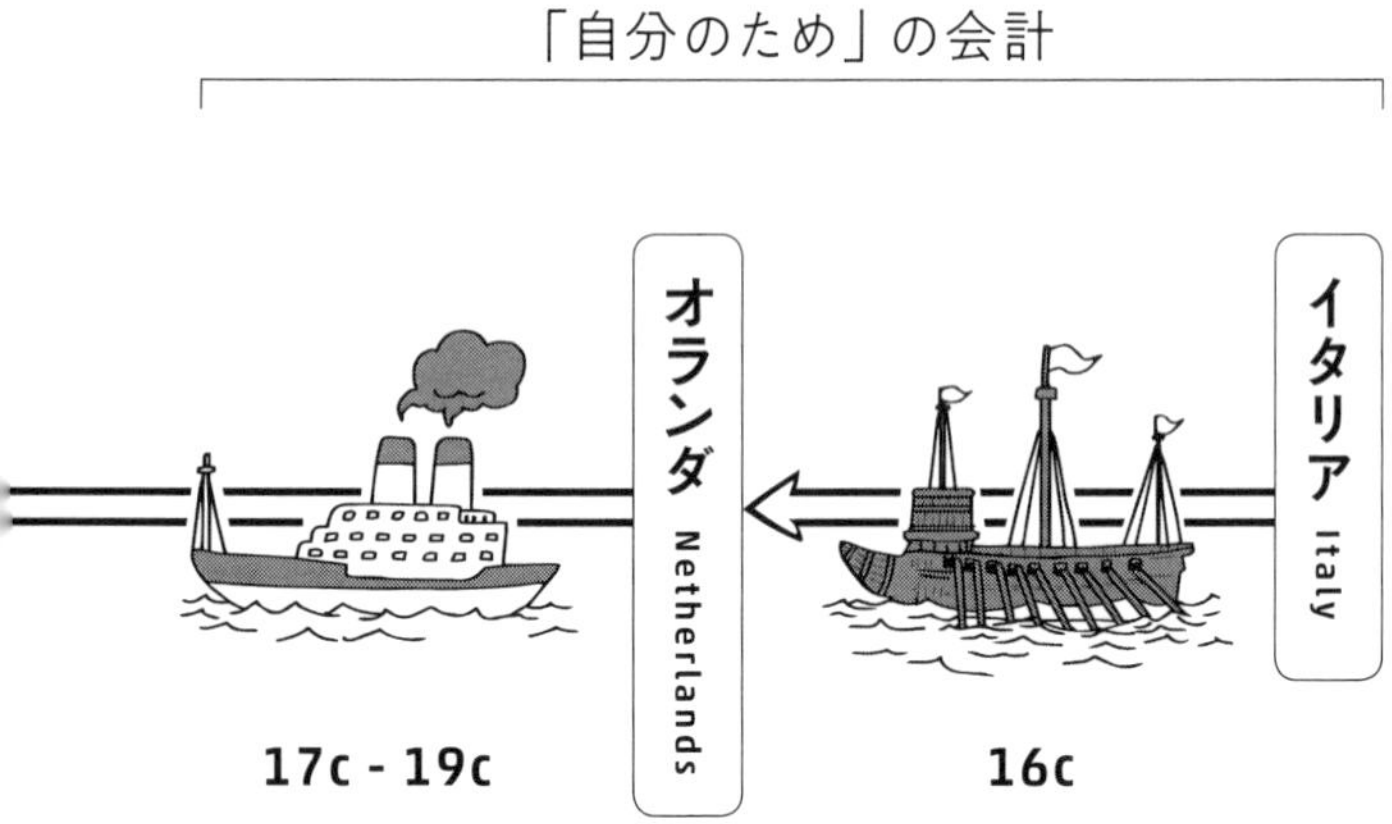

につれ、「他人のため」に行われるようになっていきました。

　これをいまいちど「自分のため」に引き戻そうというのが管理会計です。

　その起源は19世紀の鉄道社会からはじまっています。鉄道会社からはじまった原価計算や管理会計の流れが、やがて製造業へと受け継がれていきました。

　その移行・混じり合いに大きな役割を果たしたのがこれから紹介するカーネギーやロックフェラーです。彼らは貪欲なまでに鉄道由来の経営・会計手法を学び、それを自分の業界に持ち込んでいきました。

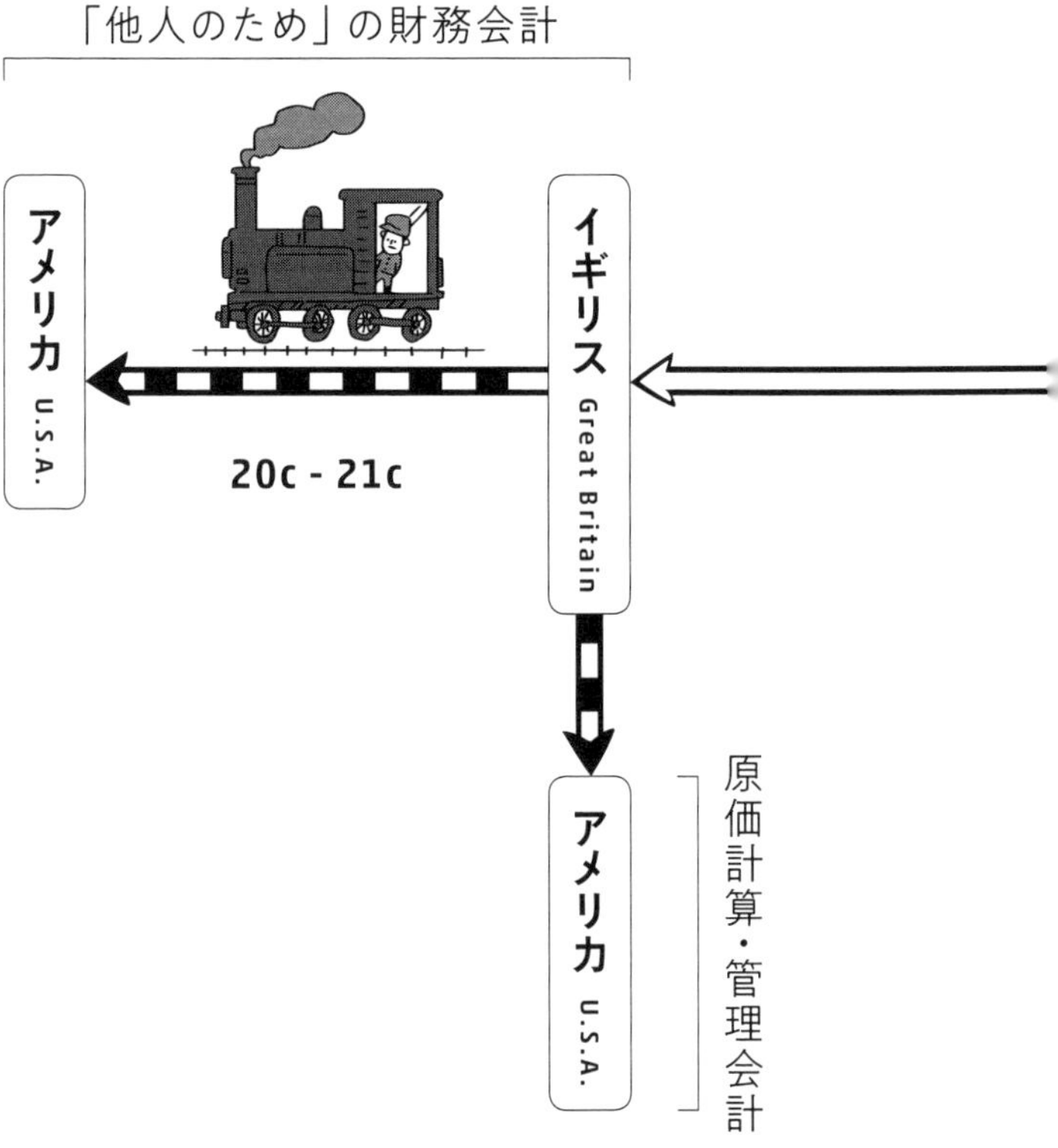

2 大量生産する工場の分業と原価計算

鉄道会社で会計を学び、鉄の会社を立ち上げた少年

「行ってきます！」

電報を手に、元気に駆け出していったアンディーはスコットランド移民の息子。毛織物職人だった父親が故郷で仕事を失い、一家揃ってアメリカへ渡ってきました。

貧乏だったため、アンディーも小さなうちから働きに出ます。

彼が見つけたのは電報会社のメッセンジャーボーイの仕事でした。

真面目で勉強熱心な彼は電信の勉強もはじめ、電気技師の実力もつけていきます。やがて彼は有名な「ペンシルバニア鉄道」で働けることになりました。ペン

シルバニア鉄道といえば名門鉄道会社です。アンディーはここで最先端の原価計算や経営管理について多くを学びました。

こうして電信会社と鉄道会社でしっかりと経験を積んで勉強したアンディー少年はアメリカを代表する鉄鋼王に成長します。

＊

アンディーこと**アンドリュー・カーネギー**はペンシルバニア鉄道にて上司トーマス・スコットから仕事の手ほどきを受けました。南北戦争においてスコットとカーネギーはリンカーンに請われて列車運行管理を担当しています。

親切なスコットはカーネギーに仕事だけでなく、〝インサイダー情報〟まで教えてくれました。カーネギーは株取引で資金を貯め、やがてそれを元手に自らの会社を立ち上げます。

カーネギーがはじめに立ち上げたのは鉄道用の鉄橋をつくるキーストン・ブリッジ・ワークス。彼は当時、木製の橋が落ちる事故が多発していたことに目を付けました。丈夫な鉄橋の製作は人命と安全にとって急務です。そこでカーネギーは高品質の鉄橋づくりをはじめたのです。彼の読みは当たり、鉄橋の注文が殺到しました。

【アンドリュー・カーネギー】

Andrew Carnegie

（1835－1919　イギリス・アメリカ）

実業家。のちのＵＳスチールを創業し「鉄鋼王」と呼ばれた。

そうすると次の課題は「大量生産」です。もともとアメリカには職人気質の熟練工がほとんどいません。だとすればド素人の職人でも働けるような工場にするしかありません。

「素人でも大量生産ができる工場」――その実現に向けてカーネギーは工場に「分業」を導入しました。

製作作業をいくつかの工程に分け、それに沿って作業者と機械を順番に配置しました。これはいわば鉄道「管区」の工場版です。またそこで働く労働者の作業は可能な限り「標準化」し、属人的な仕事ぶりを可能な限り排除しました。

つまりカーネギーの工場には鉄道会社で生まれた「標準＋分ける」思考が導入されたのです。こうしてヨーロッパ工房的な「熟練の職人が1人でつくり上げる」スタイルではなく、「複数の作業工が流れ作業を行う」アメリカンスタイルの工場が誕生していきます。

また鉄道業でしっかりと原価計算を学んだカーネギーは、工場の作業工程についてもきっちりコストを計算する「原価計算」を取り入れていきました。

「製鉄事業に従事して、私は、いろいろの製造過程で、一つの作業にどれだけ経費がかかるのか、いわゆる原価計算についで何もわかっていないのにひどく驚い

た。(中略) まるでもぐらが暗い土の中でもぐもぐやっているようなもので、私はこんなことではならないと思った。」

『カーネギー自伝』アンドリュー・カーネギー著、坂西志保訳、中公文庫 P148

南北戦争の戦場に供給された国産銃

カーネギーは「分業」と「作業の標準化」によって大量生産を行うシステムを〝初期〟に活用したひとりですが、これは彼がはじめたものではありません。カーネギー以前の経営者たちは慢性的な人手不足や働かない労働者の怠慢に困った末、少しずつ大量生産体制を考案していったようです。

いわゆる**「万博」**が世界で初めて開催されたのは1851年ロンドン万国博覧会ですが、このときアメリカ製の「銃」が人々の注目を集めました。その高い性能と低コストに驚いたイギリス人は「製造の秘密」を知りたがったらしく、アメリカに視察団を送り込んでいます。

視察したアメリカの銃工場ではすでに「標準化された製品の大量生産」が行われており、産業革命の本家イギリスの専門家たちも大きな衝撃を受けた模様です。

【万博】
わが国では1970年に開催された大阪万博が有名です。あの日本初の万博では太陽の塔が建設され、三波春夫が「世界の国からこんにちは」をテーマソングで歌っていました。

1850年代にはすでに「性能が高く、品質にバラツキがなく、大量生産できる」銃の工場が誕生していたのです。このようにして大量生産された銃が1861年開戦の南北戦争へ投入されました。性能の高い銃を、多量に、安くつくれる仕組みがアダとなって死傷者が増えてしまったのですから悲劇というほかありません。

銃の生産においては「互換部品制」がとられていました。工場では複数の部品パーツの組み合わせによって1丁の銃がつくられます。こうしておけば、もし不具合が出たとしても「その部品だけ」交換すれば修理が可能になります。またアメリカの工場では「標準化された作業」を人間から機械が行うように置き換えが進んでいきました。

以上のような「流れ作業・作業の標準化・互換部品制・機械化」などの特徴をもつアメリカ式生産システムは、「素人ばかりで、しかも人件費が高い」アメリカならではの、その制約を乗り越えるための工夫だったといえます。

この「素人でも高品質の製品を大量生産できる」アメリカン・システムは南北戦争ののち、カーネギーの製鉄業はじめ多くの製造業に導入され、同時多発的に誕生した巨大マーケットを相手にしたモノづくりを可能にしました。

こうした環境のもとで**フレデリック・テイラー**の「科学的管理法」はイギリスではなく、アメリカで生まれてきました。線路を迂回させても平気なくらい土地は安いが、人件費が高いアメリカ——そこで経営者の関心が「人件費」と「労働者の管理」に向かっていったのはごく自然のなりゆきだったのです。

フレデリック・テイラーと会計の接点

経営学の分野で有名なフレデリック・テイラーですが、彼が〝意外にも〟会計分野で活躍していた経歴はほとんど知られていません。

テイラーはカーネギーが活躍したペンシルバニアの地にて、鉄鋼会社に入社しました。その後、コンサルタントとして独立しますが、そこで鉄道会社向け部品製造を行うジョンソン社から、会計システム構築の仕事を受注します。

おそらく、独立したばかりの彼はまず〝手堅く〟会計分野でカネを稼ぎ、そのあとで自分のやりたい研究に進むつもりだったのでしょう。

ここで彼はかなり会計の勉強をしたようで、「テイラー式会計システム」を完成させました。これはすぐれものでした。彼は文書フォームを「標準化」することで、工場の原価から損益まで正確かつ迅速に計算できる仕組みをつくりました。

この仕事においてテイラーがジョンソン社へ「作業分析」の実施を進言していることからわかるように、このときすでに組織的怠惰（集団的サボり）問題を意識していま

【フレデリック・テイラー】
フレデリック・ウィンズロー・テイラー
Frederick-Winslow Taylor
（1856－1915　アメリカ）
技術者、経営学者。「科学的管理法の父」と呼ばれる。

す。

テイラーの注目した「労務費」は、「材料費」と並んで大きな製造コストでした。テイラーは作業の詳細な分析から時間内に終えるべき「課業（task）」を設定し、高い生産性を達成した者には高い賃率を与える「差別的賃金制度」を主張しました――これがご存じ科学的管理法です。

ところで当時の工場には、材料費、そしてテイラーの注目した労務費のほか「第3のコスト」が存在感を増していました。それが減価償却費です。工場のなかに機械が増えるにつれ、コストに占める減価償却費の割合が増えていきます。この減価償却費という固定費は経営者の頭を悩ませました。

材料費と労務費は「製品1個いくら」で発生するので簡単に計算できますが、減価償却は「期間いくら」で発生するので、「製品1個いくら」にまで落とし込まねばなりません。これを「配賦計算」といいます。

「何を基準に、どうやって配賦するのか？」はかなり難しい問題であり、その方法いかんによって製品原価が変わってしまいます。

当時の原価計算の担当者は配賦計算について試行錯誤を繰り返していましたが、テイラーはこの配賦計算についても独自のアイデアを提案しています。

悩ましい減価償却費の配賦

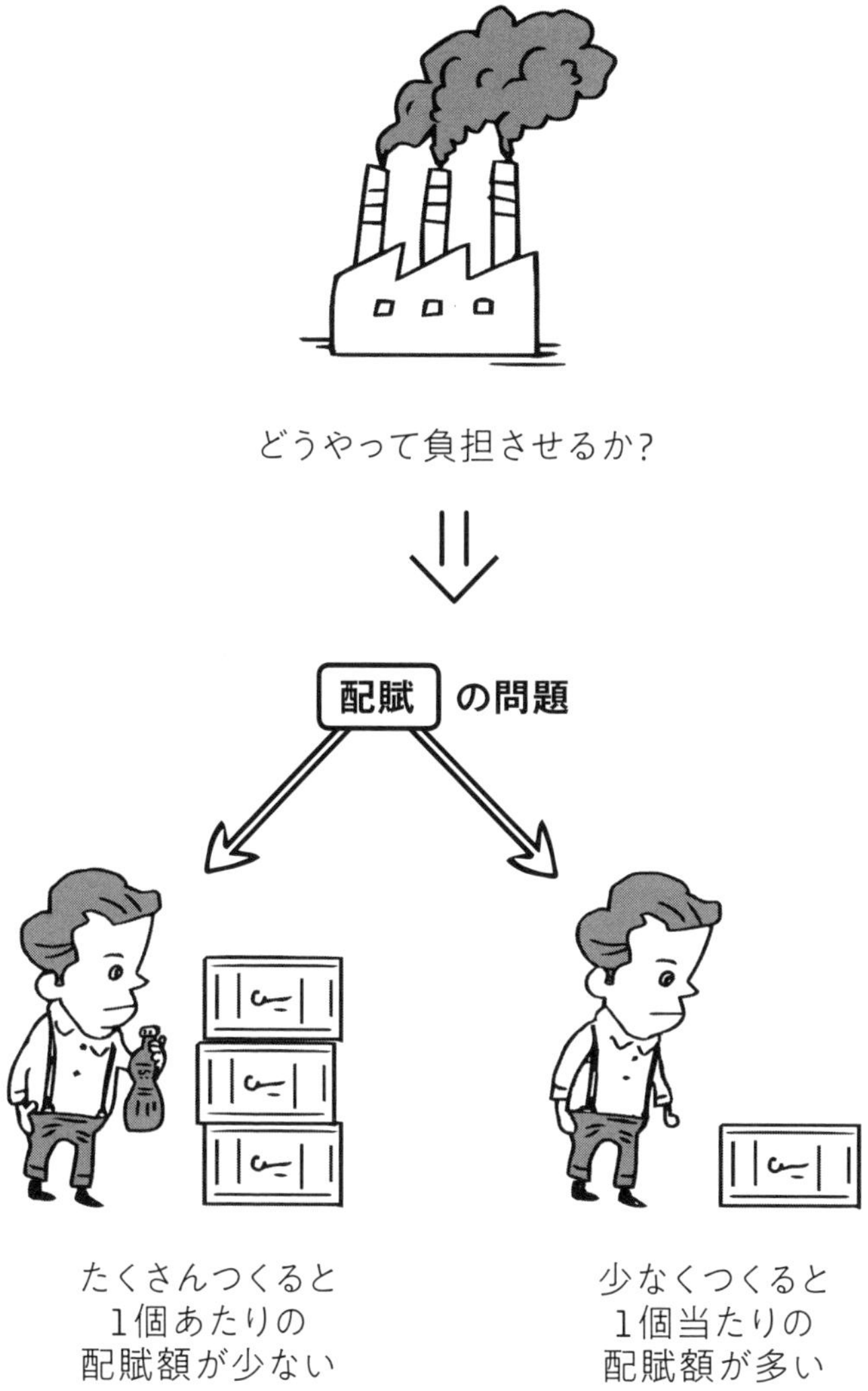

テイラーはまちがいなく原価計算の黎明期においても第一人者と呼びうる人物です。しかし彼の研究は「組織的怠業とその解決」へと集中的に向かい、会計分野への関心は薄れてしまったようです、残念ながら。

工場に機械が増えたことで生じた「新たな問題」

ちっぽけな工場であればともかく、複数の製品を、複雑な工程を通してつくる大型工場の場合、さまざまなコストをどうやって製品原価まで落とし込むかの手順を考えねばなりません。このための仕組みが「原価計算」です。

材料の仕入れ先、労働者への給料、機械の購入先……それらをきちんと記録・計算すれば年間のコストは明らかになりますが、それだけでは不十分です。

製造業で重要なのは「製品1個つくるのにコストがいくらかかっているのか？」。これが計算できないといくらで売っていいのかわかりません（売価決定）。また、売上原価の計算ができないので粗利を出すこともできません。

原価計算は製造業にとって数字の生命線です。その仕組み自体は古くから存在しましたが、減価償却費を含む近代的な計算の枠組みが確立したのは19世紀末アメリカでのことです。

外部との取引を記録することから一歩進んで、原価計算という内部の「製品原価」計算するようになった会計の仕組み。外部記録から内部計算へ――この原価計算は会計の歴史にとって大きなターニングポイントになりました。

ここから企業会計は外部報告の財務会計と内部利用の管理会計の「**2本立て**」になっていきます。

さて19世紀、機械化が進んだ製造業に話を戻しましょう。固定費たる減価償却費の割合が大きくなればなるほど、何個生産するかによって製品原価が変わってしまいます。配賦金額は、たくさんつくればつくるほど1個当たりが「薄く」なるので、「たくさんつくれば製品原価が安くなる」のです。

「たくさんつくるほど製品原価が下がる」――この「薄まり効果」に気付いた経営者はこぞって大量生産を行います。ライバルも同じことを考えるので供給過多が発生、それが販売価格の低下を招きはじめました。19世紀後半のアメリカではあちこちの業界でかなり激しい価格競争が勃発しています。

巨大な設備と売れない在庫を抱えて四苦八苦する経営者たち――そんな彼らを狙い撃ちにする「乗っ取り屋」が登場してきたのです。

【2本立て】

一般には財務会計を学んだあとに管理会計を学ぶ人が多いのですが、財務会計の段階で挫折してしまうと管理会計まで届きません。これはたいへんもったいないことです。日本人は簿記よりも、増益のための管理会計をもっと学ぶべきであると思います。

3 ライバルを潰しながら巨大化する企業

ゴールドラッシュで儲けそこなった人、儲けた人

1848年カリフォルニア。

かつてインディアンと呼ばれた先住民族たちが「美しい丘」と呼んだシエラネバダ山脈のふもと。

製材所の水門を閉め、放水路を確認して歩くジムの目が止まります。

そこには太陽の光を受けてキラリと光るものがありました。

これを拾って製材所に持ち帰ったところ、みんなが騒ぎはじめます。

「これはもしかして金じゃないか？」

ジムは急いで上司サッターのもとへ駆けました。

「ボス、金が出ました！」

これを聞いたボスのサッターも大興奮──これがゴールドラッシュの始まりです。

＊

「サッターの製材所から金が出た！」との噂はすぐに伝わり、やがて一攫千金を狙う者たちが続々とこの地に押し寄せます。このカリフォルニアへの大移動が１８４９年からはじまったことから、彼らは「フォーティーナイナーズ（'49）」と呼ばれました。

金の第一発見者のジムと、その土地の所有者のサッター、彼らは億万長者になって幸せに暮らしましたとさ──とはなりませんでした。

神様はこの２人に残酷な運命を用意したのです。ジムは荒くれ者につけ狙われた挙げ句、貧乏なまま亡くなりました。

土地の所有者サッターは土地の権利を主張するも無視され、息子たちを暴徒に殺害されたうえ、自身も報われぬまま亡くなっています。

遠路はるばるやってきたフォーティーナイナーズもほとんど幸せになれませんでした。金が採れたのは最初のうちだけだったからです。

これに対し、雑貨屋を営んでいたサム・ブラナンは「金が出た」と噂を聞くやいなや、ありったけのショベル・桶・テントなどを買い占め、これをフォーティーナイナーズに売って大きな儲けを手にしました。本章のはじめに登場したリーランド・スタンフォードも同じく雑貨屋で大儲けしています。

サンフランシスコの雑貨屋リーバイ・ストラウスは、金を掘りに来た人々へ向け、丈夫な作業ズボンを売りつけ、これまた大儲け。これがご存じ「リーバイス」のルーツです。

ブラナンもスタンフォードもリーバイも、自ら金を掘るのではなく、金を掘る人々を相手に商売することで成功したのです。「ブームへ急ぐ」のではなく、そこで一呼吸おいて儲ける方法を考える——どうやらこれが商売を成功させる秘訣のようです。

この「儲けの黄金法則」は再び10年後に繰り返されることになります。

バランスシート右下を握った奴が勝つ

1859年タイタスビル。

「ガッシャー!」の叫び声とともに、「黒い液体」が地下の深くから現れました。あたりにいる男たちがいっせいに騒ぎはじめます。

この液体こそ待ち望んだロック・オイル（＝石油）にちがいありません。

ここタイタスビルの田舎で石油掘りに挑んだドレーク〝大佐〟、資金ショート寸前での逆転劇でした。

「石油が出た」という知らせが伝わると、アメリカ中から「一発狙った石油掘り」がこの地に押し寄せます。そのなかには金を掘りそこねた「元フォーティーナイナーズ」もいました。

街は土地の売買を求める人でごった返し、現場の谷には次々と石油やぐらが組まれました。

*

これには「石油掘り」の**ドレーク**を〝大佐〟とバカにしていた街の人も驚きを隠せません。

石油を掘り起こしたドレーク大佐、幸せな老後を送りましたとさ――とはなりませんでした。

彼はパートナーの出資者から「追い出されて」しまったのです。哀れな発見者はわずかな年金によって寂しい老後を送ります。彼の死のあとになって建てられた記念碑には「彼は財産や名声を望まず、この国の産業的基礎を築いて静かに眠った」と記さ

【ドレーク】
エドウィン・L・ドレーク
Edwin Laurentine Drake
（1819－1880　アメリカ）
「ドレーク大佐」として知られる実業家。アメリカ人として初めて石油の採掘に成功した。

れました。

カリフォルニアで金を発見したジムと土地所有者のサッター。
タイタスビルで石油を発見したドレーク。
大陸横断鉄道を企画立案したジュッダ。

彼らは揃いも揃って不幸な晩年を送ることになりました。
アメリカという国において「本物の開拓者」は恵まれない運命にあるのでしょうか。

一方で儲けているのは「一呼吸おいて儲ける方法を考えた者」なのです。
彼らはゴールドラッシュの時の雑貨屋・ジーンズ屋のごとく「急いで駆けつけた者」を相手に商売します。また、彼らはときに開拓者が実らせた果実を「資本の論理」によって合法的に強奪します。

ここでいう「資本の論理」とは、「バランスシートの右下を握ったヤツが強い」ということです。株を握ればその会社を支配することができます。経営者だろうが開拓者だろうが、株主の意向でクビにできるわけです。

さて、石油の出たタイタスビルに話を戻します。

ここで石油を掘った者たちはその埋蔵量の多さに驚喜しました。しかしその豊富な採掘量こそが落とし穴だったのです。採られすぎた石油の価格は、みるみるうちに値下がりしました。ゴールドラッシュと同じく「最初に駆けつけた者」はやはり儲からなかったようです。

そんな様子を腕組みしながら見ている男がおります。彼は「石油が出た」という知らせを聞いても動かず、その価格が値下がりするのをじっと見守っていました。

彼こそがのちの石油王、**ジョン・ロックフェラー**です。

【ジョン・ロックフェラー】

ジョン・デイヴィソン・ロックフェラー・シニア
John Davison Rockefeller, Sr
（1839－1937　アメリカ）
実業家。スタンダード・オイルを創業し、巨大コングロマリットに育て上げた。「石油王」と呼ばれる。

「簿記係」が誕生させたスタンダード・オイル

若き日のロックフェラーはもともと「簿記係」でした。

学校で簿記を学び、商事会社に経理係として入社したジョン。しかしながら彼は「経理マン」にしてはかなり山っ気が強く、相場を張るのが大好きな男でした。

彼は石油に強い関心を示します。しばらく石油価格を見守るうち、「これではダメだ、掘りすぎで儲からない」と直感しました。

いくら「湧き出る」といっても、石油製品として消費者に届けるためには精製し、輸送することが必要です。これらのコストを考えると、どう考えても価格が安すぎる。掘った石油を自ら捨てる業者まで現れるのを見たロックフェラーは　業界全体を把握し、価格や品質を自ら管理することが必要だと考えます。

彼はライバルが多い石油採掘には手を出さず、掘った石油を精製する事業からはじめました。彼もスタンフォードやリーバイスと同じく、少し離れたところからビジネスをはじめたわけです。

石油精製の事業で成功した彼は、すぐさま100カ所を超える精製所を買収していきます。

価格競争を避けるには「ライバルを潰す」のがもっとも手っ取り早い方法です。ロックフェラーの買収はライバルを買収する「水平的統合」からはじまりました。水平的統合は販売価格をコントロールするには一番の方法です。

それが一段落つくと、次に彼は下流の販売会社などを買収する「垂直的統合」へ乗り出しました。こちらの垂直的統合では上流から下流までを支配しつつ、コストを下げることに主眼が置かれます。

水平的統合でライバルを潰しつつ、垂直的統合でグループ全体のコストを引き下げる。

ロックフェラーは経済力と政治力をフルに使って「90%支配をしてもなお残り10%に全力をあげる」ごとき買収を繰り返しました。そこではずいぶん荒っぽい手口も使われたようです。

「潰し屋」とあだ名されたロックフェラーですが、彼の独占には良い面も多々ありました。まずは石油製品の価格を安定させたこと、そしてもうひとつは石油製品の品質を向上させたことです。これがアメリカ経済を発展させ、市民生活を豊かにしたことはまちがいありません。

彼こそは石油業界に規模の利益＝スケールメリットを持ち込み、「良いモノをより安く」を体現した人物といえるでしょう。腕ずくで業界を支配し、そのうえで製品の品質を高く保ち、価格を安定させる。

「これがスタンダードだ！」——彼の思いはそのまま「スタンダード・オイル」という社名になりました。この会社が設立されたのは大陸横断鉄道が誕生した翌年のことです。

持株会社グループの全体を明らかにする「連結」

ロックフェラーはライバル会社を買収しつつ、そこにトラスト（信託）を組んで株主から議決権を取りあげました。しかしながらこの「独占」ぶりが政府の怒りを買い、彼のトラストは解体を命じられます。これによってスタンダード・オイルは１８８９年「持株会社」へ組織変更することになりました。

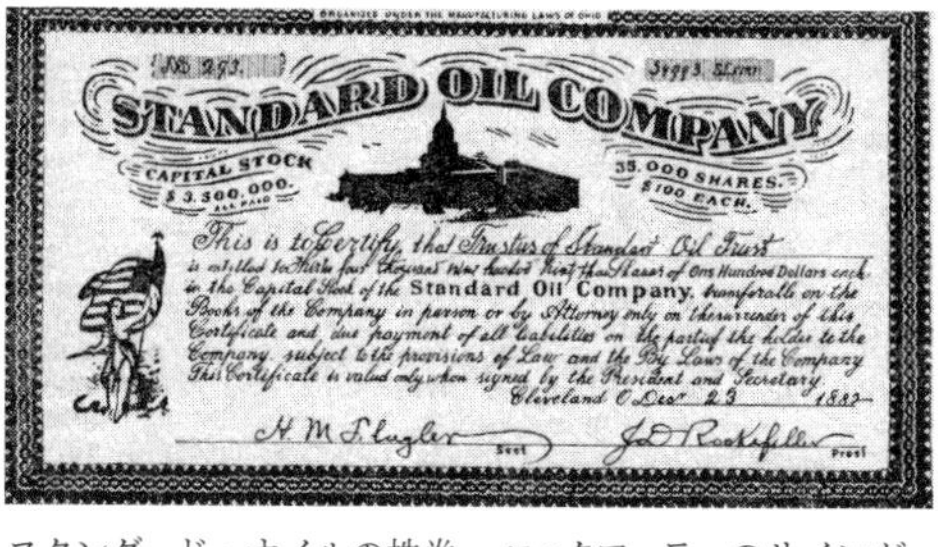

スタンダード・オイルの株券。ロックフェラーのサインが入っている（1882年、アメリカ）

同じころ、ロックフェラーのほかに買収王として名をはせた人物が**J・P・モルガン**です。彼は経営難に陥った鉄道会社を狙い撃ちしました。イギリス資本をバックにつけた銀行家J・P・モルガンは、ずさんな計画や経営によって経営難に陥った鉄道会社を次々と買収します。所有権を握りつつ経営再建させるその手法はいつしか「モルガニゼーション」と呼ばれるようになりました。

石油のロックフェラーやJ・P・モルガンの登場によってアメリカの「企業集中運動」が幕を開けます。

この時期に誕生したアメリカの巨大コングロマリットには「大げさな社名」が目立ちます。

たとえばUS、アメリカン、ゼネラル、ユナイテッド、ナショナル……こうした社名のついた会社のほとんどは業界を支配するため、買収に次ぐ買収で「規模」の拡大を目指しました。

また、大げさな名前の付いたコングロマリットの多くはトラスト禁止法との関係で「持株会社」形態をとりました。トップに位置する持株会社（Holding Company）は業務を行わず、グループ各社の株を保有するだけです。それに傘下の子会社（Subsidiary）を加えた全体が「グループ（企業集団）」です。

【J・P・モルガン】
ジョン・ピアポント・モルガン
John Pierpont Morgan
（1837−1913　アメリカ）
経営難の会社を次々と買収・再建し、銀行、鉄鋼事業を含むモルガン財閥を築いた。

スタンフォードが社長を務めたセントラル・パシフィック鉄道も他の鉄道会社を買収して大きくなっていった会社です。彼をはじめとするビッグ・フォーは大陸横断鉄道建設のためにペーパー・カンパニーを設立、この会社に鉄道工事を水増し発注していました。彼らはグループ会社を利用して、自らの懐へ金が流れる巧妙な仕組みをつくっていたのです。ときにグループは不正経理の温床になります。

「わざと」行われる不正はともかく、複数の会社によってグループが運営されるようになると、優秀な経営者でも「全体の業績」がわからなくなります。そこでグループ全体の状況を明らかにすべく、「連結」することが考えられました。

すでに連結決算を行っていた鉄道会社にならい、製造業のコングロマリットも連結決算をはじめました。

「連結」は、もともと経営者が内部を管理するためのものでしたが、やがて株主・投資家への情報としても大きな意味があると認識され、外部報告にも取り入れられていきました。

それ以降、決算書は「連結バランスシート・連結損益計算書」となります。現在はグローバル化によってキャッシュフロー計算書が加わったことで「連結バランスシート・連結損益計算書・連結キャッシュフロー計算書」の3本立てが決算書の〝世界標準〟となっています。

世界標準の決算書体系

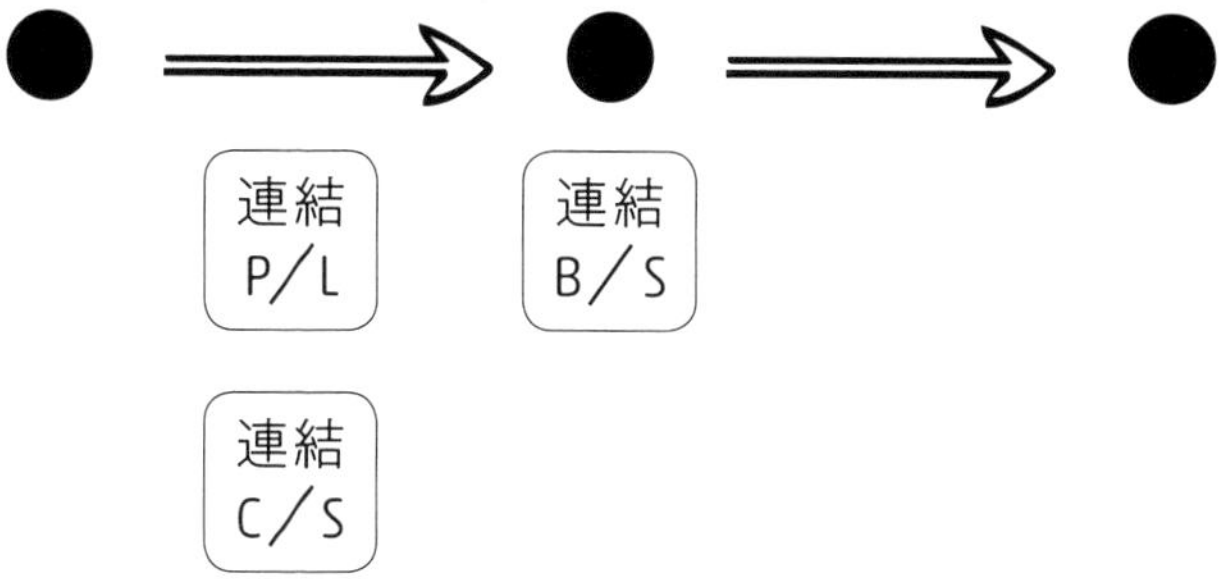

4 南部から北部へ旅立つ コカ・コーラとジャズ

元南軍〝ドクター〟気合いの大勝負

アメリカ南部の「アトランタ」。

もともとウエスタン&アトランティック鉄道がこの地に「ターミナル駅」を置いたことにちなんで「ターミナス（Terminus）」という地名でしたが、これではあまりに芸がなさすぎるということか、のちにアトランティックの女性形「アトランタ」に改名されました。

このアトランタは南北戦争の重要な軍事拠点であり、また交通の要衝でもあったことから北軍によって徹底的に破壊されました。しかし終戦後は「不死鳥の街」と称されるほどの復興を見せます。

南北戦争を戦った兵士たちは銃を商売道具に持ち替えてこの街にやってきます。

〝自称ドクター〟**ペンバートン**もそんなひとりでした。

彼は商売で一発当てるべく「元気が出る飲料づくり」に取り組みます。ペルーのコカの葉を煎じ、これにアフリカのコーラ・ナッツを調合すればきっとうまくいく。彼は全財産を投じ、研究に没頭しました。

当時のアメリカには〝自称ドクター〟がたくさんおり、長寿、消化、強壮などの効き目をうたう薬が大流行していました。ちなみにジョン・ロックフェラーの父親も〝自称ドクター〟でした。自称ドクターやあやしげな薬が多かったのは、当時のアメリカで医者が少なかったこと、そして急な都市化によって人々のストレスが溜まっていた背景があるようです。

「元気が出る飲料づくり」を目指したペンバートン、彼は長い研究の末、とうとう「黒い液体」を完成させました―― これがアメリカ史に残るブランド飲料、コカ・コーラです。

「これは絶対売れる」と確信したペンバートンは意気揚々とコカ・コーラを商標登録します。

ただこのときすでに資金が底をつきかけていた彼は「謎の奇行」をとってしまいま

【ペンバートン】
ジョン・スティス・ペンバートン
John Stith Pemberton
（1831―1888　アメリカ）
アトランタにてコカ・コーラを発明した化学者、薬剤師。

す。彼は友人2人から巨額融資を受ける見返りに、コカ・コーラの権利の3分の2を「1ドル」で売却してしまいました。この取引によってコカ・コーラの権利は迷走をはじめます。

結局、この権利を手にしたのはエイサ・キャンドラーです。あわれペンバートンとその息子は、「資本の論理」によって会社から追い出されました。意気消沈のドクター・ペンバートン、コカ・コーラでは「元気が出ない」ほど寂しい晩年を送ったようです。

アメリカン・ブランドの誕生

敗戦の痛手から立ち上がったアトランタ、そこで生まれたコカ・コーラの権利を買い取ったエイサ・キャンドラーは、コカ・コーラをこの街で売ることしか考えていませんでした。南部のあちこちにはソーダ・ファウンテンという売店があり、そこで冷たい炭酸飲料が5セントで売られていました。

そんなコカ・コーラ社長、キャンドラーのもとに起業家2人がやってきます。

「コカ・コーラをボトル詰めして売らせてください」

エイサは、「どうぞ」と簡単に許可を出しました。たぶん瓶詰めコーラなど売れないだろうし、仮に売れたとしても原液を売って儲けることができる――そう考えた彼は、ボトリングの権利を2人にそれぞれ「1ドル」で売却しました。

この契約は本人たちが意識しないうちに「アメリカ史に残る権利売却」になりました。

のちにコカ・コーラがバカ売れするに及び、彼らは「コカ・コーラを瓶詰めして売る権利」を他の業者に又貸ししました――これが**「フランチャイズ契約」**のはじまりとされています。

瓶詰めコーラは、そのユニークな瓶のデザインもあって大ヒット。しかしその価格はずっとソーダ・ファウンテンの「5セント」のまま据え置かれました。誰でも飲める安さがコカ・コーラの魅力だったのです。

それに加え、コカ・コーラを製造した各地のボトリング会社が「同じ味」のコーラを製造できたこともポイントです。「アメリカのどこでも同じ味のコーラを飲める」ことを実現するため、各工場のボトリングについて「品質管理」が徹底されたのです。

正しい原料を使って、正しい手順でボトリングを行い、正しく保存・輸送する。すべてに「標準」を定め、それを工場に徹底させることで同じ味のコーラがつくれるようになりました。

【フランチャイズ契約】

商標、ノウハウなどを提供するフランチャイザーと、その提供を受けるフランチャイジーによって結ばれる契約。外食産業、小売業、コンビニエンスストア、学習塾など数多くの業種に広がっています。

かくしてカーネギーとロックフェラーの工場で編み出された「標準品の大量生産」手法は、コカ・コーラにおいて一層の進化を遂げたわけです。標準的な作業の手順は「業務マニュアル」にまとめられ、すべての工場に導入されました。これによって遠隔地でも品質を落とさず大量生産できるようになったのです。

あとは製品を消費者に知ってもらうために、派手な広告を出して売りまくるだけ。こうした「安く・広く」売るコカ・コーラ的な売り方はアメリカン・ブランドの特徴となっていきます。

ヨーロッパのブランドが「高く・狭く」売るのを得意とするのに対し、アメリカのブランドは「安く・広く」派手な広告とともに売るのがその特徴です。その伝統はのちにマクドナルドやＧＡＰなどへと受け継がれていきます。

南部ディキシーで生まれたジャズが北部シカゴへ

南部で生まれ、北部へと広がっていったコカ・コーラ。

他にも、同じく南部から北部へと伝わり、ファンを増やしたものがあります。

綿花栽培をする黒人奴隷たち（1878年、アメリカ）

――それがブルースとジャズです。

南部のミシシッピ川沿岸にはミシシッピ・デルタと呼ばれる綿花栽培が盛んな地域があります。南北戦争後に奴隷から解放された黒人たちはこの地にて綿花摘みの仕事をしていました。灼熱の太陽の下で行われる過酷な労働。

農園あるいは夜の酒場で、彼らは歌うことで苦しさをまぎらわしていました。そこから生まれてきた魂の叫びがデルタ・ブルースです。これはギターとハーモニカを用いて演奏する〝初期ブルース〟として知られています。

それからミシシッピ川河口の街ニューオーリンズでは**ジャズ**が生まれました。ジャズもまた黒人やクレオール（混血）たちの音楽がもとになっています。

労働現場のワークソングや黒人霊歌、ラグタイムなどがごちゃごちゃに入り混じってジャズの原型ができあがってきたのは、ちょうどコカ・コーラが誕生したのと同じ時期でした。

ニューオーリンズで発展した初期のジャズは「ディキシーランド・ジャズ」と呼ばれます。これをそのままバンド名にしたオリジナル・ディキシーランド・ジャズ・バンド（Original Dixieland Jazz Band）は、ジャズ界で初のレコードを発表し、全米にジャ

【ジャズ】

ジャズが誕生した19世紀末、ニューオーリンズではＪａｚｚではなくＪａｓｓとつづられていました。Ｊａｓｓは黒人の間で、女性器や性行為を意味する隠語だったようです。もともとニューオーリンズの売春街酒場で演奏されていたのがＪａｓｓであり、これが20世紀になってＪａｚｚになったようです。

ズを広げる役目を果たしました。

ディキシーで生まれたブルースやジャズなどの音楽は、いずれも貧しい黒人奴隷や移民たちによって生まれています。はるかアフリカからやってきたアフリカン・リズムとアイルランドのケルト・メロディーなどさまざまな音楽が労働の現場などで出合い、ディキシー独自の曲を生み出しました。

コルネット、トロンボーン、クラリネットなど、南北戦争の関係者が売りさばいた楽器によって演奏されたニューオーリンズのディキシーランド・ジャズ。

ジャズはミュージシャンたちの移動によって南部のニューオーリンズから北部のシカゴやニューヨークへと伝わります。場所的な広がりだけでなく、ジャズ、ブルース、ゴスペルなどなど、さまざまな音楽が混じり合い、影響し合い、リズム・アンド・ブルースやロックンロールといった素晴らしい音楽を誕生させました。アメリカは食事については建国以来、ハンバーガーくらいしか生み出せなかったと揶揄されますが、こと音楽については素晴らしいジャンルをたくさん誕生させています。

それはともかく、ディキシーに続いてジャズが花開いた20世紀初めのシカゴは会計の歴史を語るうえでどうしても触れねばならない場所です。次章からシカゴを舞台にした音楽と会計の物語がはじまりますので、楽しみにお待ちください。

偉人たちの晩年

鉄道の広がりによって巨大なマーケットが同時に立ち上がった19世紀アメリカ。そこでは「標準」によって大量生産を行う工場が登場し、一方で「乗っ取り」によって一儲けをたくらむ男たちが現れる荒っぽい時代でした。

主役の鉄道会社からは原価計算や連結会計が生まれます。

そして南部の街ではブルースやジャズといった音楽が生まれました。

会計と音楽の世界において新ジャンルを生み出したアメリカは、この両分野でヨーロッパをしのぐ「先進国」となっていきます。

ところで本章では「3人の不幸な開拓者」を紹介しました。

大陸横断鉄道の発案者ジュッダ、石油を掘り当てたドレーク、コカ・コーラを発明したペンバートン。

この3人のパイオニアは、揃って会社を追い出されています。

彼らを追い出したスタンフォード、カーネギー、ロックフェラーは「資本の論理」を熟知しており、バランスシート右下を握りつつ、左の資産を増やすことに成功しました。そんな彼らの晩年はいかなるものであったか、ご紹介しておきましょう。

大陸横断鉄道の開通式で「空振り」したリーランド・スタンフォードは、「リーランド・スタンフォード・ジュニア大学」という〝息子の名前〟にちなんだ大学を設立しています。

夫妻が待ち望んだ末に誕生した1人息子（Little Child）は幼少のころから病気がちで体調がすぐれず、若くして静養先のフィレンツェで亡くなりました。夫妻は大いに息子の死を嘆きます。

その悲しみを癒やすべく、「アメリカ中のわが子のために」と大金を投じて〝息子の名を付けた〟大学を設立しました。

鉄鋼会社のアンドリュー・カーネギーは晩年、有名な篤志家となりました。彼はカーネギー工科大学（のちにカーネギーメロン大学）をはじめ、いくつかの大学設立にかかわっています。

ニューヨークのマンハッタンにつくられた「カーネギー・ホール」は音楽の聖地として有名な存在です。ミュージシャンたちにとってその舞台に立つことはたいへんな名誉になっています。

敬虔なプロテスタントだったジョン・ロックフェラーはバプティスト系の「シカゴ

大学」の再興に大金を投じました。

かくして本章の偉人たちは、皆、揃いも揃って後進のための大学を設立しています。そういえば中世イタリアで財をなしたコジモ・メディチもプラトン・アカデミーをつくっていました。どうやら「若き才能に学びの場を提供する」のは時代と場所を問わない伝統のようです。

もしかしたら、〝荒っぽく〟仕事した人ほど、その贖罪として若人を育てたくなるのかもしれません。

本章に登場したなかでもっとも稼ぎ、世界一の富豪と呼ばれたジョン・ロックフェラーは生前、100歳まで生きたいと語っていました。残念ながらもう少しというところで願いは叶わず、97歳でその一生を終えています。

病床のロックフェラー、次章に登場するヘンリー・フォードにこう声をかけます。

「また天国で会おう」

それに対してヘンリー・フォードはこう返しました。

「あなたが天国に行けたらね」

第8章

20世紀アメリカ ―管理革命―

「聖者の行進」

When the Saint Go Marching in

1913年、大晦日のニューオーリンズ。

「頼むよ、もうしないから、離してくれよ」

しかし少年の手を強く握った警官は押し黙ったままです。彼がその手を離さないのは、もしかしたら少年が黒人だったからかもしれません。


捕まったのは「ディッパー（ひしゃく口）」と呼ばれる少年。彼はこの街によくいる路上合唱団、4人組のなかの1人でした。小遣い目当ての彼らにとって大晦日は稼ぎ時。いつもより懐が暖かくなったディッパーは家からこっそり持ち出した拳銃で祝砲をぶっ放しました。


そんな上機嫌の彼らの前に、突然、警官が現れたのです。

「お前たち、そこで何をしている！」

他の仲間は慌てて逃げましたが、彼だけが逃げ遅れました。あわれ捕まったディッパーは大好きな母親のもとに帰れず、警察のカビくさい独房で新年を迎えることになったのです。

1 シカゴからはじまった ジャズと管理会計の100年史

ニューオーリンズからシカゴへ

〝ディッパー〟こと**ルイ・アームストロング**は1901年、20世紀を迎えたばかりのニューオーリンズで生まれました。彼は小さいころに銃を発砲した罪で警察に捕まり、少年院に入れられます。

その少年院でルイの人生に奇跡が起こったのです。キッカケは少年院バンドのリーダーから言われた「君もやってみないか?」の一言でした。

ニューオーリンズはもともと18世紀初頭にフランスの植民地として築かれました。ルイ15世側近のオルレアン公にちなんで「ヌーヴェル（新）・オルレアン」と名付けられ、

【ルイ・アームストロング】
Louis Armstrong
（1901－1971　アメリカ）
「サッチモ」の愛称でも知られる。アメリカの「ジャズ・エイジ」を代表するミュージシャン。

のちに「ニューオーリンズ」になっています。

街はミシシッピ川の河口にあり、それはカナダ国境に近い源から流れる大河がミシシッピ・デルタを経てメキシコ湾に届くあたりです。アメリカ深南部のうだるような暑さのなかで暮らす人々。

やっと陽が落ちる夕暮れどき、この街ではどこからか音楽が聞こえてきます。ヨーロッパのクラシック、カリブ音楽、ミシシッピ・ブルース、なかでも愛されたのがジャズでした。街中の酒場やダンスホールなど、あちこちからジャズが流れてきます。そんな街で育ったルイは「いつかはミュージシャンになりたい」と夢を抱いていたのです。

ルイの夢は黒人少年院で正式にコルネットを習ったことで実現に近づきます。その上達ぶりで少年院仲間を驚かせたルイは、出所してからも街の酒場で観客から歓声を浴びます。とうとう当時〝キング〟と呼ばれたジョー・オリヴァーから「一緒にやろう」と声をかけられました。

しかしちょうどそのころ、アメリカの第一次世界大戦への参戦が決まりました。軍港となったニューオーリンズの歓楽街は閉鎖されることが決まり、仕事場を失ったミュージシャンたちは仕方なく北の街へと移っていきました。

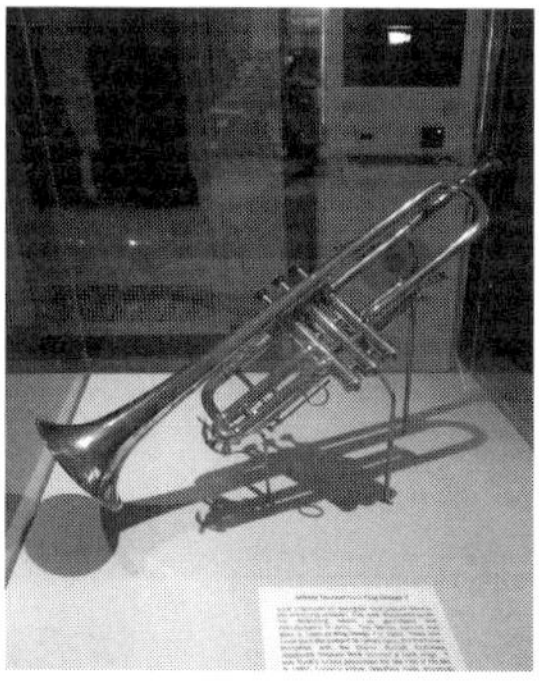

ルイ・アームストロング博物館に飾られているトランペット

ルイに声をかけたジョー・オリヴァーもシカゴへ移りました。彼から「お前もシカゴに来いよ」と誘われたルイはついに故郷を離れることを決心します。

旅立ちの日、駅には彼を見送る大勢の人垣ができました。そこには幼い頃からの友人、近所の知り合い、バンド仲間がいます。

「またビーンズ&ライスを食べに帰ってくるよ」

シカゴへの旅立ち、それは彼が22歳のときでした。

ジャズ・エイジに転機を迎えた巨大企業

シカゴに到着したルイにとって、ひとつ問題がありました。それは「禁酒法」です。禁欲的なプロテスタント一派が主張していた禁酒法は、酒好きが多いアイルランド移民やドイツ移民に対する反発などから一部の支持を集めました。

ほとんどの人はまさか成立するとは思っていなかったようですが、第一次世界大戦の愛国・禁欲的な空気が高まる中で本当に成立してしまったのです。そこには工場の酔っ払いを減らしたいヘンリー・フォードはじめ工場経営者の意向もありました。

禁酒法が成立したのは1919年のことです。間の悪いことに、成立したのは第一次大戦に勝利した直後、それは人々がもっとも酒を飲みたいタイミングでした。

ルイ・アームストロングがシカゴにやってきたのは禁酒法施行開始の直後ですが、少

【ジャズ・エイジ】

1920年代の有名作家F・スコット・フィッツジェラルドの書名にちなんで命名された言葉です。第一次世界大戦が終わってジャズが流行った時代の、享楽的な大衆文化を象徴する言葉として用いられます。

年院で人生を好転させた彼はここでもツイていました。

結局、禁酒法下でも酒場はなくなりませんでした。シカゴにはもぐり酒場「スピーク・イージー」が多数出現したのです。スピーク・イージーを取り仕切っていたアル・カポネは無類の音楽好きであり、彼は南部ミュージシャンたちに演奏の場を用意しました。スピーク・イージーには哀愁のブルースに明るいジャズ、なんでもござれ——当時のシカゴは音楽好きにとってこれ以上ない幸せな場所でした。

ルイがシカゴで演奏をはじめたアメリカの1920年代はよく**「ジャズ・エイジ」**と呼ばれます。

金管中心のジャズを明るいエンタテインメントにしたのはルイ・アームストロングの功績ですが、彼の軽快なメロディーに乗せられたかのごとく、アメリカの1920年代は好景気に沸きました。

しかし、この時代の大企業がすべて儲けていたわけではありません。企業集中運動によって巨大化した会社やグループ

のなかには第一次大戦の終戦後、「過剰生産能力」に苦しむところが増えていたのです。ライバルを潰すため、あるいはコストを下げるために買収を繰り返して「規模」を大きくした会社は、一転してその巨体をもてあましたわけです。

南北戦争のときもそうでしたが、第一次大戦のあとにもアメリカでは戦後不況が起こっています。戦争が成長のチャンスを与え、それが終わると過剰設備の試練が襲いかかります。この試練をくぐり抜けた会社だけが生き残る——これがアメリカ・ダーウィニズムの歴史です。

それまで長い間「規模」を追求してきたアメリカの会社にとって第一次大戦後の1920年代「ジャズ・エイジ」は大きな転機となりました。ここから「効率」を目指す会社が増えはじめます。

禁酒法の年に宣言された管理会計の開講

ざっくり区分すれば、19世紀の企業経営は「規模」を目指し、続く20世紀前半には「効率」を目指すようになりました。

経営において「効率」を高める一歩は「コスト削減」です。「たくさんつくる」だけでなく「安くつくる」ことを考えはじめた製造業は、テイラーの科学的管理法を会計に応用した**「標準原価計算」**を使いはじめました。コストを削減するために〝標準〟

【標準原価計算】
実際にかかったコストではなく、「がんばればここまで減らせる」理想としての標準コストをもとに原価計算を行います。これによって工場の「ムダ」が明らかにできるのです。だからといって実際コストを無視するのではなく、標準原価と実際原価の差にはしかるべき会計処理が行われます。

の概念が原価計算に持ち込まれたのです。

「効率」の次の一歩は工場レベルを超えて、会社全体を「効率」よく経営しようとする試みです。

どうすれば製造・販売の部門間の協力関係を保ちつつ儲けを出すことができるのか？——この経営者がもっとも知りたい内容を教えてくれる会計の新講座が「シカゴ大学」で開講されました。


シカゴ大学はもともとプロテスタント系の小さな大学で、いったん財政難で閉鎖されたものの、熱心な信者だったジョン・ロックフェラーの寄付によって再開されました。

この大学で新講座の立ち上げに尽力したのが会計学の**ジェームズ・マッキンゼー**教授です。

彼はそれまでの専門的すぎる会計講座を反省して、「経営に役立つ」講座について考えていました。

過剰設備と在庫に苦しむ経営者たちはその解決を目指して数字の勉強を志しますが、当時の会計講座は彼らの期待に応えるものではありませんでした。それは帳簿の付け方や出納管理を教える「経理マン養成講座」や、専門家を目指す「ＣＰＡ養成講座」ばかり。

【ジェームズ・マッキンゼー】
ジェームズ・オスカー・マッキンゼー
James Oscar McKinsey
（1889－1937　アメリカ）
シカゴ大学の会計学教授で「予算統制」「管理会計」の考え方を打ち出した。マッキンゼー・アンド・カンパニー創始者。

経営者たちが学びたいのはそんな専門家向けのものではなく、「どうやって組織を動かし、儲けるか」という内容です。

マッキンゼー教授は満を持して「新しい会計講座」の開設を発表しました。発表された1919年は禁酒法成立の年だったため、そちらに比べて話題性はきわめて低かったものの、この新講座は会計の歴史を変えてしまうインパクトをもっていました。

このとき開講が発表されたのは「管理会計（Managerial Accounting）」という名の講座です。

そこでは予算管理（Budgetary Control）が教えられていたようです。予算は会社の製造・販売部門を「効率」よく管理して儲けを出す仕組みです。「何台売れるか」の予測から「何台つくるべきか」を計画することで、無駄な在庫や売り損じを防ぐのです。

予算によって販売・生産部門の「調整」が可能になり、また、トップが現場を「統制」することができます。これは当時の経営者にとってたいへん魅力的な内容でした。

それまでの原価計算が「工場」レベルの「コスト」を扱うのに対して、予算管理は「全社」レベルで「利益」を扱います。また予算管理は「過去の実績」だけでなく、「将来の計画」を扱います。

「コストだけでなく利益を見よ、過去ではなく未来を見よ」

退屈な簿記や小難しい会計に嫌気が差していた人々は、この宣言を大いに歓迎しました。シカゴ大学の管理会計講座は評判を呼び、同様の講座が全米中の大学に広がっていきます。

有名人となったマッキンゼー教授はビジネスパーソン向けに「予算管理」の内容を書籍にまとめて出版、さらに自らの名前を付したコンサルティング会社を立ち上げました。かくして〝地味〟なはずの会計学教授マッキンゼーは、「世界でもっとも名を知られた会計学教授」になったのです。

守りの財務会計と攻めの管理会計

管理会計講座がシカゴ発祥であることには理由があります。シカゴ周辺には製造業の会社がたくさんありました。デトロイトまで足を延ばせば、自動車の製造会社もあります。有名なフォード・モーターは**T型フォード**の生産をすでに開始しており、ベルトコンベアーを取り入れた分業によって大量生産を行っていました。

この近辺の製造業はすでに「たくさんつくる」大量生産の技術を完成させていたの

【T型フォード】
アメリカ製造業の大量生産を代表する存在。食肉加工工場を参考にベルトコンベアー・システムを導入して大量生産されました。たくさん生産することで1台当たりのコストを下げ、販売価格は継続して値下げされました。

です。

だからこそ経営者たちは「規模」の経営を、「効率」のよい経営に変える管理会計の知識を求めたのでしょう。彼らにとって予算管理は心強い味方になりました。


マッキンゼーが管理会計講座を立ち上げてから、経営者が学ぶべき会計の内容が「2本立て」になりました。鉄道の本線に対して、新たに支線が追加されたように、財務会計に対して管理会計が登場してきたのです。「過去」の実績を計算するだけだった財務会計は、とうとう「将来」利益をシミュレーションするまでに進化しました。


「守りの会計」が財務会計です。そこでは株主と債権者に対し、決算書を作成報告することで説明責任が果たされます。

もうひとつは、原価計算から進化した「攻めの会計」＝管理会計です。それは経営問題を解決するために経営者が自由に組み立てる会計です。

この「守りの会計＝財務会計」は信号機にたとえるなら赤色のレッド・アカウンティングです。やるべきことをやらないと赤信号が点灯する義務の会計です。

一方で「攻めの会計＝管理会計」は青色のブルー・アカウンティング、自由に設計していい会計です。

マッキンゼーの予算管理は初期の管理会計にとって、重要な「型」を提供しました。それは「計画」重視の姿勢です。

予算の本質は未来の数字計画＝数字シミュレーションです。そこでは従来の会計が扱わなかった「未来」の数字が取り込まれています。

このためにはコストを変動費と固定費に分け、売上に比例する「**限界利益**（Marginal Profit）」を明らかにします。そうすれば「限界利益＝固定費となる損益分岐点売上は〇〇ドル」とか、「営業利益が〇ドル欲しいなら、逆算して売上は〇〇ドル必要」といったシミュレーションが可能になります。

この一連の「型」はここから100年にわたって世の中の管理会計〝スタンダード〟になりました。

偶然にも同じ時期、同じシカゴに生まれたジャズと管理会計はどちらも「アドリブ重視」という特徴があります。最低限、基本の「型」さえ守ればあとは自由――シカゴの経営者や学生は昼間に管理会計を学び、夜はスピーク・イージーでジャズを楽しんだといわれています（？）。

【限界利益（Marginal Profit）】

名前は限界利益ですが、決して「これ以上は無理」という利益ではありません。売上から変動費を引いた利益なので「売上に比例する」性質をもつ、いわば比例利益です。この重要な概念にまぎらわしいネーミングがなされたことはいささか残念です。

2 分けることで分かる「管区」由来のセグメント情報

録音はルイ・アームストロング時代からはじまった

その曲をリクエストしたのはかわいらしい女の子。

彼女のために、ルイ・アームストロングは曲の演奏をはじめました――これは1920年代を舞台にした名作映画『5つの銅貨（The Five Pennies）』のワンシーン。

本人役のルイがスピーク・イージーで歌ったのが「**聖者の行進**（When the Saints Go Marching In）」です。

黒人霊歌だったこの曲は、ルイ・アームストロングによってジャズの〝スタンダード〟になりました。はじめは「霊歌を酒場で歌うなど不謹慎だ」と言われたようです

映画『5つの銅貨』

が、いつしかステージではルイに向かって「セインツ！」の掛け声が飛ぶようになります。

ルイ・アームストロングはきわめて〝運のいい〟ミュージシャンです。

彼はラジオ放送とレコーディングの登場に間に合った初期世代です。これによって多くの人がラジオやレコードで彼の曲を楽しむことができました。

私たちはルイがシカゴにやってきた当時に録音された〝緊張気味〟の音源を聴くことができます。奇跡的に音源が残っているからです。残念ながらルイ以前のミュージシャンについては音源が残っておらず、その演奏は〝想像〟するしかありません。ジャズの歴史をつくったルイ・アームストロングの実力は誰もが認めるとして、それが伝説として語られるのは「音源が残っている」事実が大きいと思います。

１９２０年代にラジオや蓄音機が現れた背景には、「電気」の存在があります。「電気」は街を明るく照らすだけでなく、工場の機械を動かす動力や、家庭の家電製品を動かすためにも使われました。

電気の普及によってさまざまな分野で新技術が生まれます。そのひとつが「録音(recording)」技術や蓄音機です。１９２０年にはラジオが登場し、また１９４０年代にはテレビ放送がはじまります。

【聖者の行進】
本来は黒人の葬式行列の行き帰りに演奏されていた曲。行きの道のりはしめやかに、帰りの道のりでは陽気に演奏されていました。ルイ・アームストロングによってこの曲はジャズ・スタンダードになりました。メロディーを聴けば「この曲か！」と思う方が多いと思います。

ルイ・アームストロングはちょうど「ライブ　↓　レコード　↓　ラジオ　↓　テレビ」の黎明期を駆け抜けたミュージシャンです。

彼はコルネットを吹くだけでなく、スキャットと呼ばれる歌のほうでも人気になりました。彼の録音を聴くと急に観客の笑い声が入ったりするので、演奏や歌だけでなく、替え歌や顔芸でも笑わせるエンタテイナーだったようです。

さて、そんなルイ・アームストロングの〝大恩人〟といえる人物が発明王エジソンです。エジソンは照明や蓄音機をはじめ数々の発明品を世に出し、社会の「電化」を進めた人物です。

GEを追い出された発明王エジソン

3歳の息子の手を引いて新大陸にやってきたオランダの「粉屋の未亡人」――ここがアメリカにおけるエジソン家のはじまりです。そこから5代目の子孫がアメリカに電気革命を起こした発明王**トーマス・アルバ・エジソン**です。

彼が12歳のとき、自宅のあったポートヒューロンとデトロイトを結ぶ鉄道が開通しました。この鉄道にて新聞売りをはじめたエジソンはやがて鉄道会社で電気通信について学び、電信技師として一歩を踏み出しています。やはり彼のキャリアもまた鉄道

【トーマス・アルバ・エジソン】
Thomas Alva Edison
（1847－1931　アメリカ）
白熱電球や蓄音機を生んだ発明家。エジソン・ゼネラル・エレクトリック（現GE）を創業した。

会社からはじまっているのです。

このあと電話や電球など数々の発明を成し遂げたエジソンの成功ストーリーは少年少女向き伝記本に紹介されているとおりですが、彼には「努力の人」とは少し別の顔がありました。発明の資金集めのためか、手当たりしだいに相手を訴える「訴訟王」であり、またときにライバルを激しく誹謗中傷する粘着気質でもあったようです。

もうひとつ、エジソンについて「エジソンがGE（General Electric）を創立した」というビジネス界に伝わる逸話があります。たしかに創立者にはちがいありませんが、これは厳密にいえばあやしい表現です。なぜならエジソンはGE設立の際に「追い出されて」いるのですから――。

GEはアメリカの電力業界が「直流 vs 交流」どちらを〝標準〟に採用するかでモメていたさなかに設立されました。エジソンは直流にこだわりましたが、ライバルのウエスチングハウスは交流を主張しています。ここで両者一歩も譲らぬ直流対交流の主導権争いが発生、エジソンはウエスチングハウスをうんざりさせるネガティブ・キャンペーンを張りますが、結局、敗北に終わりました。

この直流・交流戦争の渦中、エジソンの設立した「エジソン・ゼネラル・エレクトリック」はJPモルガン主導でライバル会社と合併させられます。合併によって

1892年に誕生した会社は「エジソン」の名を捨て、「ゼネラル・エレクトリック」と命名されました。

ここでエジソンは社名から自らの名前を消され、そして創業した会社の社長の座からも追われたのです。

追い出されたエジソンは、それが「資本の論理」だと頭ではわかっていても納得できなかったのでしょう。新生GEの役員に名を連ねながら、彼は役員会に最初の1回しか顔を出さなかったそうです。おそらく相当ムカついたのでしょう。

それはともかく、エジソンを追い出しつつ行われたこのGE合併劇にはロックフェラー流の「ライバルを潰す」そして「コストを下げる」ことのほか、もうひとつ重要な目的がありました。それは買収によって「その会社がもっている権利を手に入れる」ことです。

電気の時代になって、それまで以上に「特許」が重要な意味をもちはじめていました。特許次第で会社の稼ぎと未来が左右されます。巨大企業GE設立の背景にも、それぞれの会社がバラバラに有していた権利を統一的に支配する目的がありました。

エジソンなきあとGEの売上を急拡大させたスウォープ社長

１９１９年、それは禁酒法が成立し、マッキンゼーによる管理会計講座が発表された年です。

その１９１９年、エジソンが去ったGEに新しい社長が就任しました。この社長はまちがいなくGE１００年の礎をつくった人物です。

彼の名は**ジェラード・スウォープ**。もともとエンジニアでしたが、セールスやマーケティングの才能を認められてGE社長になりました。エジソンが発明王ならこのスウォープ社長は販売王といったところでしょうか。

彼は発電・送電といった「重たい」電力分野が中心だったGEを、個人向け家電製品分野でも花開かせました。彼の編み出した「新たな販売手法」はGEの売上を激増させただけでなく、アメリカ人の消費マインドを変えてしまうほどのインパクトがありました。

彼が家電製品を販売するのに用いた手法とは、「月賦で販売する」というものでした。

当時、家電業界や自動車業界において「たくさんつくる」技術はかなり完成されていました。

ヘンリー・フォードは大量生産の「極み」ともいえる工場を完成させており、家電

【ジェラード・スウォープ】
Gerard Swope
（1872－1957　アメリカ）
GE社長を2度にわたって務める。家電の割賦販売サービスをはじめた。

業界の工場でも量産体制が整いつつあります。「たくさんつくる」ことができるとすれば、あとは「売るだけ」です。

当時、家庭には少しずつ家電製品も増えていたとはいえ、冷蔵庫、洗濯機、掃除機などはまだまだ高価でお金持ちしか買えない代物でした。

多くの会社は大量の広告宣伝費を使って製品の認知度を高め、価格をできるだけ安くして、広く売ろうとします。「安く・広く」――これがアメリカン・ブランドの典型的な売り方です。

それに加え、スウォープ社長は〝割賦販売〟で売ることを思い付きました。

顧客の信用調査を行ったうえで、月賦で販売する――この方法は大当たりしました。ここからGE家電製品の売上は急拡大しはじめます。

それはまた、「借金をおそれない」アメリカン・スピリッツの誕生でもありました。

自動車も家電製品も割賦で買う――ジャズ・エイジのアメリカ、大量消費社会のはじまりです。ついでながらこのとき「株を借金で買う」ことまでが流行しはじめ、それが１９２９年大恐慌の引き金になっていくのです。

選択と集中、そして分権化を推進するセグメント情報

「規模」を重視して大量生産を目指し、しかもそれを低コストでつくろうとするアメリカの製造業は「単品」で勝負することが多かったようです。単品のほうが大量に生産でき、低コストでつくれるのは言うまでもありません。カーネギーの製鉄、ロックフェラーの石油、キャンドラーのコカ・コーラと流れてきた「単品勝負」の伝統はT型フォードで頂点に達したといえるでしょう。

そんな「単品商売」の系譜に、GEの家電製品あたりから変化の兆しが表れます。白熱電灯から冷蔵庫、電子レンジ、洗濯機、掃除機と製品ラインナップをどんどん拡大したGE。ワンマン気質が強いスウォープ社長は、それらの開発・生産・販売をひとりで管理したかったようですが、製品数が増えるとそうはいきません。「もう範囲が広すぎて手に負えない」とわかったところ

Column

香辛料と冷蔵庫

中世のころ、香辛料が大人気でした。それは保存がきかずに腐りやすい肉などのニオイ消しとして用いられたのです。そこから長い長い時間が経ち、とうとう家庭に冷蔵庫という「保存」を可能にするマシンが入ってきたのです。その登場は家庭の主婦たちを悩みから救う、革命ともいえる出来事だったのです。

で「分ける」ことが行われます。鉄道会社で用いられた「管区」はエリアごとに数字や組織を「分ける」ことを行いましたが、これと同じことが製造業にも採用されはじめました。

製品別の採算性を明らかにすることができれば、「選択と集中」がやりやすくなります。ＧＥでも製品別に販売部門を「分ける」セグメント化が行われました。

製品別に利益を計算する場合に重要なのは、「製品別に売上を分けるのは簡単でも、コストを分けるのは難しい」ということです。

売上（S：Sales）－　コスト（C：Cost）＝　利益（P：Profit）

これを製品別に計算する場合、コストとしては製造にかかった材料費と労務費のほか、減価償却費などの固定費や本社費などの共通費も製品別に割り振らねばなりません。この割り振り計算のやり方ひとつで製品別利益はまるでちがう数字になります。

ＧＥがセグメント化をはじめてから１００年が過ぎましたが、この間、工場における機械は増え続け、また経理・人事・総務など本社のコストも増え続けています。割り振り計算の重要性は高まる一方です。

「S－C＝P」の基本式でいえば、「C」をいかに計算するかで管理会計は100年間ずっと悩んでいます。

管理会計のセグメント情報は「製品別」から「事業別」などへとどんどん発展していきます。

セグメント情報の有用性は「選択と集中」を可能にするだけではありません。それに加えて、組織における「分権化」を推進する効果があります。

製品であれ、事業であれ、地域であれ、それぞれの担当者に業務を「任せた」場合、その結果が明確でなければ「評価」することができません。裏返していえば、結果を評価する仕組みがあって初めて「任せる」ことができるわけです。

それぞれの売上・利益を明確にして業績評価することは、組織の分権化を進める条件です。

さて次なる問題は、各セグメントが「どれだけ利益を出せばいいのか？」のハードル設定です。

赤字がダメで黒字が望ましいことは誰にでもわかります。

S-C=P

売上（S）－ コスト（C）＝ 利益（P）

＝

・原材料費
・人件費
・減価償却費（割り振り分）
・本社費（割り振り分）
⋮

実際のところ、「この商品、来期は黒字が目標です！」と目標設定している会社はほとんどありません。赤字でさえなければいい――これではハードルが低すぎることに経営者も気付いているのです。

では、それより高いハードルとして利益目標を定める場合、その計算根拠をどこに求めればいいのでしょうか？

これについては多くの会社が「対前年比」を用いて利益目標を定めているようです。昨年の数字より高いところを利益目標にしておけば、少なくとも昨年より経営状態が悪くなることはないだろう――そんな淡い期待を込めた「対前年比」思考がウケるのはよくわかりますが、そもそも「前年と比べる」ことが正しいかといえば、これはかなり疑問です。もし前年の業績が良すぎたり悪すぎたりすれば、その数字と比較することに意味はありません。

「製品・事業別の利益はどれだけ必要なのか？」

各製品・事業ごとの利益のハードル設定は本当に悩ましい経営問題です。

これについてヒントを与えてくれる「有名な公式」が20世紀初頭に誕生しました。そこにはフランスから〝逃げてきた〟移民一家が深くかかわっています。

3 フランス系・デュポンの起こした管理会計革命

ニューオーリンズの中心にフレンチ・クォーターという一角があります。どこか優雅な香り漂うこのエリアは、フランス植民地時代につくられました。

フランスから逃げてきた「数字に強い」一族

その本国フランスにて、18世紀の終わりに革命騒ぎが起こりました。王と王妃がギロチンで処刑されるなか、命からがらフランスからアメリカへ逃亡してきた一族がいます。あやうくギロチンにかけられるところを変装して脱出、荷物をまとめてボロ船に乗り込んだ一族、しめて13名。おんぼろ帆船の航海は、到着までにコロンブスより時間がかかり、しかも進路をまちがった船長のせいで目的のニューヨークではなく別の地に到着する始末でした。

それでもなんとかアメリカに到着した一族――それがデュポン家です。

アメリカに着いたデュポンは火薬の製造をはじめました。彼らはアメリカ産火薬の品質が低く、またヨーロッパからの輸入品があまりに高額であるところに目を付けました。

「アメリカで良質の火薬を製造・販売すれば売れる」

彼らは工場の立地候補をウィルミントンに決めたのち、詳細な「原価計算・利益シミュレーション」を行いました。数字に対する関心の強さはこの一族の伝統です。

儲けを確信した彼らはこの地に火薬工場を建設しますが、のち、アメリカの鉄道建設ラッシュや南北戦争、そして第一次大戦の特需によってデュポンの火薬事業は予想を上回る大当たりになりました。

19世紀に火薬で儲けまくったデュポンは、20世紀になると他の事業へと多角化を図ります。女性に向けてナイロンストッキングを開発したほか、釣り糸、テニスのガットをはじめとする素材など〝平和的〟製品を数々送り出していきました。

会社にもいろいろなタイプがあります。フォードは生産に強い会社、コカ・コーラはマーケティングに強い会社だとすれば、デュポンは「数字に強い会社」です。

ギロチンにかけられる危機から脱出した過去の記憶からか、デュポン一族は財務的にも〝控えめな態度〟をとり続けました。彼らは大きな買収のとき以外、借入には頼らず、剰余金（内部留保）を増やしてバランスシートの「自己資本」を充実させる堅実な経営を行っていきます。

ROIの高め方を示したデュポン公式

デュポンの数値管理の基本は「それぞれの事業の収益性」を厳しくチェックすることでした。

そのための仕組みは20世紀初めに社長に就任した**ピエール・S・デュポン**のときに構築されました。

実はこの「数字に強い社長」の経歴には「アメリカ管理会計の源流」が流れています。

第7章で触れたように、科学的管理法の父テイラーは鉄道部品製造を行うジョンソン社の会計コンサルティングを行っていました。このジョンソン社に出資していたのがピエールです。彼はのちにジョンソン社の社長になり、そこで同社の洗練された原価計算・会計システムを目にしました。

【ピエール・S・デュポン】

Pierre Samuel du Pont

（1870－1954　アメリカ）

化学製品メーカーデュポン社（現ダウ・デュポン）で社長を務める。デュポン公式の考え方をマネジメントに取り入れた。

これに感動したピエールは、のちにデュポンの社長に就任した際、ジョンソン社から〝数字の鬼〟ジョン・ラスコブを右腕として引き抜きました。こうして「数字に強い」社長と「数字の職人」財務部長コンビが誕生したのです。

19世紀当時に最先端だった鉄道会社の原価計算・管理会計の考え方がテイラーを通じてジョンソン社に伝わり、それがM＆Aによってデュポンへと移っていたのです。「鉄道会社　↓　ジョンソン社　↓　デュポン」これが管理会計版「線路は続くよどこまでも」の系譜です。

ピエール社長とラスコブの〝数字の鬼〟コンビは、「セグメント情報」の構築に取りかかりました。

それまで仕切りが曖昧だった社内組織を「黒色火薬・無煙火薬・ダイナマイト・販売」の4つのセグメントに区分し、それぞれの収益性を計算して業績評価を行うことになりました。

ここで業績評価の方法としては、利益率や原価率で行われるのが一般的でしたが、〝数字の鬼〟コンビは「本当にそれでいいのか？」と疑問をもちます。

利益を出すために会社は「投資」をしているのだから、その「投資に見合った利益」という視点が重要ではないか、と彼らは考えました。これをもとに生まれたのが〝伝説〟のデュポン公式〈R＝P×T〉です。

ここで表現される「資本」とは、「投資の大きさ」のことです。投資の大きさに対してどれだけ利益があるか——これを示すものがROI（Return On Investment：投下資本利益率）です。

ROI（利益÷資本）を利益率×回転率に分解したものがデュポン公式です。これをみればROIは**利益率と回転率**の掛け算によって計算されることから、利益率・回転率のいずれかを上昇させればROIは上がることがわかります。

デュポン公式で示された「利益率と回転率の掛け算」は、ビジネスを考えるうえで重要なヒントになります。この公式は会計を超えて、経営の常識になったといっても過言ではありません。

デュポンの各セグメントはROI・利益率・回転率のそれぞれについて目標を決められました。図体のデカい

デュポン公式

$$\frac{\text{利益}}{\text{資本}} = \frac{\text{利益}}{\text{売上}} \times \frac{\text{売上}}{\text{資本}}$$

⋮	⋮	⋮
ROI	P	T
（資本利益率）	（利益率）	（回転率）

（＝投資の大きい）事業は、それに見合った「大きな利益」を求められます。「投資に見合った利益を出せ！」――このメッセージはデュポン公式によってしっかりと各事業担当者へ伝えられました。

実はＲＯＩ思考はもともと鉄道会社において存在していました。「投資の大きさに見合った利益」を得るためにはどのルートに線路を引けばいいか？　あるいは運賃をいくらに設定すべきか？　こうした鉄道経営の意思決定にＲＯＩが用いられていたようです。このエッセンスが鉄道会社からデュポンへ伝わったのです。

ＧＭへも導入されたデュポン公式

この公式はデュポンにおいて１９１０年代から用いられ、「１９１９年」にはそれをグラフ化して計画策定に役立てるチャートシステムも登場しています。

デュポンはこの公式やチャートを内緒で使いはじめ、その内容を社外には秘密にしていました。デュポンとて、わざわざライバルに「経営に役立つツール」を教えたいわけがありません。

このことからわかるように、管理会計は「内部利用目的」の会計であり、「外部報告目的」の財務会計とはちがって、その内容が「秘伝」として外に出されないことが多いのです。

【利益率と回転率】

デュポン公式で明らかにされた「利益率と回転率の掛け算」は、ビジネス界の基本公式になりました。利益率で稼ぐか、それとも回転率で勝負するか。これはビジネスモデルを考える場合の原点になったと言っても過言ではありません。

当時のライバルたちは売上や利益が前年より増えただけで喜んでいました。ピエール社長はそれを見ながら「しめしめ」とほくそ笑んでいたのです。

デュポンは事業別ＲＯＩを経営判断の基本に据えました。目先の利益が見込めてもＲＯＩが低ければ投資はしない。また黒字であってもＲＯＩの低い事業からは撤退することがありました。

短期的に儲けるだけなら「利益」をもとに判断できるが、設備投資が大きく、しかも長期的な成長を考えるならＲＯＩのほうがふさわしいと考えたのです。組織的にいえば、事業別ＲＯＩが計算できるようになったことで各事業を担当者に「任せる」ことができるようになりました。

このように分権管理を可能にする秘策「デュポン公式」は当のデュポンからではなく、「意外な別ルート」から世間に漏れました。情報が漏れたのは自動車メーカーのＧＭ（General Motors）からです。それはピエールが経営危機に陥ったＧＭを救うべく、社長になったことがキッカケでした。

ＧＭは先行するフォードを追い抜くべく拡張に次ぐ拡張戦略をとりましたが、やがて経営危機を迎えます。第一次大戦の好景気によっていったん持ち直すも、経営危機が再燃、そこでデュラント社長が退陣し、代わりに社長の座についたのがピエールです。

ピエールはGMをデュポンと同様に「大型・小型乗用車・トラック」などいくつかのセグメントに分け、そこにデュポン公式を適用しました。GMはこれによって各事業部の独立性を維持しつつ、数値の管理を行うことができるようになりました。

T型フォードの単品勝負に固執したフォードに対し、GMは「あらゆる自動車」をつくっていました。

合併によって設立されたGMは、事業部制を採用することで管理問題の解決をめざし、一定の成果を上げました。多角化された事業部にデュポン公式が適用されたことで「それぞれの事業部」は力を取り戻していったようです。

T型フォードに固執して売上を減らすフォードに対し、事業部制を採用したGMは次々と新製品を発表し業績を向上させていきました。

フランスから離れた地で花開いたDivision

デュポンが採用したROIの根本には「小さな投資で大きな利益を」という基本思考が存在します。ピエールとラスコブの〝数字の鬼〟コンビは、この基本思考を各事業に対して落とし込むべくデュポン公式を編み出しました。

これによってたとえばＲＯＩの低い事業部は、利益率が低いのか、それとも回転率に問題があるのか、問題解決に向けた分析を進められるわけです。

ここで、各事業をＲＯＩによって評価するには、その前提として各事業部のＲ（利益）とＩ（投資＝資産）を明らかにしておかなければなりません。つまり事業ごとの利益と資産を計算する必要があります。

「事業ごとの利益」と「事業ごとの資産」。このいずれも計算するのは簡単ではありません。固定費や共通費をどうやって各部門コストに割り振り、本社や研究所などをどうやって各部門資産に割り振るかはデュポンのみならず、すべての会社が抱える管理会計上の難問です。

決算書の作成・報告といった〃義務の会計〃であれば「ルールという正解」がありますが、管理会計という〃自由な会計〃にはそのような正解がありません。そこでは情報を利用する目的、担当者の責任範囲などを考えつつ、創造的に答えを出す必要があります。

同じ会計担当者でも財務会計担当者には「ルールを守る実直さ」が求められるのに対し、管理会計においては「自由な発想」が求められます。ピエールとラスコブのコンビはこのどちらにも精通していたようです。

だからこそ彼らは〝数字の鬼〟なのです。

数字の鬼コンビのリーダーシップによって「事業別のR（利益）とI（資産）」の計算体制が整ったことで、デュポンの経営は一歩踏み出すことができました。

1920年、デュポンは世界初となる**「事業部制組織」**を採用します。事業別のR（利益）とI（資産）を計算できるようになったことで、分権化を進めることができたわけです。事業部制はこのあとピエール社長を通じてGMにも採用されました。

火薬の製造販売から事業をスタートしたデュポンは、南北戦争や第一次世界大戦などの戦争で大きな儲けを手にしました。ただしいつまでも戦争の〝特需〟に頼っているわけにはいきません。それはいつはじまり、いつ終わるかまったく予想ができないからです。また「戦争で儲ける商人」のイメージは会社にとってもあまり嬉しいものではありません。

そこでデュポンは「平和な新規事業」を探したようです。やがて生まれてきたのが有名な「ナイロンストッキング」です。この女性向けファッション製品はデュポンのイメージをより良く変化させるうえで最高に望ましい商品でした。

これを皮切りに繊維事業をはじめ次々と新規事業をはじめていったデュポンですが、それを支えていたのはキッチリと事業部制ごとのROIを計算する数値管理体制でした。

【事業部制組織】

日本でもっとも早く事業部制組織を導入した会社としてパナソニックが知られています。アメリカでも日本でも、多角化がもっとも早く進んだ家電業界で採用がはじまっているのです。

もともとデュポン一家はフランス革命の際に祖国を追われ、命からがら新天地にたどり着きました。

このフランス革命後に彗星のごとく現れたナポレオンはフランス国民軍を指揮してヨーロッパ各国を征服していきますが、ナポレオンは戦いにおいて師団（Division）を活用しました。

師団はもともと分ける「divide」にちなんで命名された、「分かれても自律的に戦える」組織です。奇しくもフランスを逃れたデュポンが、祖国から遠く離れた地のビジネス界に持ち込んだのが事業部制（Division）なのです。

4 クロスオーバーがはじまった音楽と会計

キング・オブ・ロックンロール登場

「あ〜あ、今日もヒマだわ」

大きなあくびを隠そうともしないマリオン。彼女はレコード会社の受付嬢です。

〝これ〟というアーティストはいまだ見つかっておらず、会社は「レコーディング・サービス」でなんとかしのいでいる状態。それにしても録音した曲がその場でアセテート・レコードになるのだから、電気会社と化学会社のおかげで便利になったものです。

「ハロー」

ある日のこと、シャイなあいさつとともに、男の子が受付にやってきました。ティーンエイジャーの彼はなけなしの金を貯めて、生まれて初めての「録音」をしに来たようです。そのときのレコーディング代金は4ドル。

録音を終えた彼は自分の歌声が入ったレコードを大事そうに抱えて帰りました。いつもならそれでおしまいなのです。でも、このときに限ってマリオンは彼のテープ録音を残しておきました。少し気になった彼の歌声をあとからボスに聴かそうと思ったようです。

マリオンがそのテープに付けたメモ、そこにはスペルをまちがってSがひとつ多かったものの、しっかり「プレスリー（Pressley）」の名が書かれていました。

＊

ジャズ・エイジの熱狂が去った直後の1935年に**プレスリー**は生まれました。大恐慌によって家族はずいぶん貧乏な生活を強いられ、母親は黒人に混じって綿花摘みで生活を支えます。プレスリーは赤ん坊のころから綿花畑のワークソングを聴いて育ちました。

メンフィスではプアホワイト（貧乏な白人）向けボロアパートに住みます。ここの中

【プレスリー】
エルヴィス・アーロン・プレスリー
Elvis Aron Presley
（1935－1977　アメリカ）
ミュージシャン。ロックンロールの創始者の一人とされる。

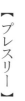

庭ではいつも楽器を持った若者たちが演奏していました。

ニューオーリンズと同様、メンフィスも音楽にあふれた街でした。若き日のプレスリーは開局したばかりの黒人向けラジオに耳を傾け、また、週末には教会でゴスペルを歌う音楽好きでした。誕生日に買ってもらったギターをかき鳴らすうち、彼はいよいよ音楽にのめり込んでいきます。

ある日、自分の実力が通用するかどうか試そうと訪れたのがマリオンのサン・レコードでした。このときの録音テープが彼の運命を変えます。受付のマリオンから社長のサムへこのテープが渡ったことで、彼はプロとしての一歩を踏み出しました。

プレスリーが録音したのは黒人の曲でした。当時、音楽にも「白人と黒人」の間には壁が存在し、「白人が演奏し、聴く音楽」と「黒人が演奏し、聴く音楽」はハッキリ区別されていました。プレスリーが録音した黒人の曲をレコードで売ることには相当のリスクがありましたが、サムはここで勝負に出ます。

結局サムの勝負は大当たりしてプレスリーは大ヒットします。彼は黒人のリズム・アンド・ブルースやゴスペルと白人のカントリーなどさまざまな音楽をミックスさせ、やがてロカビリーやロックンロールと呼ばれる新ジャンルを生み出します。

のちに「キング・オブ・ロックンロール」と呼ばれたプレスリー、彼を初めてテレビで見たファンの多くは「白人だ！」と驚いたようです。

財務会計と管理会計のクロスオーバー

プレスリーの歌声は、当時普及が進んでいたレコードプレーヤーやラジオによって人々の耳に届きました。テレビに出演する際は奇抜なファッションに身を包み、腰をくねらせた熱唱によって若人を熱狂の渦に巻き込みました。

ルイ・アームストロングが「初めてレコーディング」されたミュージシャンなら、プレスリーは「テレビという新メディア」に乗って誕生したニューヒーローです。

シカゴでルイ・アームストロングと同時期に生まれた管理会計も、プレスリーのころになると「計画する・分ける・評価する」という基本「型」がすでに確立し、ビジネスパーソンたちに支持されはじめました。

予算の本質である「計画」と、セグメントの「分ける」が合体して「セグメント予算」が生まれ、さらに予算・実績比較で担当者を「評価する」——この「計画＋分ける＋評価する＝セグメント別業績評価」という仕組みは大企業のオジさんたちを驚喜させ、その心をわしづかみにしたのです。

プレスリーの出世作が「ハートブレイク・ホテル」なら、管理会計のそれは「ＲＯＩデュポン公式」でした。

デュポンのＲＯＩデュポン公式に基づく事業部制は管理会計の〝スタンダード〟となっただけでなく、財務会計とのクロスオーバーも生み出しました。事業部制のもとでは「二重の委託関係」がつくられ、財務会計と管理会計の調整が図られます。

まずデュポンは外部の株主から資金を調達します。経営者はこれに対して効率よく利益を出す責任を負います。この効率はＲＯＥ（Return On Equity）で測られます。

次に経営者は外部から預かった資金を各事業へ投資します。事業部長は預かった資金に対して利益を出す責任を負います。この効率は事業別ＲＯＩで測られます。

ここでは「株主－経営者」の財務会計的な委任関係と、「経営者－事業部長」の管理会計的な委任関係という「二重の委託関係」が生じているわけです。

ＲＯＩで業績評価される事業部長は「投資の大きさに見合った利益」を求められます。売上が大きくて、利益率が高くて、対前年比でプラスだったとしても、ＲＯＩが低い場合には評価されません。

この点、日本で導入された事業部制には「売上・利益」だけで、バランスシートの「投資（資産）」が評価に加えられないことが多かったのです。そのため各事業部は「売

二重の委託関係

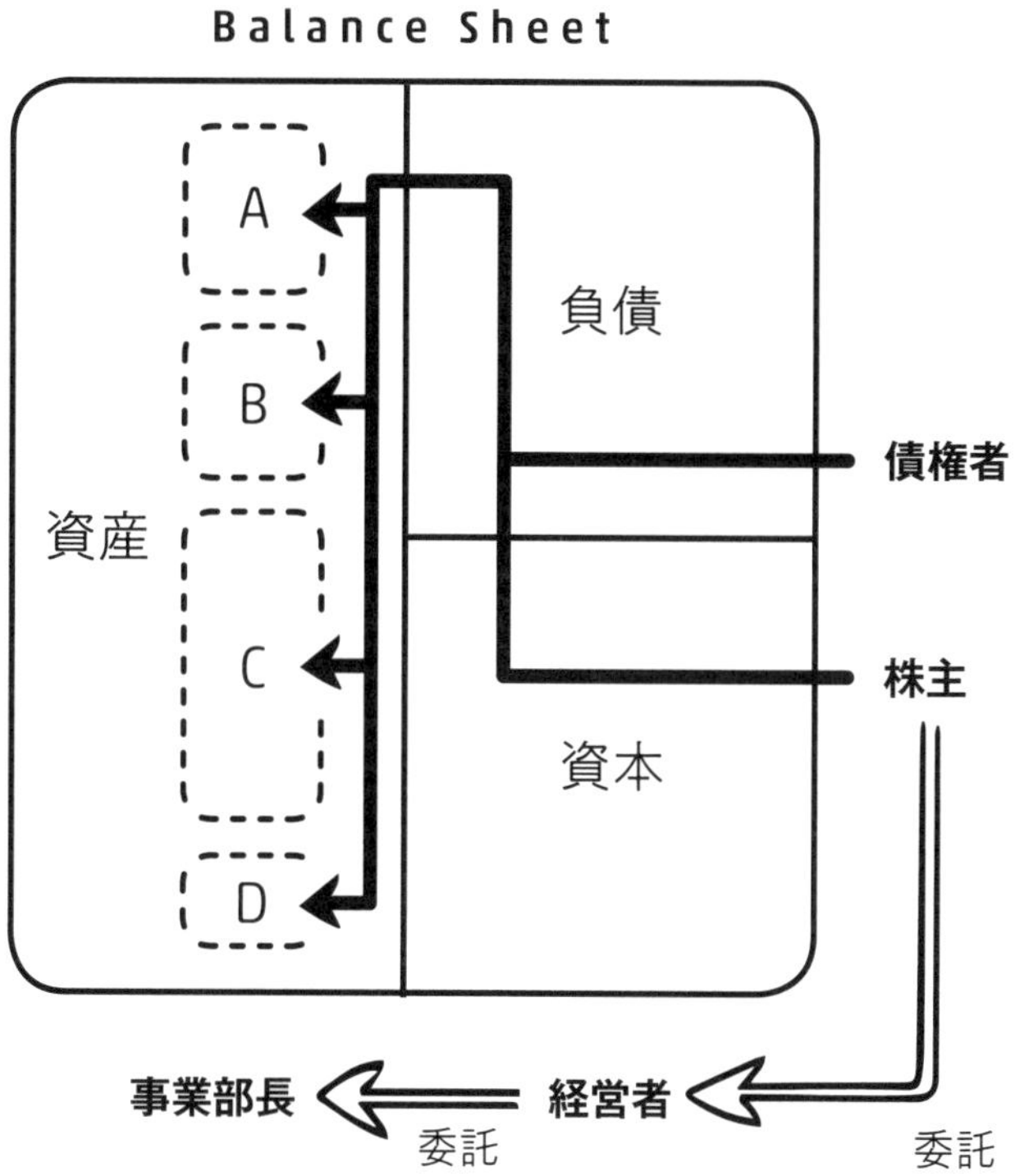

上・利益」重視の規模の経営を展開しました。好景気のときはそれでうまくいきましたが、景気が悪くなると19世紀末アメリカ企業のように「低価格競争」が発生します。

最近の日本企業はその反省からか、**バランスシート圧縮**の「効率」経営に取り組んでいます。おそらくピエール＆ラスコブの「数字の鬼」コンビは天国で「いまごろ気付いたか」と笑っていることでしょう。

管理会計１００年を機に「型」を見直そう

それにしても、管理会計のルーツを紹介した本章には「１９１９年から１９２０年」の出来事が数多く登場しました。

マッキンゼーが管理会計講座をはじめ、ＧＥでスウォープが社長となり、デュポンが事業部制を開始したのはすべてこのときです。第一次大戦後に生じた社会と経済の「揺れ」を克服し、ジャズ・エイジを歩みはじめる時期がちょうど「管理会計のはじまり」でもあったわけです。

ということは、われわれはそろそろ「管理会計１００年」を迎えることになります。「たかが１００年、されど１００年」。その歩みを噛みしめつつ、私たちはこの管理

Column

カンパニー制

日本の場合、1990年代後半に「カンパニー制」という組織が流行りました。これは管理会計的にいえばP/L責任しかなかった事業部制を一歩進め、バランスシート責任をもたせた組織形態です。各カンパニーのトップは利益と資産の両方に責任をもちます。つまりカンパニーROIに対して責任をもつわけです。

会計をいまいちど検証すべきときに来ているように思うのです。

まず原点に戻って確認すべきは、財務会計と管理会計の目的のちがいです。「外部向けの財務会計　vs　内部向けの管理会計」――ここで義務に基づく外部報告では「ルールを守ること」が何より重視されます。これに対して管理会計ではそもそも「ルール」が存在しません。

内部向けの情報提供においては正確性より「わかりやすさ」が何より重要です。財務会計とちがって細かい桁数の数字をすべて書く必要はありません。それよりグラフや図を用いることで、「読み手にとってわかりやすく」表現することを意識せねばなりません。

この点、まだまだ財務会計意識の強い経理部が多く、「わかりにくい説明」が繰り返されている会社が多いです。１００年経ったいま、改めて管理会計の「社内にわかりやすく伝える」原点を思い出しましょう。

それから管理会計基本の「型」である「計画する・分ける・評価する」のそれぞれについても１００年が経って「新たな問題」が発生しています。

１００年前、アメリカの製造業が置かれていた環境と、１００年後のいま、企業が置かれている環境はあまりにもちがいます。また製造業が花形産業ではなくなり情報・

【バランスシート圧縮】

B／S圧縮のために会社は、福利厚生施設の処分、社宅や独身寮の縮小、営業拠点の統廃合、工場や研究所の統廃合など、涙ぐましい努力を続けています。

サービスといった新しい産業が誕生してきたいま、基本の「型」がそのまま通用するのかについては検証が必要です。

長い時間が経過すれば「型」に時代遅れが生じるかもしれません。いまは、これまでの型を「疑う」ことも大切です。

たとえば、「計画する」ことは本当に可能なのでしょうか？　もし将来の売上を予測することが困難な場合には、マッキンゼー予算の有効性が失われます。その場合には柔軟な予算に向けた「修正」や、予算そのものへの見直しが必要かもしれません。

またセグメント的な「分ける」ことについては、それが行きすぎると内部対立が発生することから「全社の協力体制」が失われていないかを検証しなければなりません。「評価する」については、１００年前からずっと難しかったことに加え、最近さらに困難度合いが増しています。どうすればアイデアが次々出てくる創造的な職場がつくれるのか？　その試みはまだまだはじまったばかりです。

管理会計１００年、私たちはこれらの「型」についてそのルーツを理解しつつ、現代的な見直しを行わねばなりません。

ひと味ちがうロックンロールを管理会計へ

ライブしかなかった音楽に「レコード」が誕生したのは20世紀のはじめです。簿記と同じ五線譜という「紙の上で」記録されていた音楽は、500年を経て「音のまま」記録・再生できるようになりました。

しかしレコードの登場はインパクトが大きすぎて、ミュージシャンの演奏スタイルを〝つまらなく〟した面もあります。

レコード収録時間の制約から、楽曲は「短くキッチリ」編曲する必要があります。長すぎるとレコードに収まらず、ラジオでもかけてもらえません。さらにはレコードやラジオで曲を覚えたファンは、コンサート会場で「そのまま」の演奏を望みます。アドリブを入れて崩しすぎると「レコードとちがう」と言われてしまうのです。

これらのことから、「型にはまった演奏」が目立つようになっていました。サン・レコード社長の**サム・フィリップス**は、そんな業界の動向にうんざりしていました。だからこそ彼は〝型破り〟な歌手を求めたのです。そこに「黒人フィーリングをもった白人」プレスリーはぴったりでした。

黒人と白人、それまで分裂されていた音楽のジャンルをプレスリーはすべて吸収したうえで再構築し、新たなロックンロールを生み出しました。

【サム・フィリップス】
サミュエル・コーネリアス・フィリップス
Samuel Cornelius Phillips
（1923−2003　アメリカ）
サン・レコード社長、音楽プロデューサー。プレスリーの才能を見いだし、デビューさせた。

私たちも、サムやプレスリーに見習うべきだと思います。「型にはまりかけた」管理会計の枠をいまいちど破壊するロックな姿勢。

管理会計の誕生から１００年、そろそろＲＯＩから離れてみることが必要なのかもしれません。財務会計については「型にはまった」仕事になるのは仕方ありませんが、こと管理会計についてはロックな姿勢でいきましょう。

創造性を高め、組織の勢いを加速させる〝ポップでノリのいい〟管理会計の時代はまだはじまったばかり。工業時代とは「ひと味ちがう」かたちを生み出したいものです。

受付のマリオンから「聴いてみて」と勧められた録音テープを聴いたサムは、プレスリーのレコーディングを試してみることにしました。はじめはうまくいかなかったのですが、疲れたプレスリーが「やけくそ」で黒人の曲を歌いはじめたところから奇跡が起こったのです。

「That's different! That's a pop song Now!」

――興奮したサン・レコード社長サムの実際の叫び声が奇跡的に音源として残って

います。

この叫び声からサムの「業界を変えてやる」という夢（I Will）は叶いはじめます。

プレスリーはメンフィスのサン・レコードから大手RCAに移籍し、すぐあとに「ハートブレイク・ホテル」をリリース、この曲はビルボードチャートで8週間連続で1位を獲得しました。

この「静かなロック」に「気絶しそうな衝撃」を受けたというキース・リチャーズはこの曲で人生が変わったといいます。

ルイ・アームストロングが黒人音楽だったジャズをエンタテインメントへ高め、エルヴィスが黒人と白人の音楽をクロスオーバーさせてロックを生み出した20世紀。

その素晴らしい音楽のバトンはしっかりと〝次の世代〟へと受け継がれていきます。

第9章

21世紀アメリカ ―価値革命―

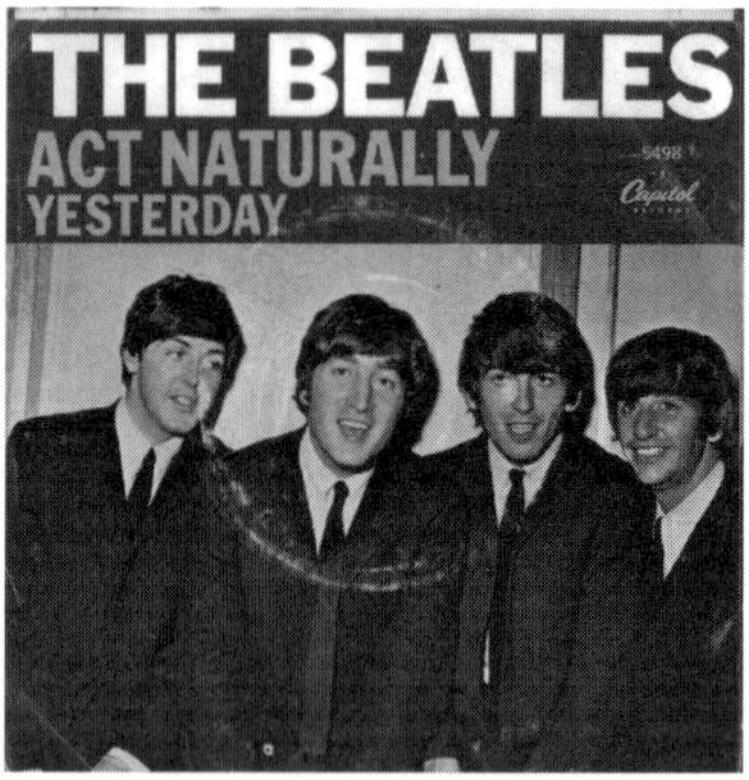

「イエスタデイ」
Yesterday
(1965)

1963年11月22日リバプール。

「JFK暗殺」のニュースはこの街の人々にも大きな衝撃を与えました。リバプールにはアイリッシュ系の住民がたくさんいたこともあってショックが大きかったようです。

元バンドマンのジムもそんな一人。

アイルランド系のジムは、リバプールがドイツの空襲にやられたとき、防空シェルターのなかで隣り合った女性と結婚しました。それほど裕福ではないものの、音楽があふれる幸せな一家。ジムの音楽好きは息子にも受け継がれ、彼もまた仲間たちとバンド活動をはじめました。このバンドはイギリスだけでなく、JFK暗殺直後のアメリカでも大人気となります。

「まさか俺の息子がここまで……」

ジムにはいまだ息子の成功が信じられません。

1 マイケル・ジャクソンに学ぶ価値（バリュー）思考

元バンドマン・ジムの独白

戦争の前、もともと俺は綿花のセールスマンだったんだ。

リバプールの港に着いた綿花を取引所まで運ぶ仕事さ。ときには客を訪ねてマンチェスターの工場まで行くこともあった。リバプールからマンチェスターまでは鉄道で行くんだ。あの鉄道は世界で一番古いんだって、知っているかい？

セールスマンのかたわら、バンドでピアノを弾いた。メアリーもよく俺の演奏を聴きに来てくれたっけ。俺たち2人はアイルランド系で気が合ったんだ。彼女はカトリックで俺はプロテスタントだったんだけど、それはあまり気にならなかった。神様なんてどうでもいいんだよ。それより音楽さ、いい音楽さえあれば人は幸せに生きられる。

リバプールの人間はヨーロッパで一番音楽好きなんだ。なぜって、この街にはニューオーリンズのレコードがどこよりも早く、たくさん届くからね。アメリカ南部のミシシッピで採れた綿花と一緒に、ニューオーリンズでレコードが船積みされるんだ。そのおかげでこの街のみんなはアメリカのジャズやブルースにめっぽうくわしいってわけさ。

息子が音楽にのめり込んでいったのはメアリーが亡くなったころからだな。母親を失った悲しみを、音楽で癒やしていたんだと思う。そういえば、あいつの誕生日にトランペットを買ってやったっけ。ただ、あまりうまく吹けなかった。ルイ・アームストロングの「聖者の行進」が精一杯だったかな。

それからあいつはプレスリーの「ハートブレイク・ホテル」を聴いてマネしていた。そっちのほうはトランペットとちがって、なかなかうまかったよ。

それにしても、あいつらのバンドがここまでくるとはなあ……。

こんどは本場アメリカに殴り込みだからな。内緒だけど、エド・サリヴァン・ショーって番組に出演することがもう決まっているんだ、それにカーネギー・ホールでコンサートすることも。

なんで俺が知っているかって？　だって、あいつらのマネージャーのブライアンは、俺がピアノ買ってやった店の息子だぜ。

もちろん売れると思うよ、こんど発売される「抱きしめたい（I Want To Hold Your Hand）」って曲は。

わが自慢の息子ポール、アメリカでも思う存分歌ってきてくれよ！

たった14分でアメリカにブームを巻き起こしたビートルズ

「本当に、本当に、できたの？」

伏し目がちの表情がコクリとうなずいたのを見て、ポールは深いため息をもらします。

「どうしよう……」

頭を抱えてはみたものの、勇気ある彼の結論はすでに決まっていたのです。

17歳のポールは、お腹に小さな命を宿した女性と結婚する道を選びました。

当時のイギリスにて婚外子はかなり不名誉なことでした。

交際していた16歳の彼女が妊娠したことがわかり、ポールは急ぎ彼女と結婚することを決めます。

彼女の家族は「まだ子どもを育てるには若すぎる」と反対しました。しかしポールの父親ジムが「乳母車を押す君の姿を俺は誇りに思う」と、彼女を抱きしめたことで話は決まりました。

ポールの決断は進学をあきらめ、音楽をやめて働くことを意味します。ポールは17歳にしてその決断をし、ジムも応援すると決めました。しかし、そのけなげな決意とはうらはらな結末が用意されていました。

彼女が残念ながら流産してしまったのです。

小さな命は天国への旅路と引き換えに、**ポール・マッカートニー**へ「音楽とともに歩む人生」をプレゼントしました。

ポールは音楽をあきらめずにすみました。彼がビートルズを結成したのは、リバプールがロックンロールとスキッフルのブームに沸くころです。

*

【ポール・マッカートニー】
James Paul McCartne
（1942– イギリス）
ミュージシャン。ビートルズのメンバー。１９９７年に英国「ナイト」の爵位を授与される。

イギリスで人気の出たビートルズはやがてアメリカ進出を企てます。もっとも有名な音楽テレビ番組エド・サリヴァン・ショーに出演したのが１９６４年のことです。たった「14分」の出演でしたが、これを見たビリー・ジョエル少年は「人生が変わった」と語るほど衝撃を受けたそうです。

また放映の翌日、ブルース・スプリングスティーン少年はギターを買い求めるべく楽器屋に急ぎました。そんな少年が多かったせいで、ほとんどの楽器屋ではエレキギターが売り切れたといいます。

ビートルズがミュージックシーンに登場してから数年の間に、アメリカのアルバム売上が急増しました。アメリカに「ＬＰレコードのアルバムを買う」文化を根付かせたのはビートルズです。

当時「イギリスのアーティストはアメリカで売れない」というのが常識でしたが、ビートルズは「たった14分」でその厚いカベをぶち破りました。

自分の曲が「２０００万ポンド」は高いか安いか

そんな華々しいアメリカデビューの少し前、ポールたちはマネージャーのブライアン・エプスタインから「暗い馬小屋のような部屋」へ連れて行かれました。

彼らはその場に同席した弁護士から渡された契約書にサインしたのですが、ポールはこのときのサインを生涯にわたって後悔することになります。

ポールとジョンがサインした契約書には「楽曲の権利を会社に譲渡する」という信じられない内容が書かれていました。若き日のポールがそのことの意味を理解していたはずはありません。彼はただ言われるがままにサインしたのです。

ポールとジョンから著作権を譲り受けた会社「**ノーザンソングス**」は1965年に株式公開されました。この会社はパブリック・カンパニーとなり、誰でも株式を購入できるようになったのです。これが不幸のはじまりでした。

「資本の論理」によれば、会社の株式を握ることでレノン＝マッカートニーの著作権を手に入れることができるわけです。「資本の論理」など知らないポールの苦悩をよそに、この会社の株式はあちこちをたらい回しにされます。

かなり時間が経過した1981年、やっとポールは2000万ポンド（当時のレートで90億円）で権利を買い戻すチャンスを得ます。

この前年に亡くなったジョンの代理人オノ・ヨーコに連絡をとり交渉しますが、ヨーコが支払いに難色を示したために話がまとまりません。そうこうするうち、信じられないニュースがポールを襲いました。

【ノーザンソングス】

この会社がつくられ、著作権をそこに移すという方法がとられた理由はどうやら「節税」だったようです。当時イギリスの税率は非常に高く、それへの対応として一連の策を考えたというのが真相のようです。それにしてもこの節税策のツケは高くつきました。

「**マイケル・ジャクソン**が５３００万ドル（当時のレートで１３０億円）で権利を購入」

共演経験もある〝弟分〟マイケルが自分の楽曲権利を購入したことにポールは愕然とします。マイケルに連絡をとりますが、返ってくるのは「マネージャーに任せた」というつれない返事ばかり。

結局、ポールは自ら制作した映画のなかで「イエスタデイ」を歌うのに、マイケルに「使用料」を払うはめになりました。請求されたのは「1ポンド」だったそうで、「つらかった」とは本人の言葉。

権利の流転はこれで終わりません。マイケルの死後、権利はソニーＡＴＶミュージックに移りました。これに対してポールは買い取り交渉とともに訴訟も開始、やっと和解が成立したのは２０１７年のことです。

和解の内容が不明なため、ポールが「イエスタデイ」や「レット・イット・ビー」の権利を買い戻せたのかどうか、詳細はわかっていません――。

ポールは他のミュージシャンと同じように「曲はつくった人間のもの」と思い込んでいました。しかしそれは「他の誰か」が売買できるものであり、それが会社の資産

【マイケル・ジャクソン】
マイケル・ジョセフ・ジャクソン
Michael Joseph Jackson
（1958－2009　アメリカ）
ミュージシャン、ダンサー。「キング・オブ・ポップ」と呼ばれるエンターテイナー。

であれば「会社のバランスシート右下を握る」ことで手に入れることができたのです。

ヨーコとマイケル、それぞれの言い分

実は「もうちょっと」のところでポールが権利を買い戻せるチャンスがありました。

それはオノ・ヨーコと相談したときです。彼自身は2000万ポンドを折半して支払うつもりでした。このときヨーコが半分の「1000万ポンド」の支払いをのんでいれば一件落着だったのです。

しかしヨーコが「2000万ポンドは高すぎるから500万ポンドに値切って」とゴネたことで交渉が決裂、その数年後、マイケル・ジャクソンに5300万ドルで買われてしまいました。

ヨーコの納得できない気持ちはよくわかります。むしろ不満を抑えつつ500万ポンドを提示した〝妥協〟を

Column

なぜジョンとポールには「彼女との共作」が多いか？

ビートルズ解散後のジョンとポールの作品には「ジョン＝ヨーコ」「ポール＝リンダ」など彼女との共作が多数あります。この理由はノーザンソングスとの著作権譲渡契約が1973年まで延長されていたことによります。自分の名前だけで曲をつくるとその権利を会社に取られるため、せめて「半分」でも残そうと彼女名義を加えたようです。

褒めるべきかもしれません。しかし同じものをマイケル・ジャクソンははるか高額の「５３００万ドル」を支払って購入しました。

ヨーコとマイケルには明らかな考え方のちがいがあります。

「ヨーコの言い分」「マイケルの言い分」それぞれについて考えてみましょう。

「自分の曲を買うのにどうして２０００万ポンドも払わなくてはいけないわけ？　だっておかしいでしょう、そんなの。でもポールがどうしてもというから、５００万ポンドにオマケするなら買ってもいいって言ったのよ。それでも十分高いって思うけど。」

「５３００万ドルはぜんぜん高くないよ。だって、ビートルズの曲が一体どれだけ稼ぐと思う？　それに比べればお得な買い物だよ。問題はそれが『いくら稼いでくれるのか』なんだ。」

……おそらく両者の言い分はこんなところでしょう。

ヨーコは支払う「コスト」に意識がいっており、一方のマイケルは手にできる「リターン」を意識していることがおわかりでしょうか？

投資を行う場合に、そこへ支払われる「コスト」に注目するか、それとも、そこから得られる「リターン」に注目するか？

このちがいは会計上、あまりに重要な論点なのです。

この「コストか、それともリターンか？」問題はポール・ヨーコ・マイケルだけでなく、すべての経営者を悩ます難問です。

あらゆる投資について「コストとリターン」があります。ここでコストは簡単かつ明確に計算できますが、リターンのほうは将来のことでもあり、そう簡単に計算できません。計算できたとしても、その客観性を示すのはきわめて難しいです。

だからこそ長い間、会計は「コスト」に注目し、これを記録の対象としてきました。

しかし、リターンを無視するのはあきらかに問題があります。

この悩ましい状況を打ち破るべく、「リターン」を重視する新たな分野が登場してきました――それが「企業価値」を旗印に掲げるファイナンスです。

2 企業価値とは何か？

取得原価にこだわってきた会計の歴史

古今東西、商売ではさまざまな投資が行われてきました。中世の地中海貿易では香辛料へ、産業革命後の工場では建物や機械への投資が行われました。マイケル・ジャクソンはあっと驚く著作権への投資を行いました。

会社が行った投資は、バランスシートの「資産」として記載されます。バランスシートの資産の上部には現金化が早い「流動資産」そして、下部には現金化に時間がかかる「固定資産」が置かれます。

ここで問題は、それらの資産を「いくらで評価するか？」です。この「資産評価」

は会計のなかでもっとも重要であり、かつ、難しい問題なのです。

まず、資産を金額評価するには原価と時価の2つの考え方がありました（第6章）。原価は「購入時にいくら支払ったか？」のインプット・ベースの金額であり、時価は「いま売ればいくらで売れるか」のアウトプット・ベースの金額です。

先のビートルズ著作権でいえば「ヨーコの言い分」的な「コスト」が原価、そして「マイケルの言い分」的な「リターン」が時価です。

資産評価については古くから「原価（コスト）評価」が原則とされてきました。その理由はきわめて明快であり、会計はもともと「お金の動き」を記録するものだからです。金勘定が大事なので、「買ったときいくら支払ったか」の事実に注目するのです。

これに対し時価評価は、現実にはもっているものを売ったとしたらという、「仮定」のリターンに基づく評価だけ

バランスシートにある流動・固定資産

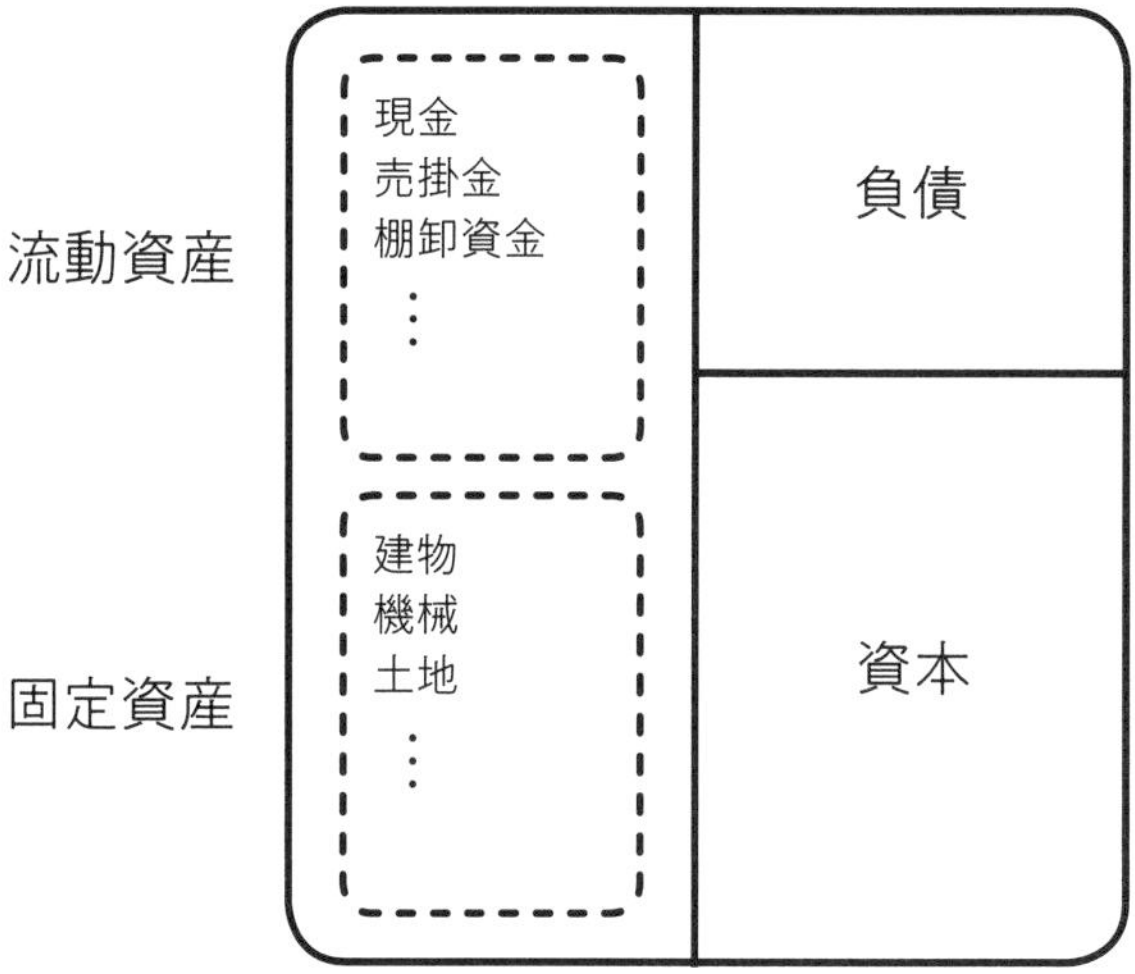

に少々敬遠されてきました。

「仮定の数字より、実際の取引数字が大切」――この姿勢は中世のイタリアから現代に至るまで、ずっと会計の根本にあります。会計の本質は簿記が登場して以来、ずっと変わらず「収支計算」なのです。

減価償却や原価計算などの少々複雑な計算でも、あくまで「実際の支出額」がベースであり、それを逸脱する計算は行われていません。このような「お金の計算」への強いこだわりによって会計への信頼が保たれてきたともいえるでしょう。

しかし企業が長期的に活動するようになると、原価評価にも問題が目立ってきました。資産が長期に保有されると、原価による評価はときに〝現実離れ〟した金額になってしまうのです。

たとえば、はるか昔に「タダ同然」で買った土地が急騰して「○億円」になっているとしたら、はたしてどちらが正しい評価額なのでしょう？

このように原価と時価の差が極端に開くようになると、「時価」

原価 vs 時価

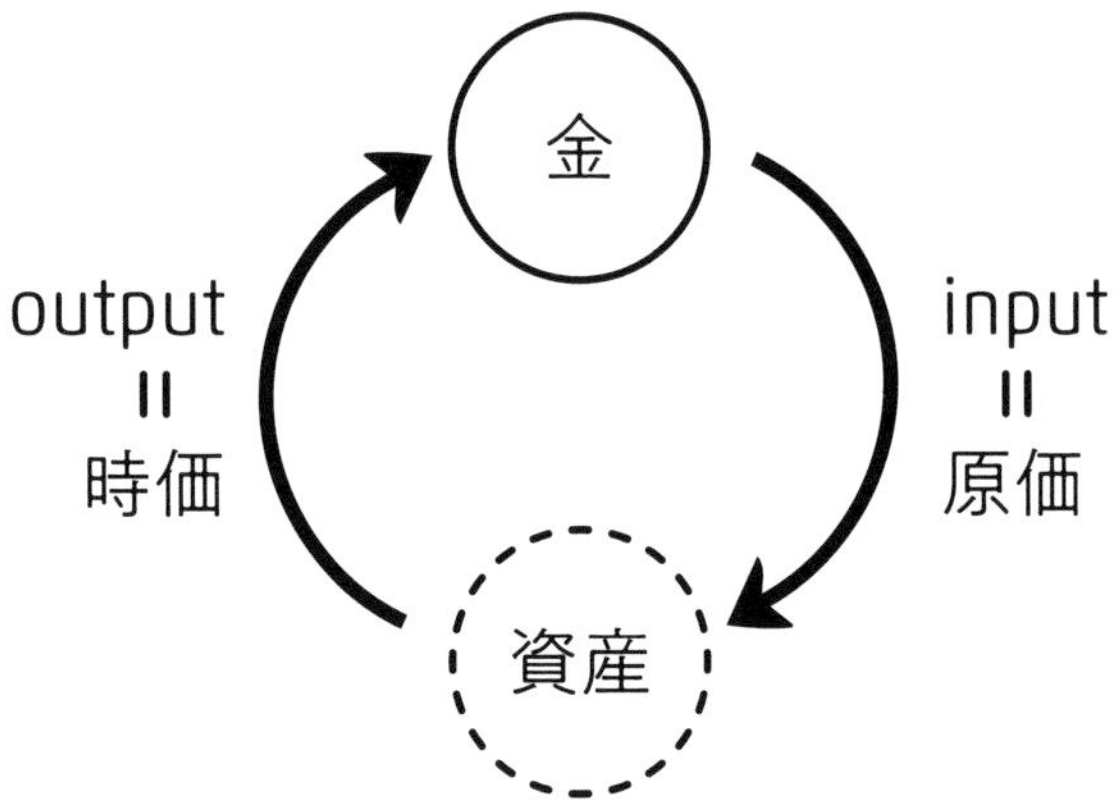

を取り入れて現状を表すほうがいいのではないかという声が強くなります。アメリカで「時価＝リターン重視」の声が高まってきたのは投資家の存在感が増し、ビートルズが活躍した1960年代のことでした。

産業シフトによって「隠れた資産」が増加した

資産評価をめぐる「原価 vs 時価」問題について、近年の国際会計では時価主義が優勢になっています。その背景に「投資家への情報提供」重視の姿勢があることは第6章ですでに説明しました。

「投資家への情報提供」を目的とした時価の採用が盛り上がってきた1960年代といえば、工業化社会から情報化社会への産業シフトがじわじわと進みはじめたころです。ちょうどそのころから、「原価 vs 時価」問題のほかにも、「新たな会計問題」が表れてきました。それが「資産とは何か？」という根本的な問題です。情報化社会には、「これまでの枠組み」ではとらえきれない資産が登場してきます。

たとえば機械を「リース」で借りた場合、それは「資産」なのでしょうか？
会社にいる「とっておきの優秀な人材」は「資産」なのでしょうか？
会社がもつ「独自のノウハウ」や「ネットワークの強み」はどうでしょう？

これらは原則として、バランスシートには計上されません。リース資産は計上されることがありますが、人材やノウハウ、ネットワークなどはルール上の資産としては認められません。ということは、バランスシートにおいて「隠れた資産」になってしまうのです。

こうしてみると、「流動資産と固定資産」の背景にある「カネとモノの2分法」には時代遅れの香りがプンプンとします。それは20世紀の主役だった流通業や製造業あたりまでは有効でしたが、情報・サービス・金融業の会社には向いていないようです。

会社の買収は、その会社の「将来の収入」をまるごと買う行為

「隠れた資産」が増えるにつれて、だんだんバランスシートは「会社の実力」を表現しなくなります。バランスシートに優秀な人材とノウハウを眠らせる会社が出てくるわけです。

こうなると、そんな会社を狙い撃ちにするスナイパー=買収者が登場してきます。彼らにとって「隠れ資産」の多い会社ほどおいしい獲物はありません。買収者にとって、「隠れ資産」を眠らせている会社を手に入れて経営改善すれば「大化け」させて一攫千金も夢ではないからです。

アメリカで19世紀の買収はライバルを潰し、コストを下げるために行われました。20世紀前半の買収はGEが行ったように、権利を手に入れるために行われました。そして20世紀後半、隠れ資産を手に入れる買収が増えていったのです。

時代遅れバランスシートに眠る「隠れた資産」を見抜いて行われる買収では、当然のことながら「買収価格」と「バランスシートの純資産（資産－負債）」の金額は一致しません。バランスシートに「眠れる資産」があればあるほど、プレミアムが乗る分だけ買収価格が大きくなります。

買収価格　＞　被買収会社バランスシート純資産

買った側は「高額の現金で、少ない資産を買う」ことになるため、そのバランスシートには差額分の空白が出ます。これが「のれん」です。資産の部に計上された「のれん」は、買収に当たって上乗せしたプレミアムを意味します。

買収価格と被買収会社バランスシート純資産の差額が「のれん」になるのはいいとして、こうした買収において「買収価格」はどう決まるのでしょうか？

買収価格の決定はたいへん重要でありながらM&Aの難所です。「会社を買うときの価格」を決めるにあたって簿記や決算書は、ほとんど役に立ちません。なぜならそこに示されているのは「過去の数字」だからです。

ではどうすれば「適正な会社の価格」を計算できるのでしょうか？　そのヒントは、先ほどの「マイケル・ジャクソンの判断」にあります。

彼はポールとヨーコが買収に失敗した2000万ポンドをはるかに上回る5300万ドルで権利を買収しました。なぜ彼が高額を出したかといえば、「それよりも大きなリターンが期待できる」と思ったからです。

マイケルは自分なりに「期待できるリターン」を計算し、それより安いと思ったので5300万ドルの支払いを決意したのでしょう。ここで「期待リターン」こそがその資産の「価値」です。


M&Aでもこれと同じく、その会社を買収すれば得られる「期待リターン」がカギになります。これはバランスシートには表れません。それは被買収会社の**「将来のキャッシュフロー」**の予想から計算されます。会社を買うとは、すなわち「その会社から生まれるキャッシュを買う」ことなのです。

ここで計算される期待リターンの合計が「企業価値」です。将来リターンを合計した企業価値（リターン）より買収価格（コスト）が低ければ買収はGO！　だし、反対

【将来のキャッシュフロー】

ポイントは「将来の」キャッシュフローなので、それは予測あるいは期待にすぎないということです。実際のところ将来のことは誰にもわかりません。それを高そうだと「期待させる」ところが経営者の腕の見せどころになるわけです。そのためには社長の人柄や服装、振る舞いなども重要です。

に企業価値より買収価格が高ければ買わないほうが賢明です。

マイケルは「著作権の価値（将来リターン合計）＞５３００万ドル」と判断したからこそ購入を決断したのです。

このように、支出したコストを重視する「ヨーコ的思考」に対して、「マイケル的思考」は将来のキャッシュ重視です。この新しい発想は、伝統的な会計の枠組みを超えるものです。会計上にいう時価主義すら飛び越えて、将来キャッシュフローを複数年度にわたって計算するというのですから。

それは「コーポレート・ファイナンス」と呼ばれる新領域として誕生してきました。

M&A時代に注目されるファイナンス

財務会計・管理会計といった「Accounting」から抜け

のれんの正体

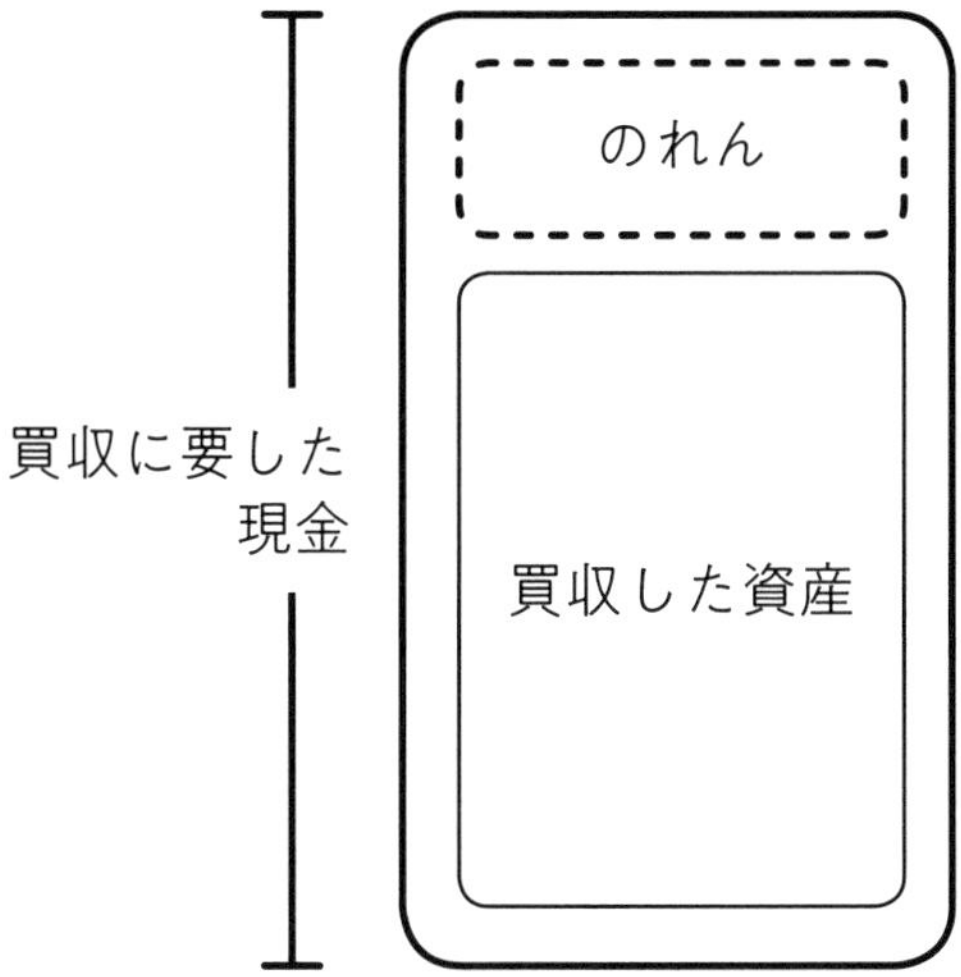

出し、別領域として成立したのがコーポレート・ファイナンス（Corporate Finance）です（わが国ではコーポレートを省略して「ファイナンス」と呼ぶことが多いです）。

ファイナンスの重要な狙いは、「会社の価値」を明らかにすることです。「会社」を売り買いするのが当たり前の時代、ＩＴ・情報サービスなどの「隠れた資産」が多い会社の価値を計算する枠組みを提供します。

ファイナンスの基本にあるのはすでに述べた「会社を買うことは、その会社から生まれるキャッシュを買う」との考え方です。シンプルに表現すれば会社の価値（＝企業価値）は次の2つのステップによって決まります。

①会社買収後の将来キャッシュフローを見積もる
②将来キャッシュフローを現在価値に割引計算する

この2つのプロセスによって「理論的に」企業価値を計算するのがファイナンスです。それは同じ数字の計算でも、「会計」とはまったく異なる世界です。

企業価値を計算する方法

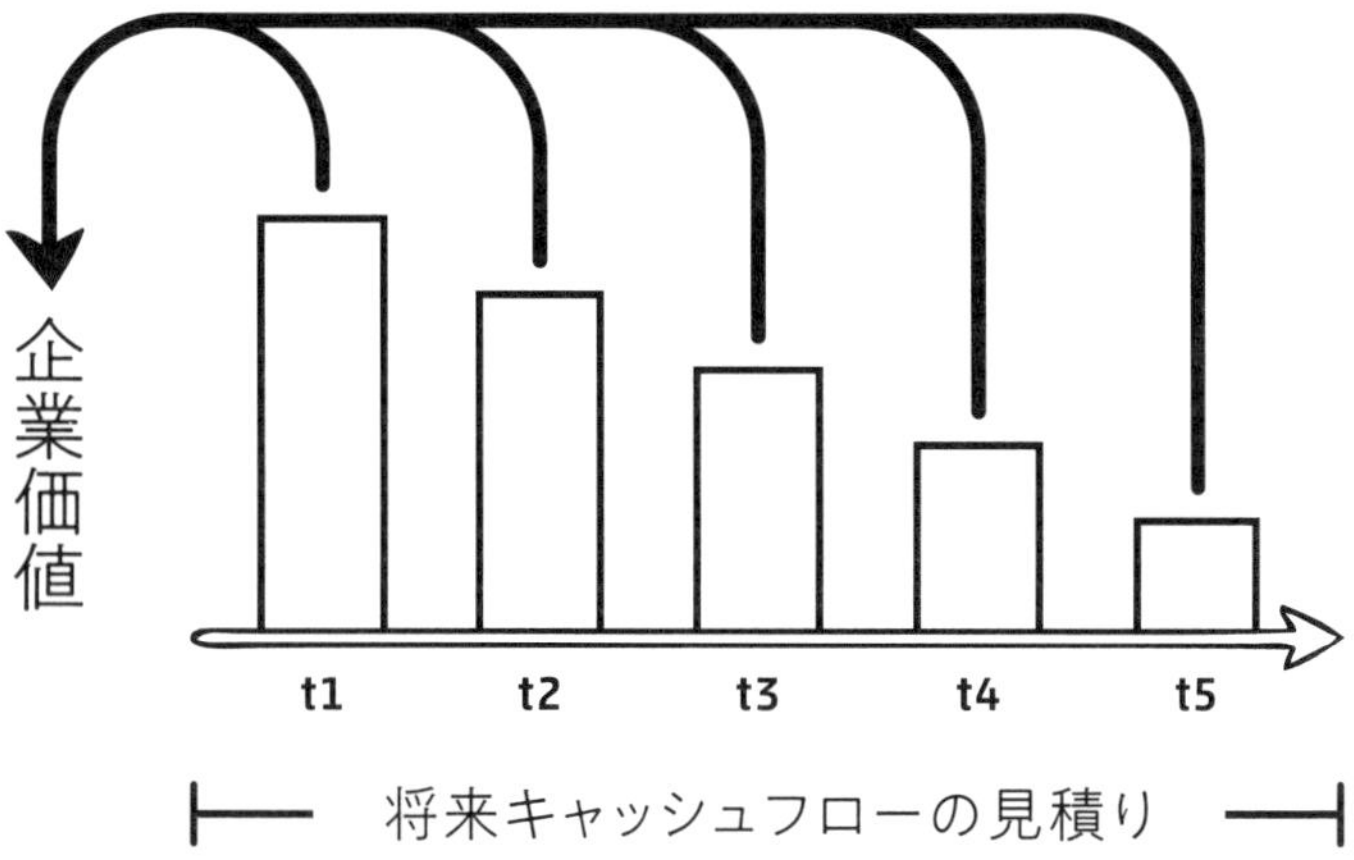

「会計」は過去から現在までの取引をベースにした記録・計算・報告の体系です。これに対してファイナンスは未来の数字を扱っており、その意味で従来の会計とは別個の計算を扱います。

ファイナンスはこれまでの会計にはなかった視点を提供してくれました。それは「企業価値を上げるためには将来キャッシュフローを増やすことが必要」ということです。そのためには投資の選択・管理の手法、在庫・売掛金・買掛金の効率管理などを行わねばなりません。

また現在価値に割引計算を行う際の「資本コスト」を下げるためには、資金調達方法の工夫、**ＩＲ**（インベスター・リレーションズ）活動の充実などを行わねばなりません。

こうしたファイナンス各論に含まれる「あるべき論」は会計の枠組みにはなかったものです。負債と資本の大きさは「取引の事実」によって事後的に決まるのが会計であり、「負債と資本の望ましい比率を考える」といった事前的な「あるべき論」はそこに存在しなかったのです。

時間軸を過去から未来へ移し、数字にあるべき論を持ち込んだファイナンスは会計を一歩進める役目を果たしました。

【ＩＲ】
近年、投資家へのＩＲ活動に力を入れる会社が増えており、ウェブサイトでの情報提供に止まらず、ＩＲ担当部署をつくる例も増えています。

3　投資銀行とファンドの活躍を支えたファイナンス

ドイツからやってきた牛追いの息子

ヨーロッパからの移民が新大陸へ大量にやってきた1848年。

ドイツの牛追いの息子、**マーカス・ゴールドマン**もそのひとりでした。

ユダヤ系の移民仲間が羽振りよく活動しているのを横目に、彼は行商人から商売をはじめ、商業手形の割引で地道に手数料を積み上げます。そこそこ儲けたところで末娘の夫サミュエル・サックスを雇い入れ、社名をMゴールドマン＆サックスと改めました。

さらにマーカスは息子ヘンリーも会社に入れます。初期のゴールドマン・サックスは親族だけで構成される同族企業でした。

地道な商売を好んだ父親とはちがい、息子のヘンリーは鉄道会社の債券・株式の引受業務に興味を示します。当時の花形だった鉄道会社にかかわることは設立間もない銀行にとって名誉なことでした。しかしこの作戦は既存銀行に邪魔されて失敗、怒りに燃えた彼は「鉄道会社がダメなら他の業界を開拓するしかない」と決心します。

ヘンリーは同じユダヤ系でリーマンブラザーズのひとり、フィリップ・リーマンと毎日同じレストランでランチを食べながら、ひそひそと金儲けの作戦を練ります。まもなく彼らは共同でシアーズ・ローバックをはじめ、数々の株式公開を企画立案し、成功させていきます。

ゴールドマン・サックスはその後も、あのフォードの株式公開などのビッグ・ディールを成立させるなど、ウォール街でも有名な存在になっていきます。

しかし派手に活動しすぎて１９２９年の大恐慌のときは「諸悪の根源」と名指しされ、また１９７０年にはアメリカ最大の鉄道会社ペン・セントラルの倒産に関連してＳＥＣからお叱りを受けるなど、数々のピンチもありました。しかしなんとかそれらを乗り切って成長を続けます。

もともと手形割引やＣＰ発行、株式公開などの手伝い、つまり「資金調達のお手伝い」をしていたゴールドマン・サックスですが、やがて彼らの仕事はそれにとどまら

【マーカス・ゴールドマン】

Marcus Goldman

（1821－1904　ドイツ・アメリカ）

バイエルン王国のユダヤ系の家に生まれる。１８４８年にアメリカに移住し、投資銀行業務に従事。ゴールドマン・サックスの創業者。

ず、「自ら株主になる」ようになります。

つまり「バランスシート右側のお手伝い」から「バランスシート右下の所有者」へと立場を変えていったわけです。

イタリアのバンコは手数料で荒稼ぎしましたが、ゴールドマン・サックスは「資金調達のお手伝い手数料」では満足せず、もっと積極的な稼ぎを狙いはじめました。

彼らはまず価値が過小評価されていたり、特別な理由で割安になっている会社を探します。その会社の株式を5～7年保有したのち、株式公開、売却、合併などによって収益を上げることを考えました。

これをプリンシパル・インベストメント事業といいます。ゴールドマン・サックスは企業価値を正しく評価する能力と、それを高めるノウハウを

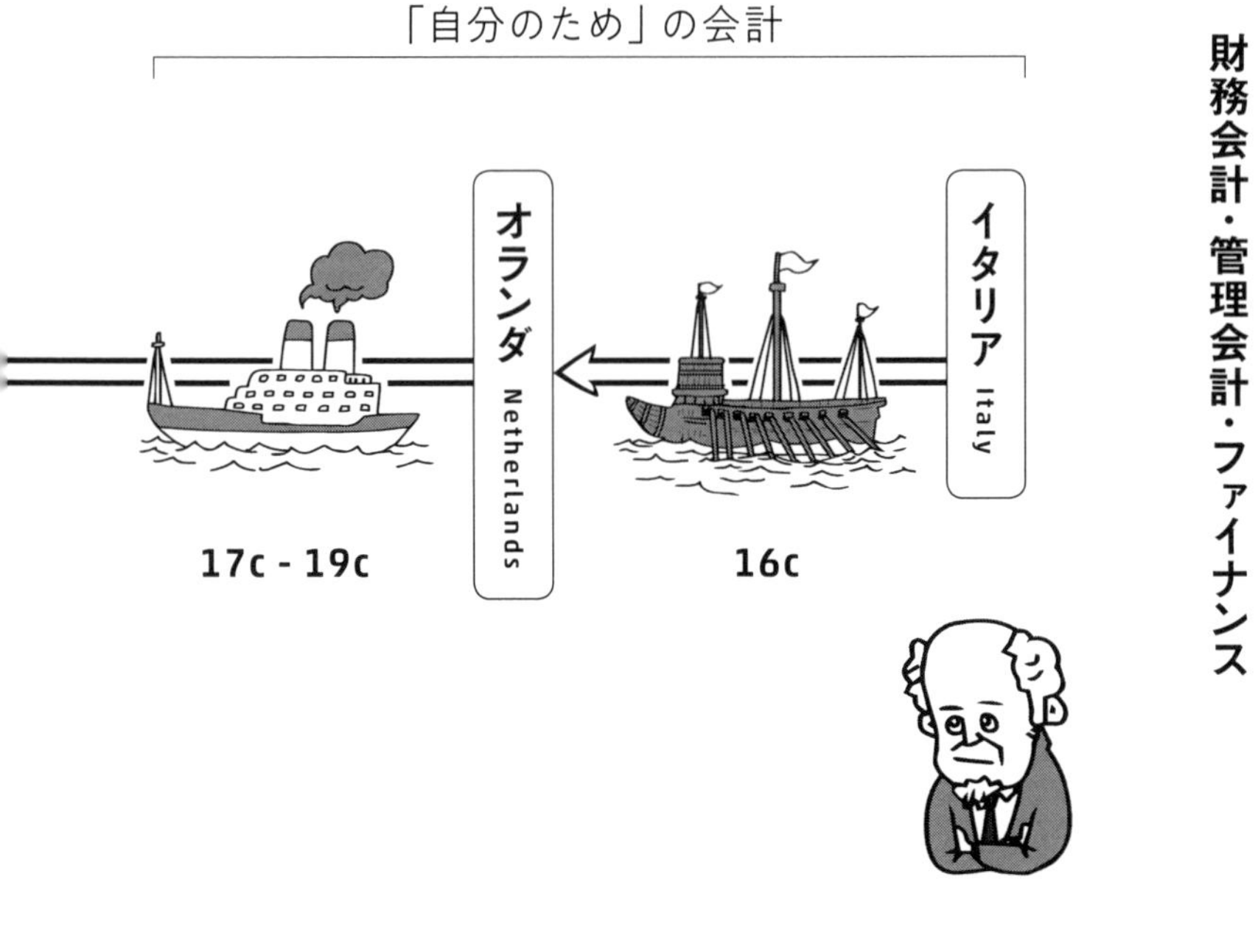

もっていました。

彼らがこの事業をはじめたのは１９９０年ごろであり、それはちょうど日本がバブルに浮かれていた時期に当たります。日本が株と不動産の値上がりに狂喜していたころ、彼らは会社の将来キャッシュフローを予測し、向上させる「ファイナンスの腕」を磨いていたわけです。

そういえばマイケル・ジャクソンがビートルズの著作権を購入した１９８５年はその直前です。もしかしたらマイケルは友人の〝金融マン〟から「これは買いだ！」とアドバイスされていたのかもしれません。

強調される投資家の視点

ファイナンス理論から飛び出した「企業価値」の概念は、簿記や決算書に対する５００年にわたる不満の爆発だったのかもしれません。会計とい

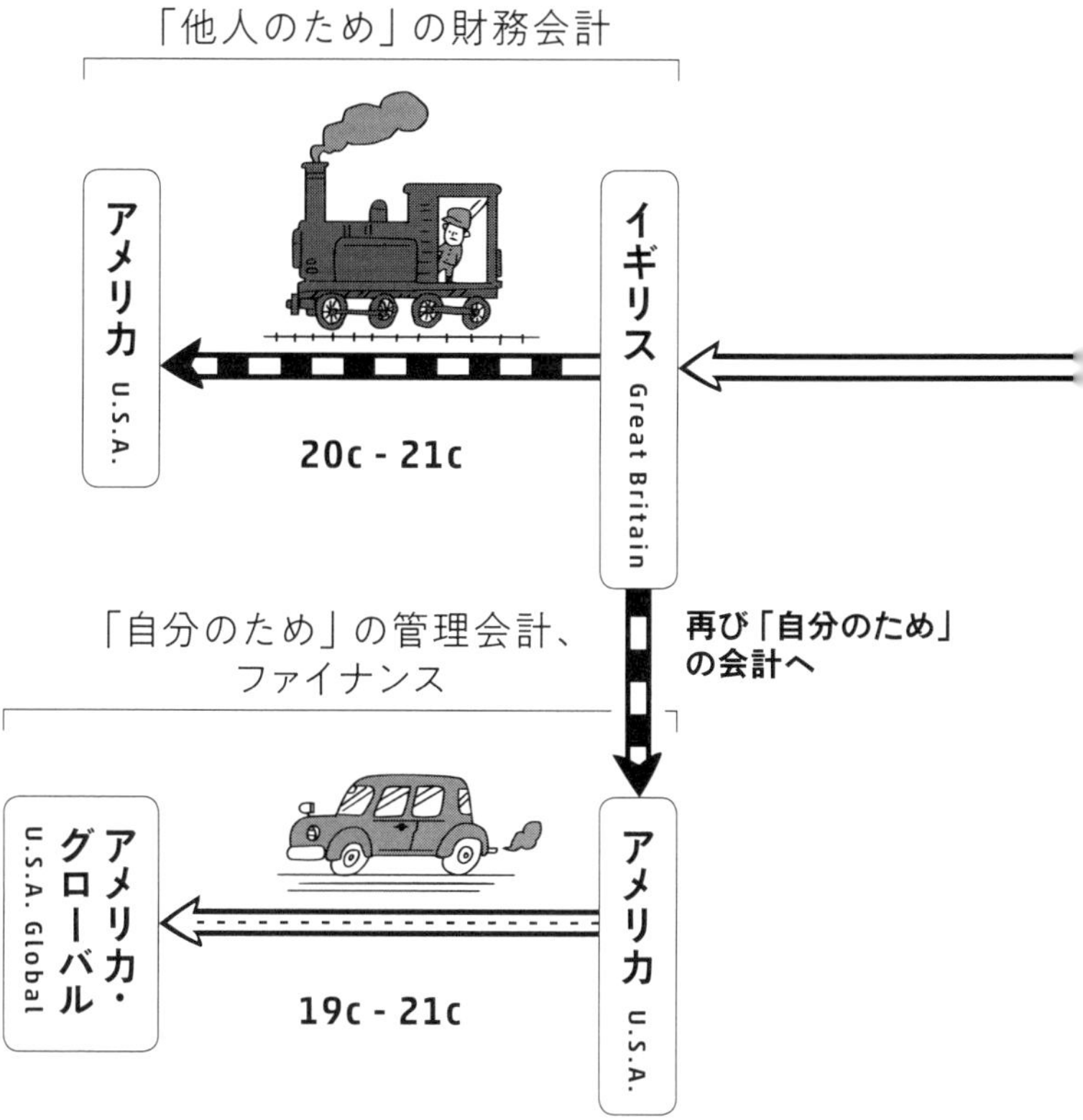

えばずっと「過去の後追い」であり、そのことに経営者や投資家たちはずっと不満をもっていました。

そこからまず一歩踏み出して殻を破ったのが管理会計です。「過去」の結果しか表さない財務会計の決算書に対して、管理会計は予算によって「未来」計画への道筋を開きました。さらにファイナンスは「未来」のキャッシュフロー予測の手法によって企業価値の計算を可能しました。

会計はオノ・ヨーコ的なコスト計算は得意ですが、マイケル的な「リターン」の予測を苦手としていました。大きな投資を行ったマイケル・ジャクソンのみならず、すべての投資家にとって「将来リターンの合計」を表す企業価値は重要な情報です。ただ、「将来のリターン」を予測したり、あるいは企業価値を向上させるにはそれなりのノウハウと経験が求められます。ゴールドマン・サックスなどの投資銀行はそのノウハウを着々と積み重ねていきました。

20世紀後半には「投資ファンド」も続々登場してきます。これによって会社へ出資する株主はかつての個人株主ではなく、組織としての株主＝機関投資家の存在感が増してくることになります。

投資銀行、投資ファンド、保険会社、年金基金……新たに登場した巨大株主の彼らは、出資をした会社の経営に対して「口を出す」ようになってきました。「物言う株主」あるいはアクティビストと呼ばれる株主が経営者に要求を突きつけることは珍しくありません。

さらには「口を出す」だけでなく「手と足も出す」ごとく、出資先の会社に対して「経営者を派遣」することが行われます。これは直接の経営サポートによって「将来キャッシュフロー」を向上させ、企業価値を上げようとする行為です。

ファイナンス理論はファンドだけでなく、会社の経営者に対しても「企業価値向上の方法」を示しました。

企業価値が「将来キャッシュフローの合計」と定義されたことで、具体的な企業価値向上への道筋が明らかにされます。ファイナンス理論で説明されるのは「**収益性評価に基づく事業の選別**（NPV法・IRR法）」「割引に用いる資本コストの計算（CAPM・WACC）」「配当・自社株買い政策」などです。

要するにこうした理論によって将来キャッシュフローの増加策を通じて「こうすれば企業価値を増やすことができる」という方法が明らかにされたわけです。

【収益性評価に基づく事業の選別】

よく用いられるNPV法は投資案の収益性を「額」で測る方法であり、IRR法は「率（%）」で測る方法です。興味のある方はエクセルに関数として入っているので、ためしに計算してみてください。

財務会計とクロスオーバーする「価値」思考

アメリカの20世紀にはさまざまな音楽ジャンルのクロスオーバーが起こりましたが、会計界でもクロスオーバーが起こりはじめました。

ファイナンス理論で培われた「将来キャッシュフロー」概念が、財務会計上の決算書ルールに影響を与えはじめています。

すでに説明したM&Aにおける企業買収時に計上される買収「**のれんの償却**」にそれが垣間見えます。

国際基準のIFRSでは買収プレミアムである「のれん」について「償却不要」としています。しかしこれはあくまで減価償却的な「規則的償却」を不要としているだけで、買収会社の「将来キャッシュフロー」が著しく下落した場合には減損処理を求めています。つまり、「価値」が下落した場合にはその下落分を一気に減損処理しなさいということであり、この背景にファイナンス理論があることは明らかです。

これと同じような処理を事業資産について適用するのが減損会計です。

減損会計が登場する以前、工場や賃貸用ビルなどの事業資産は「取得原価から減価償却費を差し引いた帳簿価額」で評価されていました。減損会計の導入によってその続きのプロセスができました。

【のれんの償却】
わが国の会計基準は「規則的償却」を求めていますが、ファイナンス色の強いIFRSは「価値下落時に減損処理」です。買収によるのれんが巨額の場合、どちらの会計基準を用いるかで利益が大きく異なるので注意が必要です。

【債務超過】
簡単にいえばバランスシートにおいて「資産<負債」の状態に陥ること。これは「すべての資産を返済に充てても借金が返せない」状態であり、会社が潰れるかもしれない厳しい状況であると理解されています。

もし仮にその資産の「将来キャッシュフローの見積もり」が著しく下落した場合は、その額、つまり「価値」相当額まで評価額を引き下げ、評価損を計上しなければなりません。この減損会計にも明らかにファイナンスの「価値」思考が入り込んでいます。

ちなみに東芝は巨額で買収したアメリカ・ウエスチングハウス社の「のれん」について巨額損失が発生、バランスシートが**債務超過**になって上場廃止になりかねない経営危機を迎えました。

このピンチをメモリー事業の売却によって乗り切ったのですが、これを2兆円で買収したのがアメリカのベインキャピタル率いる企業連合でした。彼らはマイケル的視点から「2兆円なら買いだ」と判断したわけです。

ひとつ上のレベルに上がった「数字の強さ」

20世紀、彗星のように登場したコーポレート・ファイ

減損会計とは?

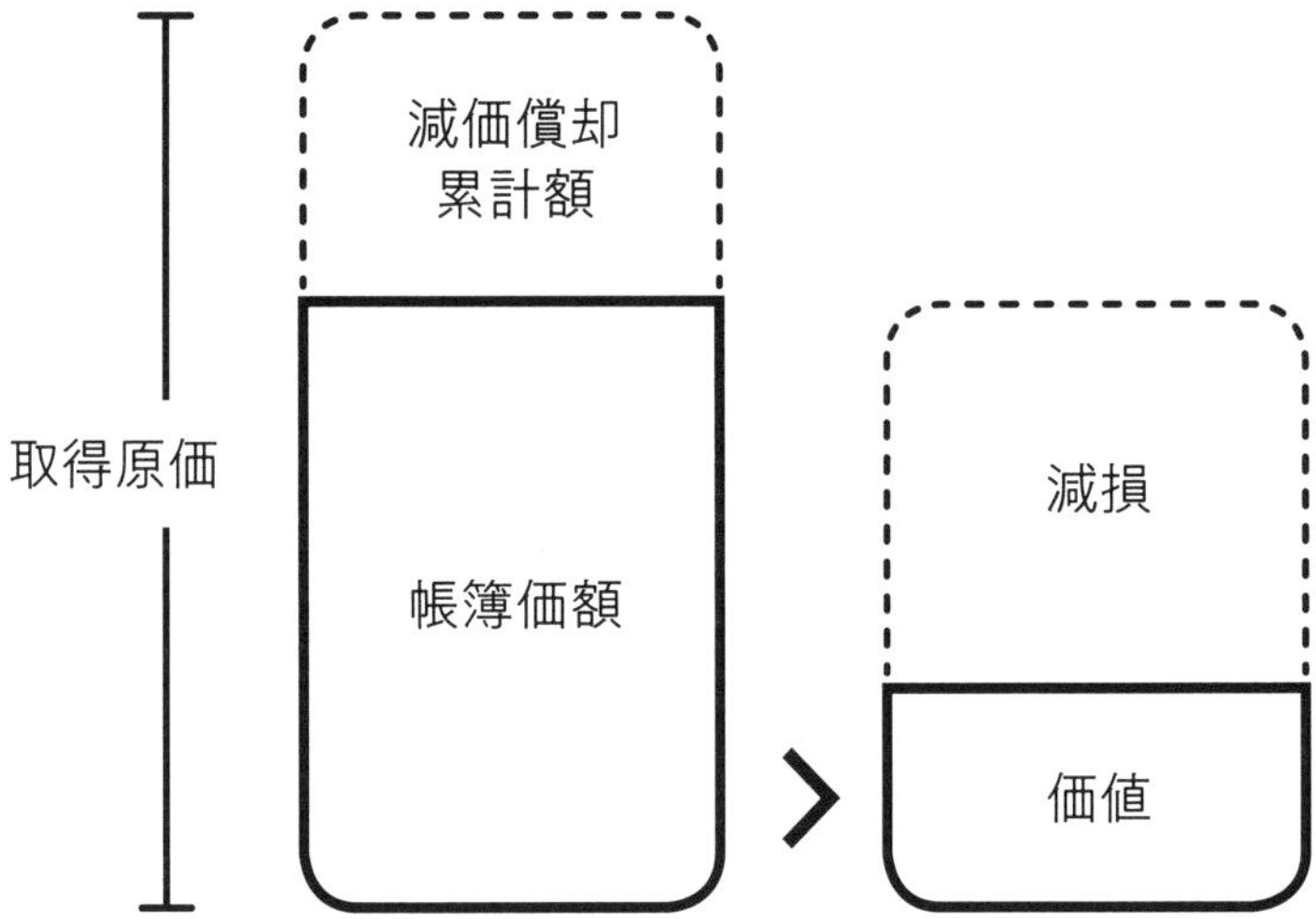

価値が著しく下がった場合は減損計上する

ナンスによって会計界の雰囲気は一変しました。

それは、「経理マン」がそれまで学んできたものとはまったくちがう新領域であり、従来の会計・経理の枠組みには収まりきらない内容だったのです。

それまでの経理部といえば法律・ルールを遵守しつつ決算書をつくる「守り」の仕事ばかりでしたが、ファイナンスの価値計算を必要とする経営企画やM&A部門といえば「攻め」の部門です。彼らが決断する「売った・買った」の取引にはファイナンス思考が欠かせません。

それまでの簿記・決算書になかった「未来」を対象とする管理会計とファイナンス。これらの登場によって「数字の強さ」はひとつ上のレベルに上がりました。

それは「帳簿をつくる〈簿記〉」そして「決算書を読む〈財務会計〉」に対して、「未来を描く〈管理会計&ファイナンス〉」力です。

イタリア・オランダの時代、商売人にとって簿記を理解して「帳簿を付ける」ことが数字の力でした。

やがて産業革命のイギリスからアメリカに至り、組織が大規模になると「決算書を読む力」が大切になってきます。帳簿を付けることは経理に任せ、ビジネスパーソンには決算書を読める力が求められるようになりました。

3つの「数字の力」

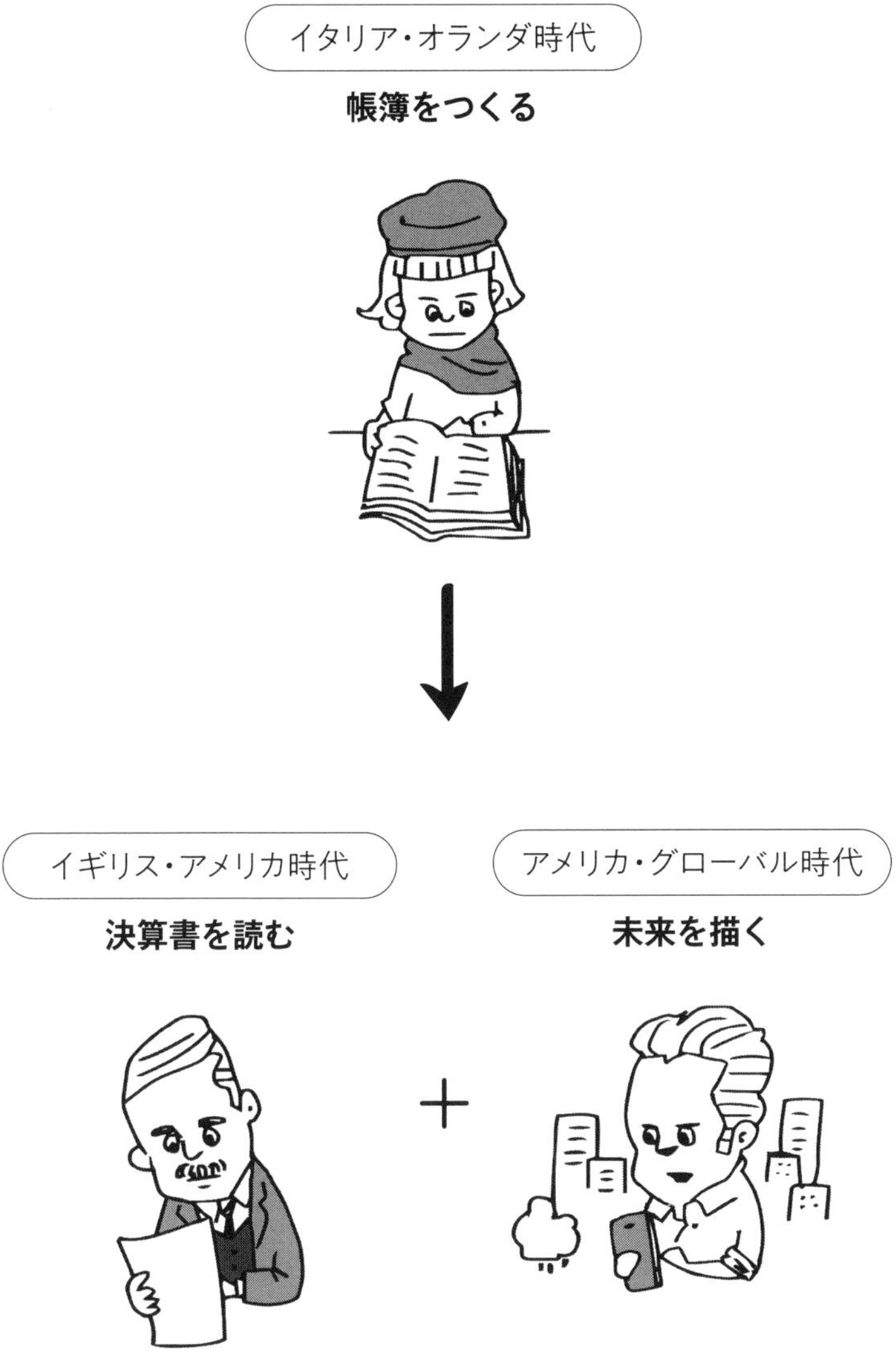
イタリア・オランダ時代
帳簿をつくる
イギリス・アメリカ時代
決算書を読む
アメリカ・グローバル時代
未来を描く

コンピューターの登場と発展は「帳簿をつくる」から「数字を読む」へのシフトをさらに後押ししました。いまや決算書は安価で優秀なソフトウェアがつくってくれますが、「数字を読む」ことは人間が行わねばなりません。かくして非経理のビジネスパーソンには「数字を読む力」が求められるようになったのです。

そして、パソコンが当たり前の時代になって存在感を増してきたのが管理会計とファイナンスです。

これらの新たな知識は真っ白な紙ならぬエクセルの空白シートに利益計画や将来キャッシュフローといった「未来を描く」ためのものです。

4 うつろいやすい「価値」を求め、さまよう私たち

5人目のビートルズ、ジョージ・マーティン

「勘弁してくれ、それは無理だ、だって俺たちはロックンロールバンドだよ？」

「試してみるだけでいいんだ、もしダメならもとの録音を使えばいいから」

そう言われて渋々納得したポール・マッカートニー。

彼がジョージ・マーティンから提案されたのは、その曲に「弦楽四重奏を入れてみないか？」というものでした。

いつものアビーロード・スタジオにてレコーディングの日がやってきました。ポールはバイオリンのビブラートに「止めさせてくれ」と注文を付けるなどしましたが、プレーンな音のバイオリン、もの悲しいチェロの音色が奏でられたこの

セッションは2時間も経たぬうち無事に終わりました。

その曲はポール自身も「大成功だ」と確信するできばえでした。

こうしてポールの歌声に弦楽四重奏をミックスして完成したのが名曲「イエスタデイ」です。

＊

このときポールを説得し、イエスタデイに弦楽四重奏を入れたジョージ・マーティンは「5人目のビートルズ」と呼ばれることもあるEMIのプロデューサーです。

他のレコード会社が興味を示さなかった4人組の新人を見いだし、世界に誇るグループへ育てました。

ビートルズの4人はその実力もさることながら、本当に「運のいい」人生を送っています。

まず彼らの両親がリバプールの爆撃を逃げのび、わが子をこの世に誕生させたこと。ナチスドイツから集中爆撃をくらったリバプールでこれはかなり運のいいことでした。

これによって、4人のうち3人がアイルランド系というメンバーは音楽好きの家族とともに、音楽に囲まれながら育つことができました。

そして彼らにとって、イギリスの徴兵令が廃止されたことはかなりの幸運でした。あと1年廃止が遅れていればジョン・レノンは兵役についていた可能性が高いのです。徴兵令の廃止によって4人は銃ではなく、ギターを持って青春期を過ごせました。

そして何よりの幸運は**ジョージ・マーティン**との出会いです。この有能かつ柔軟な音楽プロデューサーはビートルズのバンドデザインから新たな技術を駆使したレコーディングまで、ビートルズの才能を開花させる役割を果たしました。ジョージとの出会いがなければビートルズが世に出ることはなく、またわれわれがイエスタデイを聴くことがなかったかもしれません。

会計士志望から不良ロッカーにされたミック・ジャガー

ビートルズの育ての親、ジョージ・マーティンはリバプール爆撃のあと海軍航空隊に入隊しました。彼はそこで航海長や操縦士を動かすプロデューサー的な仕事をしていたようです。

当時、退役した軍人の多くは鉄道会社へ就職していました。イギリスでもアメリカでも、巨大組織を動かす経験をもつ軍人は鉄道会社からその経験を買われるのです。

【ジョージ・マーティン】
George Henry Martin
（1926－2016　イギリス）
「5人目のビートルズ」とも呼ばれる音楽プロデューサー。ビートルズ解散後も多岐にわたるミュージシャンのプロデュースに携わる。

しかしジョージは鉄道会社ではなく、好きだった音楽関係の仕事を求めてEMI(Electric and Musical Industries)に入りました。

では軍隊での経験が役に立たなかったかといえば、そんなことはありません。彼が軍隊時代に経験した「わがままな者たちを動かす操縦法」はEMIで出会った新人ビートルズの育成において大いに発揮されることになります。ジョージはビートルズ4人のわがままに辛抱強く付き合いつつ、彼らの才能を伸ばしていきました。

もし彼が音楽業界でキャリアを積んできた人間なら、〝業界の常識〟を押しつけ、彼らの才能を殺してしまったかもしれません。ジョージの既成概念に囚われない姿勢はストリングス付きのイエスタデイを生み出しただけでなく、ビートルズというバンドのスタイルにも大きな影響を与えました。

当時、多くのバンドはリード・ボーカル1人にその他メンバー数人という構成でした。ジョージはこのスタイルをとらず、ポールとジョンが2人交代でメイン・ボーカルを務め、あとの2人もボーカルをとる「個性あふれる4人組」としてビートルズを売り出しました。

またメディアに登場させるにあたってバンド・イメージをそれまでの「不良グループ」から優等生イメージに変更すべく、髪型をマッシュルームカットへ、服装はスーツへと変えさせました。

皮肉にも、少し遅れてロンドンでデビューしたローリング・ストーンズは、本当は優等生だったメンバーが、ビートルズとかぶるのを避けるため「不良イメージ」で売り出されました。

もともとキース・リチャーズは聖歌隊のボーイ・ソプラノであり、ミック・ジャガーは会計・ファイナンスを学ぶ会計士志望の学生でした。彼らはあくまでマーケティングの観点から、ビートルズの対極イメージで売り出されたわけです。

さて、ジョージ・マーティンはビートルズにユニークなバンドスタイルを定着させつつ、音づくりでも新たな方法を模索します。彼の活躍した1960年代には音楽界に劇的な技術革新が起こっていました。

19世紀のエジソンからはじまったレコーディング（録音）技術は20世紀になると、円盤の「レコード」を登場させていました。その録音技術がさらに発展をみせたのがジョージ・マーティンのころです。

ステレオ録音、マルチトラック、ノイズ除去のドルビー……EMIのアビーロード・スタジオにもこうした先端技術を含むマシンが次々と導入されていました。

ジョージ・マーティンはこれらを研究しつつ、取り入れていきました。しかし彼は決して新テクノロジーに飛びつく「新しいモノ好き」ではなく、「古い革袋に新しい酒を注ぐ」ようにサウンドをつくっていったのです。

彼の新技術を「使いこなす力」と、ビートルズと「コミュニケーションする力」が素晴らしい楽曲の数々を生み出しました。主役は新技術でも機材でもなく、人間だったのです。

それはEMIのバランスシートには載らない、新時代の資産でした。ジョージ・マーティンにとって、ビートルズとの曲づくりがとても楽しい作業だったことは次のコメントからもわかります。


「私にとってレコードを作るということは、サウンドで絵を描くことに似ていた。（中略）レコーディングの魅力は、音楽のカラーを際限なく駆使できることだ。ビートルズと仕事をするのがとくに楽しかったのも、それが主な理由だろう。」

『ザ・ビートルズ・サウンドを創った男』ジョージ・マーティン著、河出書房新社

なぜポールの作品イエスタデイが「レノン＝マッカートニー」なのか？

ジョージ・マーティンは、スタジオの高級機材よりはるかに重要な**「人的資産」**だっ

たにもかかわらず、EMIは彼の処遇を誤ってしまいました。たびたびEMIとぶつかった末に彼は退社し、自分の会社をつくりました。

人間の業績を評価するのはモノの評価よりはるかに難しいことです。誰がどれだけ組織に貢献したかを測る難しさは21世紀になってもまったく解決されず、ずっと経営者を悩ませ続けています。

音楽をはじめとする無形の情報・サービス・権利が金を生み出す時代になると、産業革命以来の主役だった機械ではなく、人的資産がますます重要になってきます。そこでは人間関係やチームワークが収益を決めるといっても過言ではありません。

しかしチームワークを良好に保つのは難しく、また数字で評価するのも容易ではありません。ポールが完成させた「イエスタデイ」はレコーディングされてからしばらく世に出ませんでした。他の3人が参加していないポールの〝ソロ〟だったため、ビートルズの曲としては取り扱いが難しかったようです。

またイエスタデイは明らかにポールの曲であるにもかかわらず、「レノン＝マッカートニー」で著作権登録されています。ジョンとポールの2人は数々の共作をつくる一方、それぞれの単独作もつくっていました。しかしこれについて「共作と単独作」の線引きをするのはきわめて難しく、その困難性からすべての曲を「レノン＝マッカートニー」として扱ったようです。

【人的資産】

資産には流動資産と固定資産があるとすれば、人的資産はどちらに入るのでしょう？　残念ながらどちらにも入りません。これほど大切な資産をバランスシート計上できないのだから、これは会計の限界です。なぜ計上できないかといえば、人的資産＝人間は金額評価できないからです。流動人間・固定人間の部があれば面白いとは思いますが。

2人の関係が良好な間はそれで問題ありませんでしたが、この著作権をノーザンソングスに帰属させたうえで同社が株式公開し、さらに2人の関係が悪くなると大きな問題が起こります。

ビートルズ楽曲の著作権に話を戻しますと、ポールはオノ・ヨーコに共同購入を渋られたとき、どうして単独で買い戻しをしなかったのでしょうか？　金額的にはポール単独でも十分出せたと思うのです。

これは想像の域を出ませんが、おそらくジョンが死亡した直後でもあり、レノン＝マッカートニー名義の著作権の「独り占め」批判をおそれたのだと思います。

亡き友人との関係を気にしているうちにマイケル・ジャクソンに買われてしまった悲劇。機械であればメンテナンスを行えば長く使えますが、人間関係のほうはそうはいきません。ある日突然チームワークが壊れることもありえます。それがビジネスであれば、その瞬間に「将来キャッシュフロー」を失ってしまうわけです。

Taste of HoneyかそれともWaste of Moneyか？

ビートルズがデビューした頃の１９６０年代アメリカは、会計史における転換期でもありました。

それまでの「効率」重視が行きすぎると縮小均衡に陥いる危険があります。コストを削り、資産を圧縮すれば目先のＲＯＩはすぐ上昇するからです。しかしそれでは長期的な成長が望めません。

そのことに気付いた経営者はファイナンス理論の助けを借りつつ「価値」を重視しはじめました。そこで注目される企業価値は「将来キャッシュフローの合計」です。

振り返れば大陸横断鉄道が完成し大量生産がはじまった19世紀後半、カーネギーやロックフェラーたちは「規模」を目指しました。続いて企業規模が拡大し、多角化がはじまった20世紀前半、デュポンは「効率」を目指すようになりました。そしてビートルズが登場した情報化時代の20世紀後半、こんどは「価値」が経営のキーワードになりました。

企業価値志向には「規模から効率」の段階でいったん縮みがちになった経営を、「効率から価値」への転換によって拡大・成長路線に戻そうという意気込みが感じられます。そのためには短期的な売上・利益重視の〝古い常識〟を捨て、未来の将来キャッシュフローを増やす努力をしなければなりません。少数の勇敢な経営者たちはその困難に立ち向かいはじめています。

ジョージ・マーティンの手によって誕生したビートルズの記念すべきデビューアルバム「Please Please Me」。そこには彼らのオリジナル8曲とカバー6曲が収録されています。

カバー曲のなかに「Taste of Honey（蜜の味）」という〝違和感〟を感じさせる曲があります。昔から個人的に、どうも他の曲とはちがう雰囲気を感じていました。

どうやら「Taste of Honey」はポールのお父さんであるジム好みの曲だったようです。かつてジャズ・ミュージシャンだったジムおよびその世代の人々が愛した曲、それもあってポールはこれを録音・演奏したのでしょう。

この曲は彼女を残して戦争に出た兵士の心境を歌います。忘れがたき彼女とのキスを蜜の味にたとえ、「きっと君のもとへ返る」と歌われる切ない想い。ジムとポール親子は、はるか昔、勇敢に戦ったアイルランド兵士を思いながらこの曲を歌ったのでしょう。

「Please Please Me」ジャケット写真

しかしジョン・レノンはこの曲がお気に召さなかったようで、なんとも気のないコーラスを歌っています。ロックンローラー・ジョンはこの古くさい歌をライブで演奏する際、Waste of Money（＝金の無駄遣い）と替え歌にしてふざけていたそうです。

Taste of Honey（蜜の味）かWaste of Money（無駄遣い）か。

同じ曲でも人の好みは分かれます。

M&Aでも将来キャッシュフローの読みについて、ある人は「Taste of Honey」といい、別の人は「Waste of Money」といいます。

将来のことは誰にもわかりません。私たちはビートルズが解散してずいぶん時間が経ったいまも、「Taste of Honey」と「Waste of Money」の狭間をさまよい続けています。

第3部のおわりに

とうとう最後の第3部が終わりました。

ジャズとロックの流れる旅はいかがでしたでしょうか？

イギリスから少し遅れて建設されたアメリカの巨大鉄道はアメリカを大きく変えていきました。そこではじまった「規模」重視、大量生産の象徴が「コカ・コーラ」です。安く・広く売るアメリカン・ブランドの製造現場で原価計算と管理会計が発達しました。

やがてデュポンの「ストッキング」に代表される多角化がはじまると、「効率」を追求する事業部の業績管理が行われるよ

うになります。

そして最後に登場したのが「レコード」です。重要なのは円盤そのものではなく、そこに記録されている情報としての音楽です。情報が「価値」を生む時代になりました。

鉄道が建設されてから150年、アメリカの経営は「規模→効率→価値」を追求すべく変化してきました。

産業構造が変わり、経営の方向性が変わり、音楽が変わったアメリカ。

長かった道のり、しかしこれで終わりではありません。

道はこの先もまだまだ続くのです。

エピローグ

Epilogo

「サルバトール・ムンディ」
レオナルド・ダ・ヴィンチ
Salvator Mundi , Leonardo da Vinci
(1490-1500)

2017年11月15日。

レオナルド・ダ・ヴィンチ作「サルバトール・ムンディ」が508億円で落札されました。これは絵画オークション史上、最高の落札金額です。

この絵はレオナルド・ダ・ヴィンチによって500年前のフィレンツェで描かれたのち、イタリアからイギリス、アメリカと海を渡って落札されました。

「イタリアからイギリス、アメリカをめぐる500年の旅」――これは本書で扱った「会計の歴史をめぐる旅」の道のりとまったく同じです。

「サルバトール・ムンディ」を落札したのはどこかの富豪か、美術館か、それとも投資銀行か？

謎が謎を呼んだ落札者ですが、その正体はサウジアラビアの皇太子であったことが後日判明しました。

彼はアラブ首長国連邦（UAE）に新設された美術館「ルーブル・アブダビ」の仲介者として絵を落札したらしく、絵はその美術館で公開されることが決まりました。

もともと東方文化の強い影響によって花開いたフィレンツェのルネサンス。東方にあこがれたイタリア画家の絵が、ヨーロッパからアメリカ、ぐるりと世界を一周して東方へ戻ることになったわけです。

さてその昔、黄金の国ジパングとしてヨーロッパから憧れられた東方の国がわが日本。真面目に簿記や会計を学んだわが国は、その甲斐あって世界有数の経済国となったものの、最近は失速気味です。

もしかしたらルカ・パチョーリに「ちゃんと決算しなさい」と怒られていたイタリア商人たちを見習って、もっと商売をエンジョイし、リスクに挑むことが必要なのかもしれません。

商売のお手本はアメリカの効率経営ではなく、世界を一周する前のイタリア・リズカーレかもしれない——そんな気がしてなりません。


さて本書で扱った500年の会計史。

イタリアからイギリス、そしてアメリカへぐるりと地球を一周するあいだに、少しずつ少しずつルールは整備されていきました。株主や投資家から預かった資金を大切にするためのガバナンスの仕組み、投資家に情報提供するためのディスクロージャーの仕組みなどもつくられました。

さらには管理会計やファイナンスなど、経営者の判断を助ける、ありがたい枠組みも登場しています。

こうしてみると、この会計500年の歩みは資本市場や企業経営をしっかり支えてきたことがわかります。

そしていま、会計ルールが整備され、管理会計・ファイナンス理論が発展するなかで、「きちんとしているが儲からない会社」や「儲かっているが楽しくない会社」が増えてきているように思えてなりません。

どうしたら儲けるだけでなく、働く人たちにとって楽しい会社をつくることができるのか?
会計を救世主（サルバトール・ムンディ）にするためには、新たな価値の定義と創造が必要のようです。

本書で500年かけて世界をぐるりと一周する旅の間、各地にいろいろな「父と息子」たちがいました。
みんな揃いも揃って貧乏で不器用な父親でしたが、彼らは息子にさまざまな財産を残しています。

イタリアのピエロは、
息子の才能を開花させる修行の場所を用意しました。

イギリスのスティーブンソンは、
息子に夢に挑戦する楽しさを教えました。

アメリカのジョーは、
息子にアイルランド人初の名誉を勝ち取らせました。

アメリカのリーランドは、
息子たちに素晴らしい学びの場を提供しました。

リバプールのジムは、
息子に音楽の楽しさと、家族の温かさを教えました。

父より息子へ。

さて、あなたはこの国の未来の息子たちへ、どんな「価値」を残すのでしょうか？

旅のおわりに

あとがきに代えて

最後までお読みいただいた皆さま、どうもありがとうございます。

本書の執筆には、予定よりもはるかに長い時間がかかりました。「会計と歴史をエピソード満載に組み合わせ、楽しい物語をつくる」その壮大すぎる試みは、事前の予想をはるかに上回る大変さでした。

なんとか完成までこぎ着けたのは、たくさんの協力者のおかげです。

情報収集、ためし講義、校正などには海外を含む多くの方にたいへんお世話になりました。本当にありがとうございました。

自画自賛ながらほれぼれするカッコ良さの本書、それは長大な物語を読みやすいデザインにまとめてくれたデザイナーの新井大輔さん、スマートなイラストでアクセントを加えてくれたイラストレーターのヤギワタルさん、そしていつもしっかり伴走してくれる編集者〝ジョージ・マーティン〟赤木裕介さんのおかげです。一緒にこの作品を創作できた幸せを喜びつつ、心から感謝したいと思います。

本書を読み終えた読者は、帳簿、決算書、予算、企業評価などの歴史が「意外に短い」ことに気付かれたことでしょう。

私たちは歴史を学ぶことによって、あらゆるものごとが「普遍的・絶対的な存在ではない」ことを知ることができます。

だからこそ守るべきところは守りつつ、変えるべきところについては「変える勇気」をもたねばなりません。本書がそのお役に立てるとしたら、私にとってこれに過ぎる喜びはありません。

さて、今回扱った歴史と会計の２つには、意外な共通点があります。
それは「教えてくれる先生がとても重要である」ということです。
経験的に、歴史も会計も「どの先生に教わるか」で好き嫌いがほとんど決まってしまうのです。「誰に学ぶか」がすごく重要な歴史と会計をいっぺんに扱った本書――少しでも「面白かった」と感じてくれた読者がいることを祈るばかりです。

今回は思い切った「講釈師、見てきたような嘘を言い」の精神で、大胆な表現につとめました。正確な専門知識が必要な方は、別途の確認をお願いします。
また歴史の表現についても勇み足やまちがいがあるかもしれません。もしお気づきになった方がいらっしゃいましたらご指摘をいただければ幸いです。あるいは感想やその他ご連絡などがあれば、こちらのメールアドレスか私のウェブサイトより一報ください。

tanaka2018history@yahoo.co.jp
田中靖浩公認会計士事務所　http://www.yasuhiro-tanaka.com/

それでは皆さん、またどこかでお目にかかりましょう。

田中靖浩

参考文献

第1章

『レオナルド・ダ・ヴィンチの生涯』チャールズ・ニコル著、越川倫明他訳、白水社
『レオナルド・ダ・ヴィンチ』マーティン・ケンプ著、藤原えりみ訳、大月書店
『宮廷人レオナルド・ダ・ヴィンチ』久保尋二著、平凡社
『ルネサンス文明』ジャン・ドリュモー著、桐村泰次訳、論創社
『イタリア都市社会史入門』齊藤寛海他編、昭和堂
『ヴェネツィア』ウィリアム・H・マクニール著、清水廣一郎訳、講談社学術文庫
『ヴェニスの商人』シェイクスピア著、福田恆存訳、新潮文庫
『ルネサンスの歴史（上）』I・モンタネッリ他著、藤沢道郎訳、中公文庫
『ルネサンスとは何であったのか』塩野七生著、新潮文庫
『海の都の物語（1～6）』塩野七生著、新潮文庫
『中世イタリアの都市と商人』清水廣一郎著、洋泉社
『ルネサンス　料理の饗宴』デイヴ・デ・ウィット著、須川綾子他訳、原書房
『地中海の覇者ガレー船』アンドレ・ジスベール他著、遠藤ゆかり他訳、創元社
『スパイス、爆薬、医薬品』P・ルクーター他著、小林力訳、中央公論新社
『会計の時代だ』友岡賛著、ちくま新書
『近代会計史入門』中野常男他著、同文舘出版
『紙　二千年の歴史』ニコラス・A・バスベインズ著、市中芳江他訳、原書房
『メディアとしての紙の文化史』ローター・ミュラー著、三谷武司訳、東洋書林
『会計の歴史探訪』渡邉泉著、同文舘出版
『帳簿の世界史』ジェイコブ・ソール著、村井章子訳、文藝春秋
『負債論』デヴィッド・グレーバー著、酒井隆史監訳、以文社

第2章

『ルネサンス都市フィレンツェ』ジーン・A・ブラッカー著、森田義之他訳、岩波書店
『ルネッサンス夜話』高階秀爾著、平凡社
『中世イタリア商人の世界』清水廣一郎著、平凡社
『大聖堂・製鉄・水車』ジョゼフ・ギース他著、栗原泉訳、講談社学術文庫
『イタリアの中世都市』亀長洋子著、山川出版社

『株式会社』ジョン・ミクルスウェイト他著、鈴木泰雄訳、ランダムハウス講談社
『フィレンツェ』池上俊一著、岩波新書
『フィレンツェ』若桑みどり著、講談社学術文庫
『メディチ家』森田義之著、講談社現代新書
『神からの借財人　コジモ・デ・メディチ』西藤洋著、法政大学出版局
『メディチ・マネー』ティム・パークス著、北代美和子訳、白水社
『メディチ家の盛衰（上）』クリストファー・ヒバート著、遠藤利国訳、東洋書林
『メディチ宮廷のプロパガンダ美術』松本典昭著、ミネルヴァ書房
『カラー版　ヨーロッパ中世ものづくし』キアーラ・フルゴーニ著、高橋友子訳、岩波書店
『会計と会計学のレーゾン・デートル』友岡賛著、慶應義塾大学出版会
『歴史から学ぶ会計』渡邉泉著、同文舘出版
『バランスシートで読みとく世界経済史』ジェーン・グリーソン・ホワイト著、川添節子訳、日経BP社
『パチョリ簿記論』本田耕一訳、現代書館

第３章

『数量化革命』アルフレッド・W・クロスビー著、小川千重子訳、紀伊國屋書店
『ラテン語の世界』小林標著、中公新書
『零の発見』吉田洋一著、岩波新書
『魔女狩り』森島恒雄著、岩波新書
『魔女狩り』ジャン‐ミシェル・サルマン著、池上俊一監修、富樫瓔子訳、創元社
『宗教改革とその時代』小泉徹著、山川出版社
『宗教改革の真実』永田諒一著、講談社現代新書
『経済を読み解くための宗教史』宇山卓栄著、KADOKAWA
『レンブラント工房』尾崎彰宏著、講談社選書メチエ
『レンブラント』エルンスト・ファン・デ・ウェテリンク著、メアリー・モートン訳、木楽舎
『レンブラント』パスカル・ボナフー著、高階秀爾監修、村上尚子訳、創元社
『レンブラントのコレクション』尾崎彰宏著、三元社
『世界のビジネスエリートが見につける教養「西洋美術史」』木村泰司著、ダイヤモンド社
『物語　オランダの歴史』桜田美津夫著、中公新書
『世界システム論講義』川北稔著、ちくま学芸文庫
『街道をゆく35オランダ紀行』司馬遼太郎、朝日文芸文庫
『世界史のなかの産業革命』R・C・アレン著、眞嶋史叙他訳、名古屋大学出版会
『新ヨーロッパ経済史Ⅱ－資本・市場・石炭－』中川洋一

郎著、学文社
『「豊かさ」の誕生』ウィリアム・バーンスタイン著、徳川家広訳、日本経済新聞出版社
『東インド会社とアジアの海』羽田正著、講談社
『東インド会社』浅田實著、講談社現代新書
『オランダ東インド会社』永積昭著、講談社学術文庫
『栄光から崩壊へ　オランダ東インド会社盛衰史』科野孝蔵著、同文舘出版
『近代ヨーロッパの誕生』玉木俊明著、講談社選書メチエ

第4章

『ロンドン大火』大橋竜太著、原書房
『動力物語』富塚清著、岩波新書
『図説世界史を変えた50の戦略』ダニエル・スミス著、小林朋則訳、原書房
『スティーブンソンと蒸気機関車』C・C・ドーマン著、前田清志訳、玉川大学出版部
『鉄道の誕生』湯沢威著、創元社
『鉄道と戦争の世界史』クリスティアン・ウォルマー著、平岡緑訳、中央公論新社
『世界鉄道史』クリスティアン・ウォルマー著、安原和見他訳、河出書房新社
『鉄道の歴史』クリスチャン・ウォルマー著、北川玲訳、創元社
『鉄道会計発達史論』村田直樹著、日本経済評論社
『会計の歴史〈改訂版〉』友岡賛著、税務経理協会
『会計士の誕生』友岡賛著、税務経理協会
『ファイナンス発達史』J・B・バスキン他著、青山英男監訳、文眞堂
『絵画の「進化論」』小田茂一著、青弓社
『ターナー』藤田治彦著、六耀社
『写真の歴史入門　第1部「誕生」』三井圭司著、新潮社
『輸送の安全からみた鉄道史』江崎昭著、グランプリ出版
『近代イギリス会計史研究』村田直樹著、晃洋書房

第5章

『英米鉄道会計史研究』中村萬次著、同文舘出版
『アメリカ鉄道創世記』加山昭著、山海堂
『アメリカ鉄道業の生成』小澤治郎著、ミネルヴァ書房
『アメリカ鉄道業の展開』小澤治郎著、ミネルヴァ書房
『アメリカの鉄道史』近藤喜代太郎著、成山堂書店
『アメリカ会計発達史』濱田弘作著、白桃書房
『闘う公認会計士』千代田邦夫著、中央経済社
『アメリカ経営分析発達史』國部克彦著、白桃書房
『バブルの物語』ジョン・K・ガルブレイス著、鈴木哲太郎訳、ダイヤモンド社
『汝の父の罪』ロナルド・ケスラー著、山崎淳訳、文藝春秋

『ケネディ家の人びと（上・下）』ピーター・コリヤー他著、鈴木主税訳、草思社
『ウォールストリートの変革』ジョエル・セリグマン著、田中恒夫訳、創成社
『ウォールストリートの歴史』チャールズ・R・ガイスト著、中山良雄訳、入江吉正編、フォレスト出版
『世界大恐慌』秋元英一著、講談社学術文庫
『大恐慌のアメリカ』林敏彦著、岩波新書

第6章

『アトラス世界航空戦史』アレグザンダー・スワンストン他著、石津朋之他監訳、原書房
『バトル・オブ・ブリテン』リチャード・ハウ他著、河合裕訳、新潮文庫
『英独航空戦』飯山幸伸著、光人社NF文庫
『英独軍用機』飯山幸伸著、光人社NF文庫
『ベンツと自動車』D・ナイ著、川上顕治郎訳、玉川大学出版部
『ベンツの興亡』山本武信著、東洋経済新報社
『カール・ベンツ』マルティン・グリューネヴァルト他著、Éditions du Signe
『自動車と私 カール・ベンツ自伝』カール・ベンツ著、藤川芳朗訳、草思社文庫
『IT全史』中野明著、祥伝社
『帝国の手先』D・R・ヘッドリク著、日本経済評論社
『戦争と科学者』トマス・J・クローウェル著、藤原多伽夫訳、原書房
『戦争の物理学』バリー・パーカー著、藤原多伽夫訳、白揚社
『ヴィクトリア朝時代のインターネット』トム・スタンデージ著、服部桂訳、NTT出版
『レーダーの歴史』辻俊彦著、芸立出版
『人に話したくなる世界史』玉木俊明著、文春新書
『逆転の世界史』玉木俊明著、日本経済新聞出版社
『IFRSと包括利益の考え方』高田橋範充著、日本実業出版社

第7章

『正義のリーダーシップ』本間長世著、NTT出版
『企業発展の史的研究』鳥羽欽一郎著、ダイヤモンド社
『モルガン家（上・下）』ロン・チャーナウ著、青木榮一訳、日経ビジネス人文庫
『ウォール街指令』大森実著、講談社
『大陸横断鉄道』大森実著、講談社
『勇気ある決断』フェリックス・ロハティン著、渡辺寿恵子訳、鹿島出版会
『奴隷と奴隷商人』ジャン・メイエール著、猿谷要監修、国領苑子訳、創元社

『アメリカ連結会計生成史論』小栗崇資著、日本経済評論社
『連結会計の生成と発展』山地範明著、中央経済社
『アメリカ鉄道管理会計生成史』高梠真一著、同文舘出版
『会計士の誕生』友岡賛著、税務経理協会
『米国管理会計論発達史』廣本敏郎著、森山書店
『アメリカ管理会計生成史』高梠真一著、創成社
『管理会計発達史』田中隆雄著、森山書店
『カーネギー自伝』アンドリュー・カーネギー著、坂西志保訳、中公文庫
『U・S・スティール経営史』黒川博著、ミネルヴァ書房
『カリフォルニアの黄金』越智道雄著、朝日選書
『黄金』ブレーズ・サンドラール著、生田耕作訳、白水社
『ゴールドラッシュ物語』岡本孝司著、文芸社
『アメリカ鉄鋼業発達史序説』永田啓恭著、日本評論社
『ロックフェラー回顧録』デイヴィッド・ロックフェラー著、楡井浩一訳、新潮社
『石油の世紀（上）』ダニエル・ヤーギン著、日高義樹他訳、日本放送出版協会
『石油の歴史』エティエンヌ・ダルモン他著、三浦礼恒訳、白水社
『独占者の福音』大森実著、講談社
『コカ・コーラ帝国の興亡』マーク・ペンダグラスト著、古賀林幸訳、徳間書店
『神話のマネジメント』河野昭三他著、まほろば書房
『血族たち』エリザベス・C・キャンドラー他著、西村摩耶他訳、太陽社
『ライバル企業は潰せ』大森実著、講談社
『アメリカを歌で知る』ウェルズ恵子著、祥伝社新書
『魂をゆさぶる歌に出会う』ウェルズ恵子著、岩波ジュニア新書
『新書で入門　ジャズの歴史』相倉久人著、新潮新書
『あなたの聴き方を変えるジャズ史』村井康司著、シンコーミュージック・エンタテイメント
『リズム＆ブルースの死』ネルソン・ジョージ著、林田ひめじ訳、早川書房

第8章

『禁酒法』岡本勝著、講談社現代新書
『禁酒法のアメリカ』小田基著、ＰＨＰ研究所
『J・O・マッキンゼーの予算統制論』北村浩一著、中央経済社
『エジソン』ニール・ボールドウィン著、椿正晴訳、三田出版会
『エジソン』ジーン・アデア著、近藤隆文訳、大月書店
『ＧＥの組織革新』坂本和一著、法律文化社
『戦争コングロマリット』大森実著、講談社

『資本利益率のアメリカ経営史』高浦忠彦著、中央経済社
『デュポン経営史』小澤勝之著、日本評論社
『管理会計の知見』田中隆雄著、森山書店
『組織の会計論』吉村文雄著、森山書店
『レレバンス・ロスト』H・T・ジョンソン他著、鳥居宏史訳、白桃書房
『サッチモ』ルイ・アームストロング著、鈴木道子訳、音楽之友社
『はばたけ、ルイ』ミュリアル・ハリス・ワインスティーン著、若林千鶴訳、リーブル
『ルイ・アームストロング』川又一英著、メディアファクトリー
『アメリカ音楽史』大和田俊之著、講談社選書メチエ
『エルヴィス・プレスリー』東理夫著、文春新書
『エルヴィス、最後のアメリカン・ヒーロー』前田絢子著、角川選書
『エルヴィスの真実』ジョー・モスケイオ著、中嶋典子訳、フォレストブックス

第9章

『ポール・マッカートニー／メニー・イヤーズ・フロム・ナウ』バリー・マイルズ著、竹林正子訳、松村雄策監修、ロックキング・オン
『ザ・ビートルズ史（上）』マーク・ルイソン著、山川真理他訳、河出書房新書
『ポール・マッカートニー告白』ポール・デュ・ノイヤー著、奥田祐士訳、DU BOOKS
『ポール・マッカートニー　ザ・ライフ』フィリップ・ノーマン著、石川憲一他訳、KADOKAWA
『ポール・マッカートニーと「イエスタデイ」の真実』レイ・コールマン著、中川聖訳、シンコー・ミュージック
『ノーザン・ソングス』ブライアン・サウソール他著、上西園誠訳、シンコーミュージック・エンタテイメント
『ビートルズはどこから来たのか』和久井光司著、DU BOOKS
『ビートルズ都市論』福屋利信著、幻冬舎新書
『ザ・ビートルズ　源流と進化』大人のロック！編、日経BPムック
『ゴールドマン・サックス（上・下）』チャールズ・エリス著、斎藤聖美訳、日本経済新聞出版社
『ゴールドマン・サックス』リサ・エンドリック著、斎藤聖美訳、早川書房
『キース・リチャーズ自伝「ライフ」』キース・リチャーズ著、棚橋志行訳、楓書店
『ビートルズの真実』里中哲彦他著、中公文庫
『ビートルズ・サウンドを創った男』ジョージ・マーティン著、吉成伸幸他訳、河出書房新社

ワトソン＝ワット（GRANGER.COM/アフロ）/ひまわり（アフロ）

第7章

オリジナル・ディキシーランド・ジャズ・バンド（TopFoto/アフロ）/リーランド・スタンフォード（GRANGER.COM/アフロ）/最後の犬釘　トーマス・ヒル（Alamy/アフロ）/セオドア・ジュッダ（GRANGER.COM/アフロ）/ユニオン・パシフィック鉄道　建設現場（Science Source/アフロ）/アンドリュー・カーネギー（Roger-Viollet/アフロ）/フレデリック・テイラー（Roger-Viollet/アフロ）/エドウィン・ドレーク（TopFoto/アフロ）/ジョン・ロックフェラー（Roger-Viollet/アフロ）/スタンダード・オイル株券（アフロ）/J・P・モルガン（Everett Collection/アフロ）/ジョン・ペンバートン（TopFoto/アフロ）/綿花栽培をする黒人奴隷（picture alliance/アフロ）

第8章

ルイ・アームストロングの切手（David Redfern/Getty）/ルイ・アームストロング（Roger-Viollet/アフロ）/アームストロング博物館にあるコルネット（Alamy/アフロ）/映画　5つの銅貨（akg-images/アフロ）/トーマス・エジソン（GRANGER.COM/アフロ）/ジェラルド・スウォープ（AP/アフロ）/GEの冷蔵庫（Science & Society Picture Library/アフロ）/ピエール・デュポン（AP/アフロ）/エルヴィス・プレスリー（Album/アフロ）

第9章

イエスタデイ　ジャケット（Blank Archives/Getty）/マイケル・ジャクソン（AP/アフロ）/マーカス・ゴールドマン（Bridgeman Images/アフロ）/ジョージ・マーティン（Shutterstock/アフロ）/Please Please Me　ジャケット（Polaris/amanaimages）

エピローグ

サルバトール・ムンディ（アフロ）

写真一覧

第 1 章

トビアスと天使（アフロ）/レオナルド・ダ・ヴィンチ（アフロ）/ポルトラーノ海図（アフロ）/映画　ヴェニスの商人（Album/アフロ）

第 2 章

最後の晩餐（アフロ）/ルカ・パチョーリ（アフロ）/神聖比例論（アフロ）/コジモ・デ・メディチ（アフロ）/メディチ銀行（アフロ）/ヴェッキオ宮殿（著者撮影）/スンマ（GRANGER.COM/アフロ）

第 3 章

夜警（アフロ）/バスコ・ダ・ガマ（アフロ）/オランダ船隊のアムステルダム帰還（アフロ）/レンブラント（アフロ）/越後屋、広重絵画（アフロ）/ヤン・ヨーステン銅像（著者撮影）/放蕩息子の帰還（アフロ）

第 4 章

蒸気機関車ロケット号（アフロ）/ジェームズ・ワット（アフロ）/ジョージ・スティーブンソン（GRANGER.COM/アフロ）/リバプールマンチェスター鉄道開通式（Bridgeman Images/アフロ）/ウィリアム・ターナー（アフロ）/雨、蒸気、スピードーグレートウエスタン鉄道（アフロ）/ジョージ・ハドソン（Mary Evans Picture Library/アフロ）

第 5 章

テムズ川についた蒸気船（Lebrecht/アフロ）/ジョセフ・パトリック・ケネディ（TopFoto/アフロ）/晩鐘（アフロ）/ニューヨーク証券取引所（アフロ）/ジョン・メイナード・ケインズ（Ullstein bild/アフロ）/フランクリン・ルーズベルト（GRANGER.COM/アフロ）/SEC本部（AP/アフロ）/JFKとジョー・ケネディ（AP/アフロ）

第 6 章

ベンツ・パテント・モトールヴァーゲン（Alamy/アフロ）/カール・ベンツ（Ullstein bild/アフロ）/ロバート・

田中靖浩

Yasuhiro Tanaka

田中靖浩公認会計士事務所所長。産業技術大学院大学客員教授。

1963年三重県四日市市出身。早稲田大学商学部卒業後、外資系コンサルティング会社などを経て現職。ビジネススクール、企業研修、講演などで「笑いが起こる会計講座」の講師として活躍する一方、落語家・講談師とのコラボイベントを手掛けるなど、幅広くポップに活動中。

主な著書に『実学入門 経営がみえる会計』『良い値決め 悪い値決め』『米軍式 人を動かすマネジメント』(以上日本経済新聞出版社)などがある。

会計の世界史

イタリア、イギリス、アメリカ――500年の物語

2018年9月25日 1版1刷
2024年5月30日 14刷

著者
田中靖浩

発行者
中川ヒロミ

発行
株式会社日経BP
日本経済新聞出版

発売
株式会社日経BPマーケティング
〒105-8308　東京都港区虎ノ門4-3-12

ブックデザイン
新井大輔　中島里夏(装幀新井)

イラスト
ヤギワタル

印刷・製本
シナノ印刷

ISBN978-4-532-32203-8　Printed in Japan